Hill
Covent Garden
Temple Bar
Temple
Smithfield
Gough Square
St. Paul's Churchyard
Guildhall Yard
Bank
Sky Garden
Brick Lane
Canary Wharf
Millennium Bridge
London Bridge
Tower Bridge
Queen's Walk
Parliament Square
LEGENDE
STRASSEN UND PLÄTZE
PARKS
GEWÄSSER
BRÜCKE

London auf der Spur

Im Gedenken an meinen Vater

Matthias Schatz

London auf der Spur

Kulturgeschichtlicher Stadtführer entlang 30 charakteristischer Straßen, Wege und Plätze

Illustrationen von Matthias Dettmann

Mit freundlicher Unterstützung

ANGLO-GERMAN CLUB E.V.

We should be willing to read one
volume about every street in the city,
and should still ask for more.

Wir sollten bereit sein, einen Band
über jede Straße der Stadt zu lesen
und noch nach mehr zu fragen.

Virginia Woolf in „London Revisited“

Inhaltsverzeichnis

8 **Einleitung**

11 **Prolog: Ausblick auf London.** Parliament Hill

15 **Mittelpunkt von Stadt und Land.** Trafalgar Square

23 **Im Wandel der Metropole.** Covent Garden

29 **Platz des Friedens und literarischer Giganten.** Tavistock Square

37 **Die City zeigt Zähne.** Temple Bar an The Strand und Fleet Street

43 **Morde in ländlicher Idylle.** Entlang der Middle Lane durch Temple

49 **Grosse Wörter aus kleinem Hof.** Gough Square

55 **Heiliger Schlachtort.** Smithfield

63 **Der letzte seiner Art.** St Paul's Churchyard

67 **Rathaus im Abseits.** Guildhall Yard

73 **Das geschäftige Herz Londons.** Rund um Bank

81 **Auf Augenhöhe mit dem Finanzmarkt.** Der Sky Garden

85 **Vielfalt und Wandel.** Brick Lane und Umgebung

93 **Geputzter Maschinenraum.** Canary Wharf

99 **Brückenkopf der City.** Über die Tower Bridge nach Bermondsey

105 **Nabelschnur der City.** Rund um die London Bridge

111 **Schneidende Lichtklinge.** Über die Millennium Bridge zur Tate Modern

117 **Brutalismus für alle.** Auf dem Queen's Walk

123 **Im politischen Zentrum.** Rund um den Parliament Square

133 **Im Regierungszentrum.** Parliament Street und Whitehall

143 **Grandezza nach Plan.** Auf und neben The Mall

151 **Kriegsdenkmäler auf einstigem Friedhof.** Durch den Green Park zur Hyde Park Corner

159 **Abglanz einer Weltmacht.** Exhibition Road

167 **Arm und reich Tür an Tür.** An der Portobello Road durch Notting Hill

175 **Von der Weltstadtidylle nach Little America.** Shepherd Market und Grosvenor Square

181 **Vom Massanzug zur Stangenware.** Über die Savile Row zur Oxford Street

189 **Das vergnügte Herz Londons.** Piccadilly Circus

195 **Immigranten und Sexshops.** Soho Square und Umgebung

203 **Wo London am meisten rockt.** Camden High Street und Chalk Farm Road

209 **Epilog: Ausblick aus London.** Richmond Hill

212 **Auswahlliteratur**

214 **Dank**

Einleitung

Eine Stadt ist ein lebendiger Organismus. Wer ihn und sein Geflecht kennenlernen möchte, folgt am besten seinen Adern bis zu den Organen. Will sagen: Man lernt eine Stadt, und gerade eine Weltmetropole wie London, am ehesten kennen, wenn man ihren Straßen folgt und ihre Plätze betritt. Viele Besucher tun dies ohnehin instinktiv, jedenfalls, wenn es das Wetter zulässt. Dank digitaler Navigation im Smartphone ist dies heute einfacher, muss der Standort doch nicht stets aufs Neue auf einer papiernen Karte ausfindig gemacht werden. Vor allem aber fühlt man so die Stadt – riecht sie, spürt ihr Pflaster unter den Füßen, hört ihren Lärm oder entspannt in ruhigeren Ecken, die London auch zahlreich bietet. Und man sucht nach Hinweisen, was diese Orte ausmacht, welche Funktion sie im Stadtorganismus haben. Warum sie so ausschauen, wie sie heute ausschauen. Wie sie früher ausgeschaut und wie sie sich im Laufe der Zeit gewandelt haben, wie und weshalb sie zu dem geworden sind, was sie heute sind. Man will die Bedeutung der Orte verstehen und damit letztendlich die Stadt und ihr Gewebe. Diesem Gedanken sind die dreißig feuilletonistischen Beschreibungen und Interpretationen von signifikanten Straßen, Straßenzügen, Wegen und Plätzen Londons verpflichtet. An ihnen werden auch besondere Aspekte der Metropole verdeutlicht. Sie sind wie Pinselstriche und Tupfer einer zwangsläufig auch subjektiv gefärbten, hier und da etwas detailreicheren Skizze, die die wesentlichen Charakterzüge der Metropole erkennbar und London begreifbarer machen soll.

Am Anfang und am Ende werden als Rahmen Orte in Außenbezirken beschrieben, die einen Ausblick auf London und einen Ausblick aus London hinaus gestatten. Alsdann wird der kartografische und gefühlte Mittelpunkt der Stadt in den Blick genommen, der Trafalgar Square. Von dort aus beschreibt die Kapitelfolge eine Spiralbewegung zunächst gen Osten, dann südlich über die Themse und darauf nach Westen am Flussufer entlang bis die Houses of Parliament auf der gegenüberliegenden Seite der Westminster Bridge erscheinen. Vom politischen Zentrum gelangt der Leser danach sukzessive bis nach Camden, der heißesten Brutstätte von Pop und Rock in London. Dieser Route muss man natürlich nicht folgen, jedes Kapitel steht auch für sich und man kann sich gleich jener Straße oder jenem Platz widmen, der einen gerade interessiert oder den man gerade besucht oder besucht hat. Hin und wieder wird dabei auch ein Blick in die Seiten- und Nebenstraßen geworfen, um das Ensemble zu beschreiben, dessen Mittelpunkt jener Ort ist.

Es werden dabei viele der gerne von Touristen durchstreiften Verkehrswege beschrieben. Gleichwohl sind auch einige weniger bekannte dabei, die sich oftmals in naher Umgebung von berühmten finden. So etwa der Gough Square nahe der Fleet Street. Auch der St Paul's Churchyard gleich neben der gleichnamigen Kathedrale wird oft nicht recht wahrgenommen. Ebenso fällt die Prägung der Stadtlandschaft Londons durch Garden Squares, wie sie exemplarisch in Bloomsbury zum Ausdruck kommt, oft nicht in den Blick. Nur vergleichsweise wenige Besucher verlieren sich bislang in der City, dem Finanzdistrikt Londons östlich der St Paul's Cathedral. Seit Ende der 1980er Jahre zählt die Stadt wieder zur ersten Reihe auf diesem Feld und bei der U-Bahn-Station Bank ist ihre ungeheure merkantile Energie besonders spürbar. Aber auch an weltbekannten Orten gibt es für viele noch etwas zu entdecken. Etwa, dass die Figur auf dem Brunnen am Piccadilly Circus auch als ein Rebus, ein Bildrätsel, gesehen werden kann.

Natürlich ist schon die Auswahl der Straßen subjektiv und der eine oder die andere wird die eine Straße oder den anderen Platz vielleicht vermissen. Zudem: Über viele Straßen, Gassen, Wege und Plätze Londons lässt sich sehr vieles erzählen. Das führt schnell ins Uferlose. Da hilft nur Konzentration auf das Wesentliche. Für den Autor hieß das auch, anzukämpfen gegen den von Virginia Woolf im vorangestellten Zitat beschriebenen Drang, mehr und mehr der vielen interessanten Geschichten über die Straßen Londons zu berichten.

Ausgangspunkt der Illustrationen von Matthias Dettmann sind fast ausnahmslos Fotos des Autors. Dettmanns Vorgehensweise ist dabei besonders von dem britischen Künstler David Hockney beeinflusst, der am Londoner Royal College of Art studierte und später ein Atelier in einem nicht mehr genutzten Lagerhaus an der Themse hatte. Viele Jahre basierten Hockneys Bilder ebenfalls auf Fotos. In jüngster Zeit aber arbeitet er „en plain-air", also vor der Natur. Vor allem aber nutzt er dazu das I-Pad. Und daran knüpft Dettmann hier auch an. Auch die Illustrationen entstanden mit dem neuen digitalen Werkzeug. „En plain-air", ganz ohne Zeichentisch, ist Dettmann mit ihm in Norddeutschland unterwegs, unter anderem in Hamburg, Rostock, Wustrow, auf dem Fischland und der Insel Hiddensee.

Prolog: Ausblick auf London

Parliament Hill

Es geht bergauf. Gleich nach der U-Bahn-Station Hampstead Heath. Feine Nasen mögen es spüren: Die Luft hier im Norden Londons ist frischer als im Zentrum, die Temperaturen sind etwas niedriger. Straßen und Gebäude sind deutlich gepflegter als in vielen Teilen der Innenstadt. Schon bald teilt sich die Fahrbahn und zur Rechten biegt die des Parliament Hill ab. Meist säumen den Gehweg Terraces, eher kleine, Mauer an Mauer gebaute Stadtvillen mit Erkern im Erdgeschoss und winzigen, aber dicht bepflanzten Vorgärten. Ab und zu ist ein nicht minder herausgeputztes Mehrfamilienhaus am Straßenrand eingestreut. Davor parken Autos oft deutscher Premiummarken. Auch sie zeigen an: Hampstead zählt zu den wohlhabenderen Stadtteilen Londons. Auch wegen der Luft. Dann ist plötzlich Schluss. Die Fahrbahn endet an einem Ahornbaum.

Nun geht es nur noch zu Fuß weiter. Am Wegesrand klärt ein Schild darüber auf, dass hier die Hampstead Heath erreicht ist, dass Radfahrer absteigen müssen und es verboten ist, hier Müll zu entsorgen oder sonst wie wegzuwerfen. „Heath", also „Heide", ist allerdings nicht zu sehen, aber viel grüne Wiese. Rechts muss das Stadtzentrum liegen, geht es einem durch den Kopf. Doch eine Reihe Eichen und Buchen versperrt den Blick. Der schmale gepflasterte Weg geht weiter sachte bergauf. Dann sagt der Orientierungssinn: Links abbiegen. Es geht noch ein paar Meter weiter hinauf. Bänke stehen bereit für jene, die einmal durchatmen müssen. Aber es ist nicht mehr weit, dann ist die Kuppe erreicht, von der man über die Baumwipfel gucken kann und einem London – genauer: Londons Innenstadt – zu Füßen liegt. Hier, fast hundert Meter über dem Meeresspiegel, ist der eigentliche, der wahre Parliament Hill, der der Straße, die nur auf halbem Wege zu ihm führt, ihren Namen gab. Aber der daran anschließende Fußweg könnte genauso heißen.

Eine Tafel gibt Hilfe bei der Identifizierung der Bauten, die in rund zehn Kilometern Entfernung nur in leichten Zacken und Rundungen den Horizont zeichnen. Links ist die Pyramide auf dem Wolkenkratzer One Canada Square an den ehemaligen Hafenbecken der Canary Wharf zu erkennen, mit dem die systematische Bepflanzung Londons mit derartigen Turmbauten in den 1980er Jahren begann. Eine Ansammlung von menschengemachten Gipfeln aus Glas, Stahl und Beton markiert die City, den Finanzdistrikt. Ein Stückchen weiter rechts pikt „The Shard", die „Scherbe", in den Himmel, eine schlanke, von Stararchitekt Renzo Piano entworfene Pyramide, die kurz nach ihrer Fertigstellung 2012 mit 310 Metern das höchste Gebäude Europas war. Sie lenkt auch den Blick auf die Kuppel der St. Paul's Cathedral, die sich kurz davor und weitaus niedriger wölbt. Einst bestimmte sie die Skyline Londons, nun droht sie darin unterzugehen. Damit dies in einem Zeitalter, in dem es technisch möglich geworden ist, Wolkenkratzer auch in lehmigen Boden wie den Londons zu rammen, nicht geschieht, dürfen bestimmte historische Sichtachsen auf den anglikanischen Bischofssitz nicht verbaut werden. Die vom Parliament Hill ist eine davon. Mehr noch: Das Rathaus beschloss, dass die Sicht auf das gesamte Panorama erhalten bleiben muss.

Noch ein Stückchen weiter rechts meint man bei scharfem Blick – oder mit dem Fernglas –, den Elisabeth Tower der Parlamentsgebäude zu erkennen. Vorstellbar, dass der Blick auf den Vorgängerbau 1605 sehr viel besser möglich war. Damals sollen sich nämlich – möglicherweise – der irische Rebell Guy Fawkes und seine Mitverschwörer im sogenannten „Gunpowder Plot" verabredet haben, von hier aus das Parlament zu bestaunen, nachdem es von ihnen durch die Explosion mehrerer mit Schießpulver vollgestopfter Fässer in Brand gesetzt worden war. Der Anschlag, mit dem die Katholiken sich versprachen, in dem darauffolgenden Durcheinander ihre Religionsfreiheit wiederzuerlangen, schlug allerdings fehl. Heute herrscht Religionsfreiheit, gleichwohl gab es mehrere Anschläge und Anschlagsversuche islamistischer Terroristen in London. Und Guy Fawkes charakteristisches Konterfei mit dem Spitzbart gibt es als Maske, die Demonstranten etwa der Occupy-Wall-Street-Bewegung als Zeichen des Protestes aufsetzen. Für andere Bewegungen dient sie mehr der Tarnung und als Symbol für Anonymität und Gemeinschaft.

Parliament Hill ist wie die ganze Hampstead Heath ein Naherholungsgebiet für die Londoner. Die frische Luft bläst hier selbst im Sommer zuweilen so stark, dass Drachen schnell gen Himmel emporsteigen. Der Ort heimelt auch ein wenig magisch an. Es wurde sogar vermutet, hier hätten sich in prähistorischer Zeit Menschen zu religiösen Feiern versammelt. Ausgrabungen haben die These freilich bislang nicht gestützt. Aber immerhin wurde auf dem Wald- und Wiesengelände der rund 3,2 Quadratkilometer großen Hampstead Heath ein Jagdunterstand aus der Steinzeit gefunden.

Seit langem ist die „Heath", wie Londoner kurz den weitläufigen Park nennen, und besonders Parliament Hill auch ein Ort künstlerischer Inspiration. Als würden hier die Gedanken aufsteigen und schweben wie die Drachen. Im 19. Jahrhundert streiften unter anderem John Keats, der zeitweilig unweit in der nach ihm benannten Straße „Keats Grove" lebte, und Mary Shelley, Schöpferin von „Frankenstein", durch den Park. Auch Karl Marx erging sich hier gerne mit seiner Familie. Die Heath taucht zudem in vielen Geschichten von Charles Dickens auf. Und – im wahrsten Sinne des Wortes – in Will Selfs satirisch-groteskem Roman „The Book of Dave", und zwar als Insel Ham in einer von uns aus fünfhundert Jahre entfernt liegenden Zukunft, in der der Meeresspiegel rund hundert Meter höher liegt.

Natürlich gibt es auf der Heath – und auch an deren Peripherie – viel zu entdecken. Nahe am Parliament Hill liegen beispielsweise die Badeteiche: Es gibt einen für Frauen, einen für Männer und einen für alle. Ein weiter Weg ist es in Richtung Norden zum Kenwood House mit seiner außerordentlichen Gemäldesammlung, zu der unter anderem Werke von Jan Vermeer van Delft, Rembrandt van Rijn, Thomas Gainsborough, Joseph Mallord William Turner und John Constable gehören. Etwas östlich vom Kenwood House gibt es übrigens noch einen Aussichtspunkt, von dem aus das Panorama Londons ebenfalls zu bestaunen ist. Auch wenn von dort nicht ganz so viel zu erkennen ist wie vom Parliament Hill: Hier wie dort macht der Blick auf die Stadt neugierig, sie näher zu erkunden.

Mittelpunkt von Stadt und Land

Trafalgar Square

Hier kommen sie alle zusammen. Aus allen Himmelsrichtungen und gleich welcher Weltanschauung, Religion oder Ethnie. Von The Strand im Osten, von der St Martin's Lane im Norden, von Whitehall im Süden und von der Mall und der Pall Mall im Westen. Aber die meisten hetzen nicht, sie flanieren, schalten einen Gang zurück, um besser die Atmosphäre Londons aufzunehmen. Entfliehen dem Gewimmel der umliegenden Straßen, um ein wenig Besinnung zu finden – in noch größerem Gewimmel. Viele, die keinen Sitzplatz mehr auf den wenigen Bänken im Norden des Trafalgar Square finden, setzen sich auf die granitenen Einfassungen der beiden Brunnen. An heißen Tagen kühlen einige ihre vom harten Londoner Pflaster geprüften Füße in dem Nass. Kinder locken sie zum Planschen an und manch ein Erwachsener macht es ihnen trotz Verbots im Übermut nach – oder auch vor. Vor allem Touristen knipsen die obligatorischen Selfies oder Fotos ihrer Mitreisenden, gerne mit der klassizistischen Fassade der National Gallery im Hintergrund.

Sir Norman Foster verpasste dem Trafalgar Square im Zuge einer Umgestaltung 2003 eine breite Treppe, die hinauf zu einer dem gewaltigen Museumsbau vorgelagerten Terrasse führt. Diese gab er zudem den Flaneuren, Schau- und Fotolustigen zurück. Wo sich bis dahin noch Taxis, Busse, Lieferwagen und so manches private Auto entlangquälten, versuchen nun Gaukler, den sich oft im Pulk um sie scharenden Passanten ein paar Pennys oder sogar Pfund abzulocken. Einer jongliert mit drei Kegeln, ein anderer schluckt Feuer – Kunststückchen, wie man sie auch in anderen häufig besuchten Metropolen und Zirkusveranstaltungen auf dem Land sehen kann – ebenso auf der Piazza des Covent Garden. Gleichwohl, der Stararchitekt erreichte mit seinem Kunstgriff sein Ziel, den Trafalgar Square samt Ensemble zu einem „wahrhaft öffentlichen und zugänglichen städtischen Raum" zu machen, wie es sein Büro formulierte. Mehr noch: Foster unterstrich, dass der Platz eine Bühne ist – eine Bühne Londons und des Vereinigten Königreichs, ja eine Bühne für die Welt, in deren Rampenlicht er steht.

Und zudem eine Bühne im gefühlten Mittelpunkt der Metropole. Tatsächlich befindet sich der kartografische Mittelpunkt Londons, von dem Entfernungen zu allen anderen Orten der Welt gemessen werden, an der südlichen Peripherie des Platzes auf einer Verkehrsinsel zu Füßen des Reiterstandbildes von König Charles I. Das ist aber Nebensache. Dem Trafalgar Square gebührt diese Bedeutung vor allem, weil er im Zentrum dessen steht, was Stadt und Land und zuweilen sogar Europa und die Welt politisch, gesellschaftlich und emotional bewegt. Hier versammelt sich das Volk nicht nur zum Freizeitvergnügen. Schon die Chartisten, die erste organisierte Arbeiterbewegung in England, demonstrierten dort am öffentlichkeitswirksamsten im 19. Jahrhundert. Später verliehen auf dem Trafalgar Square die Suffragetten und die Labour-Bewegung ihren Zielen Aus- und Nachdruck. Auch die großen Kundgebungen nach den Terroranschlägen 2005 und 2017 fanden auf dem Trafalgar Square statt. 2016 taten dort insbesondere viele Jugendliche ihren Unmut über das knappe Votum für das Ausscheiden des Vereinigten Königreichs aus der Europäischen Union kund. Und als die Fußballerinnen Englands 2022 die Europameisterschaft gewannen – auch noch mit einem knappen Sieg gegen die deutschen Kickerinnen –, wurde natürlich auch auf dem Trafalgar Square offiziell gefeiert. Wohl an keinem anderen Ort Londons und des Vereinigten Königreichs werden nationale Auseinandersetzungen, aber auch gemeinsame nationale Trauer wie nationale Siege derart offen und weltöffentlich zelebriert wie auf dem Trafalgar Square. Er ist Londons Platz des Volkes.

Nicht von ungefähr. Denn der Trafalgar Square bildet ein geradezu magisches politisches Dreieck mit dem Buckingham Palace und den Houses of Parliament. Beide sind so gut wie in Sichtweite. Unter den gewaltigen Admiralty Arch hindurch geht es über die Mall zum Buckingham Palace, dem Sitz des Staatsoberhaupts. Und in Richtung Parlament, also der politischen Repräsentation, zweigt fast ebenso schnurgerade die Straße Whitehall ab, an der viele Ministerien liegen und von der die kleine Downing Street mit dem Sitz der Premiers abgeht.

Trotz aller Auseinandersetzungen, die hier ausgetragen werden, ist der Trafalgar Square aber auch ein Platz nationaler Einigkeit. Symbolhaft steht dafür bis heute die 51 Meter hohe, den Platz von Süden her beherrschende korinthische Säule, auf der in napoleonischer Geste eine Statue mit dem Antlitz von Horatio Nelson thront. Der Admiral hatte 1805 die französische Flotte unter Napoleon nahe des südspanischen Trafalgar überraschend geschlagen und damit Großbritanniens Vorherrschaft über die Weltmeere gesichert. Als 2005 – genau zweihundert Jahre später – London wohl ebenso überraschend vor Paris den Zuschlag für die Ausrichtung der Olympischen Spiele 2012 bekam, schwenkten die

TV-Kameras bei der Liveübertragung der Festivitäten auf dem Trafalgar Square immer wieder die Granitsäule hinauf zu dem Feldherrn. Das Monument diente einmal mehr als Symbol eines nationalen Sieges über Frankreich. „The French had been sunk again"– „Die Franzosen sind wieder versenkt worden", titelte das Boulevardblatt „Sun". Wie eine Revanche muss es da angemutet haben, als französische Jugendliche den Sieg ihres Herren-Fußballteams bei der Weltmeisterschaft 2018 in den Brunnen des Platzes begossen.

Möglicherweise bedeutender als solche Folklore ist, dass Säule und Statue 1843, also erst 38 Jahre nach der Schlacht bei Trafalgar, fertiggestellt wurden. Damals galt das Vereinigte Königreich als führende Weltmacht. Einen Abglanz dieser Vorrangstellung mag mancher Brite in dem Bauwerk noch heute sehen. Viele Besucher hingegen scheint das wenig bis gar nicht zu scheren, wenn sie sich daran vergnügen, einen Sitzplatz auf den Treppen zwischen den bronzenen Löwen am Fuße des Bauwerks zu ergattern.

Kennen Sie Henry Havelock? Oder Charles John Napier? Die Antwort blieben heute wohl auch viele Briten schuldig. Das dachte sich im Jahre 2000 auch der damalige Londoner Bürgermeister Ken Livingstone. So erwog er, die Statuen der beiden Feldherren aus dem 19. Jahrhundert, die den Trafalgar Square an der Südwest- und der Südostecke zieren und von den – heute ähnlich unbekannten – Bildhauern William Behnes und John Adams-Action geschaffen wurden, mit modernen Bildnissen zu ersetzen. Erschwerend kam für den dezidiert linken Labour-Politiker hinzu, dass Havelock maßgeblich an der Niederschlagung von Aufständen in Indien beteiligt war. Livingstone heimste für seinen Vorschlag harsche Kritik ein, sein Ansinnen wurde abgewiesen – und ein weiterer Konflikt in der britischen Gesellschaft deutlich. Nicht infrage gestellt wurde hingegen das Reiterstandbild von König George IV. in der nordöstlichen Ecke des Platzes. Geschaffen hat es Francis Chantrey, ein damals berühmter, gleichwohl völlig überschätzter klassizistischer Bildhauer, von dem heute auch nur noch selten die Rede ist.

Der zur Völlerei neigende George IV. hatte sicherlich alles andere als einen Platz fürs Volk im Sinn, als auf seine Anweisung hin 1830 die heruntergekommenen königlichen Stallungen und Remisen, die hier einst standen, abgerissen wurden, um dort den Trafalgar Square nach Plänen seines Leibarchitekten John Nash entstehen zu lassen. Der König wollte London vielmehr den imperialen Glanz einer Weltmetropole verleihen. Dafür hatte er das bis dahin umfassendste

Stadtbauprojekt angeschoben, das entlang der neuen Magistrale Regent Street die heutigen Stadtteile St James's, Marylebone, Mayfair sowie den Regent's Park umfasste und dessen letzter Akt quasi der Trafalgar Square war. Nach Nashs Tod 1835 ging die Planung an Charles Barry über, der ein Jahr später den Wettbewerb zum Neubau des Palace of Westminster gewann. Da das Gelände abfiel, ebnete Barry es ein und verwendete den Aushub zum Bau eben jener Terrasse an der Nordseite, die Foster wiederbelebt hat. Die Brunnen hatte Barry ursprünglich übrigens nicht vorgesehen, sie kamen erst 1845 hinzu, wurden dann 1939 durch Repliken ersetzt – die Originale gingen nach Kanada – und nach dem Zweiten Weltkrieg mit Plastiken von Nymphen, Wassermännern und Delfinen ausgeschmückt, die Charles Wheeler und William Macmillan entwarfen. Sie sind passend zur Nelson-Säule Admiralen gewidmet, die wenige Jahre zuvor gestorben waren und im Ersten Weltkrieg eine gewichtige Rolle bei der äußerst verlustreichen Skagerrak-Schlacht gespielt hatten: John Jellicoe und David Beatty. Auch ihre Namen dürften heute nur noch wenigen Briten geläufig sein.

Der Sockel an der Nordwestecke ist einerseits ein Symbol für den Merkantilismus Londons, andererseits für seine neue Rolle als Hotspot zeitgenössischer Kunst. Ursprünglich sollte auf ihm ein Reiterstandbild von William IV., dem jüngeren Bruder und Nachfolger von George IV., stehen. Doch dafür fehlte das Geld. Mehr als 150 Jahre ragte dort ein nackter Sockel empor – bis 1998 erstmals Gegenwartskunst darauf einen Kontrapunkt zu den historischen Bildnissen setzte. Das Projekt der Royal Society of Arts kam sehr gut an und seit 2005 zieht dort nun – ausgesucht von einer Kommission des Bürgermeisters – alle achtzehn Monate eine neue Skulptur eines lebenden Künstlers die Blicke auf sich. Und entfacht Diskussionen – nicht nur über zeitgenössische Ästhetik. 2013 beispielsweise war es ausgerechnet eine deutsche Künstlerin, Katharina Fritsch, die einen gewaltigen blauen Hahn auf den Sockel heben ließ. Das Nationalsymbol Frankreichs wurde so zum farbigen Gegenspieler der Nelsonsäule mit ihren frankophoben Konnotationen. Fritsch wollte damit aber auch gegen eine männerdominierte Gesellschaft protestieren, ist das englische Wort für Hahn, „cock", doch auch eine vulgäre Bezeichnung für das männliche Geschlechtsteil.

Debatten über Kunst und Ästhetik sind nicht neu am Trafalgar Square. Einen „monströsen Eiterbeutel im Gesicht eines geliebten und eleganten Freundes" nannte König Charles 1984 einen damaligen Entwurf für den Sainsbury Wing der National Gallery. Der Plan des Londoner Architektenbüros Ahrends, Burton, Koralek sah an der Westflanke des Museumsbaus einen gut dreißig Meter hohen, schlanken und viereckigen Büroturm vor. Daneben sollte ein Galeriegebäude mit Glasfassade und einem fast geschlossenen, runden Innenhof entstehen. Tatsächlich gelang es dem damaligen Thronfolger, dieses Vorhaben zu vereiteln. Schließlich wurde ein postmoderner Kompromiss der amerikanischen Architekten Robert Venturi und seiner Frau Denise Scott Brown realisiert. Er nimmt das klassizistische Muster mit den korinthischen Pilastern des Hauptbaus auf. Die Säulen rücken bei dem Neubau immer näher zusammen und führen so sukzessive in modernere Bauformen über wie etwa eine Front aus Glas und Stahl. Das schaut tatsächlich harmonischer aus, doch ist so eine Überleitung auch ein Stilmischmasch à la Historismus, der im London des 19. Jahrhunderts schon so manches verunstaltet hat.

Charles' rhetorisch gekonnte Intervention führte überdies zur zweifelhaften Auslobung des „Carbuncle Cup", des „Eitelbeutel-Pokals", mit dem das Magazin „Building Design" jährlich das nach Ansicht einiger Kritiker hässlichste neue Gebäude des Vereinigten Königreichs diskreditiert. Dabei gerät in Vergessenheit, dass des Königs neoklassizistischer „geliebter Freund" nach seiner Fertigstellung 1838 nach Plänen von William Wilkins vielen Zeitgenossen keineswegs elegant erschien, sondern altmodisch und viel zu schlicht. Er wurde „National Cruet-Stand", „Nationaler Gewürzständer" gescholten. Denn der eigenartig schlanke zentrale Turm und seine Kuppel sowie die Türmchen samt Küppelchen an den Flanken erinnerten viele an Pfefferstreuer. Mehrfach wurde der Bau später überarbeitet und vor allem ausgebaut, da der Bestand enorm wuchs und der Platz zu knapp wurde.

Inmitten des kleinen Kreisverkehrs, den Foster südlich des Trafalgar Square zur Verkehrsentlastung anlegte, ragt mit dem Reiterstandbild von Charles I. ein weiteres diskussionswürdiges Monument auf. Der zum Absolutismus neigende Stuart-König hatte nämlich die Macht des Parlaments beschneiden wollen, damit 1642 den Bürgerkrieg heraufbeschworen – und gegen Oliver Cromwells „New Model Army" verloren. Nun blickt sein Konterfei nicht nur Whitehall hinunter in Richtung Parlament, sondern auch in Richtung Banqueting House, in dem er so manch opulentes Fest feierte und vor dem er schließlich enthauptet wurde. Bis heute wird darüber gestritten, ob das nötig war, auch wenn der Monarch den Weg zu Demokratie und Rechtsstaat versperren wollte. Die Plastik wurde 1633, also noch während der Herrschaft Charles' I., von Hubert Le Sueur geschaffen. Nach der Hinrichtung des Königs versteckte sie ein Getreuer. 1675, als die Monarchie wieder restauriert worden war, wurde sie dann dort aufgestellt.

Wer Besinnung nicht im Gewimmel findet und sie zudem bei deutlich niedrigerem Geräuschpegel sucht, der sollte in die Kirche St Martin-in-the-Fields im Nordosten des Trafalgar Square fliehen. Zudem findet man dort nahezu immer einen Sitzplatz, von dem aus man um die Mittagszeit unentgeltlich Orchesterproben lauschen darf. Gleichwohl ist auch dieser Ort, passend zum Trafalgar Square, politisch hoch aufgeladen – schon deshalb, weil es sich um die Gemeindekirche der Königsfamilie handelt.

An einem Novembertag des Jahres 1960 suchte der Rechtsanwalt Peter Benenson dort geistige Einkehr. Unmittelbar zuvor hatte er in der Londoner U-Bahn einen Artikel über zwei portugiesische Studenten gelesen, die zu sieben Jahren Haft verurteilt worden waren. Ihr Vergehen: Sie hatten in einem Lissabonner Café mit einem Trinkspruch auf die Freiheit angestoßen. Schon das Wort „Freiheit" durfte damals im Portugal des Diktators António Salazar nicht in den Mund genommen werden. In dem anglikanischen Gotteshaus, bis 1726 nach Entwürfen des katholischen Schotten James Gibbs errichtet, kam dem als Juden geborenen und zum Katholizismus konvertierten Vierzigjährigen die Eingebung, wie gegen derartiges Unrecht vorgegangen werden könne: Nur wenn viele Menschen gleichzeitig protestierten, könne dies eine nachhaltige Wirkung entfalten. Dies führte schließlich zur Gründung einer weltweiten Menschenrechtsorganisation, die 1977 mit dem Friedensnobelpreis ausgezeichnet wurde und heute etwa sieben Millionen Mitglieder hat: Amnesty International. St Martin-in-the-Fields ist bis heute ihre spirituelle Heimat.

Nur folgerichtig erscheint, dass der südafrikanische Erzbischof Desmond Tutu 1994 St Martin-in-the-Fields eine Bronzeskulptur von Chaim Stephenson stiftete, die ein Denkmal der Anti-Apartheid-Bewegung ist. Sie zeigt einen jungen Mann, der sein totes Kind trägt. Vorlage war eine Fotografie, die 1976 nach der Erschießung des zwölf Jahre alten Hector Pieterson bei Unruhen in Soweto, einem Bezirk im südafrikanischen Johannesburg, entstanden war. Ein weiterer Grund, die Skulptur gerade in St Martin-in-the-Fields aufzustellen, war die unmittelbare Nachbarschaft des South Africa House auf der gegenüberliegenden Seite des Platzes an der Duncannon Street. Es ist ein massives Monument der Kolonialzeit. Viele Gemeindeglieder unterstützten den Kampf gegen Apartheid, auch mit Demonstrationen auf dem angrenzenden Trafalgar Square.

Mit Dick Sheppard, dem auf dem Niveau der Krypta eine Kapelle mit einem Wandteppich von Gerhard Richter gewidmet ist, hat hier noch ein weiterer Geistlicher ein eindrucksvolles politisches und nicht minder aktuelles Statement abgegeben. Er sorgte dafür, dass die Kirche rund um die Uhr geöffnet ist. Er tat dies nicht nur für Soldaten des Ersten Weltkrieges, die damals von der Front kommend den Bahnhof Charing Cross erreichten, sondern auch für Obdachlose, denen das Gotteshaus bis heute ein Nachtlager bietet – ein Protest gegen Armut in einer Stadt mit horrenden Immobilienpreisen und Mieten, die nicht zuletzt durch enorm viel ausländisches Kapital weiter in die Höhe getrieben worden sind. Abseits der vielen Vergnügungen, die London nicht nur rund um den Trafalgar Square bietet, noch ein Grund zur Besinnung.

Im Wandel der Metropole

Covent Garden

Wie eine metallische Plastik scheint er einen Meter über dem Boden zu schweben. Vom behelmten Kopf bis zu den Stiefeln silbern bemalt, hält er lässig eine Schaufel in seiner Linken und gibt so das Bild eines Bauarbeiters ab, der die Gesetze der Schwerkraft überlistet hat. Einige Passanten blicken sich verwundert zu dem Straßenkünstler um, manch einer wirft sogar eine Münze in eine rechteckige Dose unter der Schaufel. An anderer Stelle auf dem holprigen Kopfsteinpflaster von Covent Garden spielt ein Musiker auf einem elektronischen Tasteninstrument Popsongs. Neben den Gauklern machen Cafés, Bars, Restaurants und kleine Läden in ehemaligen Markthallen die Piazza zu einem pittoresken Touristenmagneten. Ein Ort zum Flanieren, ein Ort der Ablenkung.

Im Hof eines Cafés, das sich unter den alten Markthallen in der Mitte der Piazza erstreckt, lässt sich eine blonde Opernsängerin beim Vortrag ihrer Arien selbst von unablässig an ihr vorbeidrängelnden Gästen nicht aus dem Rhythmus bringen. Sie erscheint wie eine Reminiszenz an „Evans Music-and-Supper Rooms", die im 19. Jahrhundert an der Nordseite des Platzes Massen anzogen. „In Evans-Keller ißt man zu Abend und erhält Musik als Zubrot", berichtet Theodor Fontane 1854. Die künstlerischen Darbietungen fand der Romancier allerdings nur „mäßig".

Wer höhere Ansprüche hat, der muss auch heute noch in das Royal Opera House an der Nordwestecke der Piazza gehen. Von 1824 an bis zu seinem Tod zwei Jahre später war Carl Maria von Weber der musikalische Direktor. Als Gastdirigent leitete 1892 Gustav Mahler gefeierte Aufführungen von Richard Wagners „Ring des Nibelungen". Bis heute ist das Royal Opera House ein Haus von Weltruf.

Der Haupteingang befindet sich in der Bow Street. Sein gewaltiges klassizistisches Portal entwarf Robert Smirke 1808 nach dem Vorbild des Athener Minerva-Tempels. Nach einem Brand 1858 war es allerdings von Edward Middleton Barry rekonstruiert worden. Inspiriert vom Kristallpalast der Weltausstellung von 1851, entwarf Barry zudem die nebenstehende „Floral Hall", eine Glas- und Stahlkonstruktion, die durch ihr hochragendes Tonnengewölbe besticht. Heute ist sie nach dem Publizisten und Philanthropen Paul Hamlyn benannt und dient dem Opernhaus als Restaurant-Bar und Veranstaltungssaal. Sie war ursprünglich eine Erweiterung der Marktgebäude am Covent Garden, die in den 1830er Jahren nach Entwürfen von Charles Fowler errichtet worden waren und der Piazza ihr heutiges Gesicht gegeben haben. Blumen- und Fruchthändler haben dort allerdings schon seit 1974 nicht mehr ihre Stände; der Markt wurde auf ein bedeutend größeres Gelände in Nine Elms im Stadtteil Battersea verlegt. Nebenan auf der südlichen Seite der Russell Street bringen unter den Stahlstreben des ehemaligen Flower Market alte Busse, Bahnwaggons und Taxis nicht nur die Augen von Jungs und Mädchen jeglichen Alters zum Glänzen. Zu sehen sind dort im Transport Museum unter anderem der legendäre Bus „Routemaster" und dessen Vorgänger. Auch die Entwicklung der Untergrundbahn, deren erste in London entstand, und des Schemas, nach dem deren Linien auf Plänen bis heute wiedergegeben werden, werden dort veranschaulicht.

Gleich ob Gaukler auf der Piazza oder Diven auf der Opernbühne: Covent Garden zeigt, wofür das West End Londons hauptsächlich steht, nämlich für Freizeitvergnügen und darstellende Kunst. Die Piazza ist gewissermaßen das Zentrum des Hurrikans namens „Theatreland", dessen Gewitter rundherum als Musical, Drama oder Komödie an den Bühnen der Shaftesbury Avenue und der St Martin's Lane im Westen, von The Strand im Süden, bei Aldwych, nahe der Drury Lane im Osten und bei Seven Dials im Norden aufleuchten. Dass dem heute so ist, ist der „Covent Garden Community Association" zu verdanken. Diese Art von Bürgervereinigung lokaler Anwohner verhinderte in den 1970er Jahren Pläne der damaligen Stadtverwaltung, die Gebäude rund um die Piazza abzureißen und dort Büroblocks zu errichten.

Als stilles Auge des Hurrikans könnte die St Paul's Church an der Westseite der Piazza gesehen werden, denn sie gilt als Kirche der Schauspieler. In dem ungemein schlichten und streng an griechischen Tempeln orientierten Bau erinnern Tafeln unter anderem an die Mimen Vivian Leigh und Charly Chaplin. Während die Rückseite mit ihrem Garten und ein paar Bänken ebenfalls einen Ruhepol bietet, tobt draußen vor dem Portikus mit seinen ionischen Säulen schon wieder das Gauklerleben. Entworfen hat das Gotteshaus Inigo Jones, damals Hausarchitekt Charles' I. „Sie soll kaum besser sein als eine Scheune", soll der Bauherr Francis Russell, 4th Earl of Bedford, Jones um 1630 herum aufgefordert haben. „Gut", entgegnete Jones, „dann werden Sie die ansehnlichste Scheune Englands bekommen."

Die St Paul's Church ist der einzige Bau von Jones, der am Covent Garden aus dieser Epoche noch steht. Er war Teil eines damals neuen Siedlungskonzepts, das bis heute viele Teile der westlichen Innenstadt Londons charakterisiert. Geboren wurde die Idee aus den Umständen der Zeit. Zum einen suchten immer mehr Menschen ihr Glück in der Themsemetropole. Auf dem heutigen Stadtgebiet verdoppelte sich die Bevölkerung zwischen 1600 und 1650 auf schätzungsweise 400.000. Zum anderen wollte Bedford mit dem Weideland von Covent Garden Geld verdienen. Es gehörte zunächst zum Konvent der Abtei St Peter in Westminster – daher auch der Name – und war den Earls of Bedford im Zuge der Enteignung der katholischen Kirche durch Henry VIII. im 16. Jahrhundert zugefallen. Das gab der Spekulation mit Immobilien enormen Vorschub, so auch bei Russell. Er bekam von Charles I. die Genehmigung, nördlich des Klostergartens Miethäuser zu errichten. Der königliche Baumeister Inigo Jones wurde ihm dabei allerdings mit sanftem Druck aufgezwungen – am Hofe schätzte man Jones' Klassizismus, der so gar nicht zu dem eher improvisierten Klein-Klein im labyrinthartigen Straßen- und Gassengewirr des damaligen London passte. Jones entwarf einen großzügigen rechteckigen Platz, den vierstöckige Häuser säumten. Deren Erdgeschosse bestanden aus Arkaden mit Geschäften, in denen sich die Bewohner, meist Adlige und reiche Geschäftsleute, unter anderem mit Samt und Seide eindecken konnten. Als Vorbild dienten Jones dabei der „Place des Vosges" in Paris sowie Konzepte des Italieners Sebastiano Serlio. So kam ein wenig südeuropäische Eleganz ans neblige Themseufer.

Der Plan ging auf und wurde kurz nach seiner Vollendung 1639 mit den Lincoln's Inn Fields im heutigen Holborn kopiert. Nach dem großen Brand von 1666 setzte geradezu ein Boom solcher Plätze ein. Unweit entstanden nach diesem Muster beispielsweise der Leicester Square und der Soho Square. Sie waren mit den von ihnen ausgehenden Straßen so etwas wie Nuklei für die Besiedlung des gesamten West End, also des damals noch ländlichen Gebiets zwischen der City und dem Regierungsbezirk Westminster. Diese Lücke wurde bis 1720 vollkommen gefüllt. Anders als auf dem europäischen Festland wurde dafür aber kein übergreifendes Konzept in Form einer barocken Stadtplanung entworfen und es entstanden auch keine Adelspaläste. Es wuchs vielmehr Stück für Stück ein Konglomerat ähnlicher, dennoch individueller Siedlungen zusammen – dies auch in Mayfair und vor allem in Bloomsbury. Roy Porter sieht sie in seiner Sozialgeschichte Londons als Ergebnis eines „aristokratischen Kapitalismus" – der

Adel baute sie um des Profits und des Prestiges willen und drückte damit zugleich seine Eigenständigkeit gegenüber dem König aus, der nicht wie ein Despot ihre Ambitionen durchkreuzen konnte. Diese Siedlungsweise kann zugleich als ein Statement gegen den auf dem europäischen Kontinent damals vorherrschenden Absolutismus gesehen werden.

Der „aristokratische Kapitalismus" des 5th Earl of Bedford artete allerdings in blanke Gier aus, die sich rächen sollte. Er wollte nämlich nicht nur mit den Wohnhäusern, sondern auch mit der weitläufigen Piazza Geld verdienen und gestattete Blumen-, Früchte- und Gemüsehändlern etwa ab Mitte des 17. Jahrhunderts, dort gegen Gebühr Stände zu errichten. Mit der Exklusivität war es fortan dahin, denn auf Märkten begegnen sich Menschen aller sozialen Schichten. Außerdem lärmte es nun auf dem Platz ähnlich wie heute. So zogen im Laufe der Zeit die reichen Mieter weg an ruhigere Adressen wie den St James's Square. Gut verdienende Maler wie William Hogarth, Godfrey Kneller oder Peter Lely blieben allerdings noch und verliehen Covent Garden ein Flair von Bohème. Auch die Akademie von James Thornhill, der die Kuppel der St Paul's Cathedral ausmalte, befand sich dort bis 1734. Dennoch verkam Covent Garden weiter zu einem Hort der Prostitution und der Kriminalität. In diesem Milieu ist auch John Gays 1728 uraufgeführte „The Beggar's Opera" angesiedelt ebenso wie ihre Adaption, die „Dreigroschenoper" von Bertolt Brecht. Nördlich, wo sich heute Touristen an Edel-Boutiquen und Designer-Shops vorbeidrängen, erstreckte sich im 18. Jahrhundert gar eine No-go-Area. Der Sprengel um die Kirche St Giles-in-the Fields war berüchtigt für Armut und Alkoholismus – Zustände, die Hogarth in seinem Blatt „Gin Lane" anprangerte. Die Straße Long Acre, die nördlich am Covent Garden entlangführt, war gleichwohl ein Zentrum der Möbeltischler – unter anderem hatte Thomas Chippendale dort seine Werkstatt.

1852 verschlug es dann Theodor Fontane bei seinem ersten langen London-Aufenthalt nach der Kurzvisite 1844 zunächst in das „German Coffee-house" im Haus Nummer 27. Unterkunft und Umgegend gefielen ihm überhaupt nicht. Er habe „nie ein ungemütlicheres Zimmer bewohnt", berichtet der spätere Schriftsteller, dieses sei zudem „im Stil einer pennsylvanischen Zelle hergerichtet" gewesen. Long Acre beschreibt Fontane zudem als „eine der rußigsten Straßen in London". Außerdem beschwert sich der freie Korrespondent der „Preußischen Zeitung" darüber, dass dort „demokratische Zeitungen aus allen Weltgegenden" herumliegen und abends „die künftigen Präsidenten der einigen und unteilbaren deutschen Republik sich lagern und ihre Regierungsansichten zum Besten geben". Nach der gescheiterten Revolution von 1848 waren viele ihrer Anhänger nach London geflohen. Auch Karl Marx, der sich während Fontanes Aufenthalt noch in Soho mit seiner Familie und Haushälterin in eine Zweizimmerwohnung pferchte. In der St Martin's Hall, die etwa an der Kreuzung von Long Acre und Arne Street stand, nahm er dann 1864 am ersten Treffen der „International Working Men's Association" teil. Im Vorgängerbau an gleicher Stelle hatte 1859 der von Fontane überaus bewunderte Charles Dickens seine ersten Lesungen gegeben. 1852 wohnte Dickens noch am Tavistock Square in Bloomsbury, wohin bald auch Fontane ziehen sollte.

In und um Covent Garden zeigen sich exemplarisch die Wandlungen eines städtischen Organismus im Laufe der Jahrhunderte. Bevor es Weideland und Abtei-Garten, vornehme Siedlung, Künstlerviertel, Slum, Früchte- und Gemüsemarkt und ein Vergnügungs- sowie Shoppingviertel wurde, erstreckte sich von hier bis zum Trafalgar Square das Zentrum und der internationale Handelsplatz des angelsächsischen Londons. Bei Umbauarbeiten des Royal Opera House, die auch Archäologen auf den Plan riefen, fand man 2001 in der Floral Street eine Brosche aus Gold und Kupfer, die wohl in Indien gefertigt worden war. Sie war eine Beigabe für ein angelsächsisches Grab, in dem offenbar eine Adlige beerdigt worden war. Fünf Jahre zuvor waren bereits Reste von angelsächsischen Straßen, Häusern und Werkstätten in unmittelbarer Umgebung entdeckt worden. Weitere Funde unter der 1904 errichteten Jubilee Hall legen nahe, dass am Covent Garden, der auf einem kleinen Hügel liegt, einst die Zitadelle von Lundenwic stand. Das angelsächsische Wort „wic" bedeutet so viel wie „Hafen" oder „Handelsplatz". Der einheimische Historiker Bede beschrieb den Ort um 730 herum als „einen Markt für viele Völker, die über das Land und über das Meer kommen". Schiffe konnten an der nahen Themse anlegen, die damals wesentlich breiter und seichter war und deren Ufer sich zudem sehr sanft aus dem Wasser hob – eben wie ein Strand, daher auch der heutige Name des einstigen Treidelwegs. Allerdings war Lundenwic ungeschützt den damals zunehmenden Angriffen der Wikinger ausgesetzt. Auch deshalb verlagerte Alfred der Große, der 886 nach einem entscheidenden Sieg gegen die Nordmänner faktisch der erste König Englands wurde, die Stadt wieder in das von der römischen Mauer umfasste Gebiet des einstigen Londiniums weiter östlich. Wohl nur deshalb konnte Covent Garden rund eintausend Jahre später zum Zentrum des „Theatreland" werden.

VIRGINIA WOOLF
1882-1941

Platz des Friedens und literarischer Giganten

Tavistock Square

Düster sticht die hagere, ein wenig herbe Silhouette von Virginia Woolf vor den beruhigenden Grün- und Brauntönen der im Sonnenlicht schimmernden Blätter an der Südwestecke des Tavistock Square ins Auge. Ein paar gelbe Farbtupfer leuchten den Hintergrund auf. Wer ein bisschen vertraut ist mit Leben und Werk der Schriftstellerin, mag dabei an die mittlerweile oft zitierten Zeilen denken, die Woolf 1924 in ihrem Tagebuch notierte: „London ist bezaubernd. Es scheint, als trete ich auf einen goldbraunen Zauberteppich hinaus und schwebe in die Schönheit, ohne einen Finger zu rühren." Woolf war damals gerade in das Haus Nummer 52 an der Südseite des Tavistock Square gezogen – nahe der Bronzebüste, die eine Kopie des 1931 von Stephen Tomlin geschaffenen Bildnisses ist, das die National Portrait Gallery ausstellt. Sie war froh, zurückgekehrt zu sein in den von ihr geliebten Stadtteil Bloomsbury, vor allem, weil sie nun nicht mehr die dortigen Intellektuellen-Partys ihrer Freunde vorzeitig verlassen musste, um noch die letzte Bahn in das seinerzeit beschauliche und noch nicht von London eingemeindete Richmond zu erwischen. Außerdem liebte Woolf das Großstadtleben, streifte gerne durch die Straßen Londons. Zunächst vollendete Woolf am Tavistock Square ihren in Richmond begonnenen Roman „Mrs. Dalloway", der ihr Weltruhm verschaffen sollte. An einem Sommertag des Jahres 1925 trat sie – wohl wieder einmal – hinaus auf den Zauberteppich des Garden Square vor ihrer Haustür und entwickelte in einer offensichtlich unbeabsichtigten Eile das Konzept für ihren nächsten Roman „Fahrt zum Leuchtturm". Darauf weist das Zitat Woolfs auf der Tafel am Sockel der Büste hin: „Then one day walking round Tavistock Square I made up, as I sometimes make up my books, To the Lighthouse; in a great, apparently involuntary, rush" – „Eines Tages habe ich beim Rundgang durch den Tavistock Square ‚To the Lighthouse' ersonnen, so wie ich manchmal meine Bücher ersinne: in einem großen, offensichtlich ungewollten Rausch." Fünfzehn Jahre lebte Woolf am Tavistock Square, begann dort auch ihren letzten Roman „Zwischen den Akten". Lärm von Abriss- und Bauarbeiten störten Woolfs Arbeit aber 1939 derartig, dass sie zusammen mit Ehemann Leonard kurz vor Kriegsausbruch wegzog.

Heute könnte Virginia Woolf am Tavistock Square wieder ruhig arbeiten und über einen Zauberteppich im Zentrum des Gartens zu einer Skulptur des indischen Unabhängigkeitskämpfers Mahatma Gandhi schreiten. Vielleicht würde sie sogar eine Kerze in der Nische des Sockels anzünden, auf dem Fredda Brilliant 1968 den Publizisten und Revolutionär im Schneidersitz sinnierend darstellte. Möglicherweise würde sie sogar – wie einige andere Passanten – Blumen dort niederlegen, denn zumindest teilte sie mit Gandhi den Pazifismus. Nicht nur deshalb wird der Tavistock Square auch „Peace Garden“ – „Friedensgarten“ – genannt. Im Frühjahr erblüht ein Kirschbaum, in der Nordhälfte des Parks, der an die Opfer der Atombombenabwürfe über den japanischen Städten Hiroshima und Nagasaki im August 1945 erinnert. Unweit ruht auf dem Grün ein Findling, der Kriegsdienstverweigerern gewidmet ist.

Ausgerechnet an diesem Friedenspark wurde aber 2005 Krieg geführt. Von Islamisten, die bei Terroranschlägen am 7. Juli des Jahres in einem Bus eine Bombe zündeten. An die damals dreizehn Ermordeten erinnert ebenfalls eine Tafel. Mitarbeiter der British Medical Association, der britischen Ärztevereinigung, die an der Ostseite des Platzes ihr Hauptquartier hat, eilten sogleich zur Hilfe. In der Umgegend sind viele universitäre medizinische Einrichtungen beheimatet. Entsprechend findet sich im Südosten des Parks auch ein Denkmal für die 1925 verstorbene Louisa Brandreth Aldrich-Blake. Sie war eine der ersten britischen Chirurginnen und leistete Pionierarbeit auf dem Gebiet der Bekämpfung von Darm- und Gebärmutterkrebs.

Der Tavistock Square übt aber offenbar eine besonders intensive Anziehung auf Literaten aus. Auf der Ostseite des Platzes lebte im alten Tavistock House ein weiterer Gigant der Weltliteratur: Charles Dickens. An ihn erinnert eine blaue Tafel an der Fassade des Hauptquartiers der British Medical Association. In den Jahren nach 1851 schrieb er dort „Bleak House“, „Harte Zeiten“, „Klein Dorrit“ und „Eine Geschichte aus zwei Städten“ – und trennte sich von seiner Frau Catherine. Im Garten errichtete Dickens, der auch ein begabter Schauspieler war, ein kleines Theater, in dem er selbst auftrat. Es war Dickens zweite Adresse in Bloomsbury – seine erste an der Doughty Street ist heute ein Museum über den Schriftsteller.

Ein großer Bewunderer von Dickens lebte 1852 für mehrere Monate ebenfalls am Tavistock Square, und zwar in Haus Nummer 1. Einige Jahrzehnte später sollte er in seinem Roman „Unwiederbringlich" den Grafen Helmuth Holk während seines Londoner Aufenthalts am Tavistock Square ansiedeln. Theodor Fontane hatte seinerzeit aber nicht den Mut oder die Chuzpe, den berühmten Schriftsteller anzusprechen oder gar aufzusuchen, zumal er wusste, wie er später schrieb, dass Dickens „von Deutschen überlaufen und mit den üblichen Bewunderungsphrasen gelangweilt wird. Nur den Park vor seinem Hause besuch' ich öfters, und niemals ohne den frommen Wunsch zu hegen, daß die frische Luft, die da weht, mir von dem Geiste leihen möge, der eben an dieser Stätte heimisch und tätig ist." Der Literaturwissenschaftler Helmuth Nürnberger vermutet allerdings, dass Fontane damals auch deshalb den Kontakt zu Dickens scheute, weil seine Englischkenntnisse noch mangelhaft waren. Wie dem auch sei, Fontane nutzte die Zeit, die er damals als Korrespondent der „Preußischen Zeitung" in London verbrachte, vornehmlich zum Schreiben feuilletonistischer Beiträge, die den Kern seines ersten Prosawerks „Ein Sommer in London" ausmachen.

Natürlich findet sich auch ein Kapitel über den Tavistock Square darin, aus dem die obigen Zitate stammen. Fontane liebte die Gegend wohl, fand sie zumindest „reizend" und beschrieb recht genau den sozialen Wandel, den sie bis dato durchgemacht hatte: „Die ganze Gegend hat was Herrschaftliches; das macht, sie war das Westend Londons in der zweiten Hälfte des vorigen Jahrhunderts, und dieselbe Aristokratie, die jetzt auf Belgrave und Eaton-Square ihre town-residences hat und sich des Bekenntnisses schämen würde, östlich von Grosvenor-Place und Hyde-Park-Corner zu wohnen, lebte vor 80 Jahren, nicht minder selbstbewußt, hier auf Tavistock-Square und baute jene fassadengeschmückten Häuser und jene hohen Zimmer, die jetzt nicht mehr passen wollen zu der meist bürgerlichen Schlichtheit ihrer Bewohner."

In einem irrte Fontane allerdings: Der Tavistock Square bestand damals noch keine achtzig Jahre, wurde erst ab etwa 1803 angelegt und 1826 nach Plänen des Architekten Thomas Cubitt vollendet. Recht treffend beschrieb Fontane aber das städtebaulich Bestechende und Bedeutende, durch das Bloomsbury bis heute zu Spaziergängen einlädt: „Der Stadtteil, den ich jetzt bewohne, besteht überwiegend aus großen und kleinen Plätzen, so daß die Straßen, die sich vorfinden, weniger um ihrer selbst als vielmehr um der Verbindung willen, die sie zwischen den zahllosen Squares unterhalten, dazusein scheinen."

In der Tat: Große, repräsentative Boulevards sucht man hier vergebens. Stattdessen wurden sich selbst genügende, oft umzäunte kleine Siedlungen dort geschaffen, wo es den Landbesitzern und Bauherren gerade gefiel. Anschließend wurden sie eher improvisiert durch kleine Straßen verbunden, in denen sich Läden mit Gewerben befanden, auf die die Bewohner für den täglichen Bedarf angewiesen waren. In diesem Muster, genauer: Nicht-Muster, in dem Mangel an einem einigermaßen einheitlichen Straßenraster, sieht Roy Porter in seiner Sozialgeschichte Londons auch eine klassische politische Botschaft der Whigs, die als Anhänger von Freihandel und Marktwirtschaft eine Frühform der Liberalen waren: „Hier sind wir in einer Stadt, in der keine Despoten und ihre speichelleckenden Architekten diktieren, sondern die den Prinzipien begüterter Patrizier folgt."

Und den Prinzipien, wenn nicht dem Diktat des Marktes, muss man ergänzen. Denn andererseits kennzeichnet diese Garden Squares doch eine starke Ähnlichkeit, auch wenn es, wie von Fontane beschrieben, gerade in Richtung Westen exklusivere als den Tavistock Square gab – etwa den ebenfalls von Cubitt umbauten Belgrave Square. Das resultiert aus strengen Vorgaben für die Haustypen, etwa was deren Größe anbelangt, aus einem 1774 beschlossenen Baugesetz. Diese Standardisierung dürfte auch eine günstigere Bauweise befördert haben, selbst wenn es die Regel war, zunächst ein recht imposantes Haus an einer Seite des Garden Square zu errichten. Auch die Zielgruppen waren lukrativ, weil zahlungskräftig: die reiche Oberschicht und die gehobene Mittelklasse. Dank dieser Art der Expansion ist London bis heute eine außergewöhnlich grüne Metropole.

In Bloomsbury und angrenzenden Stadtteilen wie Mayfair und Fitzrovia ist die Dichte der Garden Squares besonders hoch. Man kann hier geradezu ein Garden-Square-Hopping machen, wenn man will, auf den Spuren von Virginia Woolf und der Bloomsbury Group. Beispielsweise zunächst zum unweit des Tavistock Square liegenden Gordon Square gehen, der etwa zur gleichen Zeit von demselben Baulöwen Thomas Cubitt angelegt wurde. Er schafft so etwas wie eine pastorale Idylle inmitten der Großstadt, insbesondere durch einen kleinen Kiosk, der wie ein einfacher Schuppen vom Lande aussieht. Woolf lebte mit ihren Geschwistern vor ihrer Übersiedlung nach Richmond in Nummer 46. Später zog dort der Ökonom John Maynard Keynes ein, der ebenfalls zur Bloomsbury Group zählte. Einer der Nachbarn war zeitweise in Haus Nummer 57 der Philosoph und Mathematiker Bertrand Russell. Sein Urgroßvater, der 6th Duke of Bedford, war es übrigens, dem weite Teile des hiesigen Landes gehörten und der, selbst der politischen Fraktion der Whigs angehörend, die lukrative Partnerschaft mit Cubitt einging. So ist auch der größte Garden Square in Bloomsbury nach der Familie Russell benannt worden. Als erster Garden Square in Bloomsbury entstand bis 1783 nach Plänen von Thomas Leverton der Bedford Square, dessen Name sich von dem Adelstitel der Russells ableitet und der noch fast originalgetreu erhalten geblieben ist. Die Familie hatte dabei offenbar von dem Fehler ihres Vorfahren Francis Russell, 3rd Earl of Bedford, gelernt, der 1624 mit dem Covent Garden die erste Piazza Londons anlegen ließ. Um den Profit zu steigern hatte er die Mitte des Platzes an einen Markt vermietet. Das vertrieb die begüterten Bewohner und leitete einen Niedergang von Covent Garden ein.

Im nahen Fitzrovia findet sich am Fitzroy Square eine weitere Adresse von Virginia Woolf. Mit ihrem Bruder Adrian wohnte sie in Haus Nummer 29. In jüngerer Zeit hat dort der Schriftsteller Ian McEwan gelebt. „Der perfekte Platz, entworfen von Robert Adam, einen perfekten kreisrunden Garten umschließend – ein Traum des 18. Jahrhunderts", beschreibt ihn McEwan in seinem Roman „Saturday".

Woolfs letzte Station in Bloomsbury findet sich am Mecklenburgh Square, der zusammen mit dem benachbarten Brunswick Square bis 1802 angelegt wurde. Benannt wurden sie nach der Prinzessin von Mecklenburg-Strelitz, der späteren Königin Charlotte, und nach Caroline von Braunschweig, der damaligen Gemahlin des Prinzregenten und späteren George IV. Der Brunswick Square Square beeindruckt durch mächtige alte Platanen, unter deren schattenspendenden Laubdächern Passanten im Sommer gern ein wenig ausruhen. Woolf war nach rund fünfzehn Jahren am Tavistock Square in das Haus Nummer 37 an der – öffentlich nicht zugänglichen Grünfläche – des Mecklenburgh Square gezogen, allerdings nur für kurze Zeit. Sie und Leonard Woolf fürchteten Bombenangriffe und zogen ins „Monk's House" in Rodmell in der südlich von London gelegenen Grafschaft East Sussex. Im nahen Fluss Ouse ertränkte sich Virginia Woolf, als sie im März 1941 einen weiteren Ausbruch ihrer Krankheit kommen fühlte. Bereits im Oktober 1940 wurde ihr Haus am Tavistock Square bei einem Angriff der deutschen Luftwaffe zerstört. „Untergeschoss alles Schutt. Nur Reste ein alter Korbstuhl … Sonst Ziegel und Holzsplitter … ich kn (sic) nur einen Teil der Wand meines Arbeitszimmers sehen: Sonst Schutt wo ich so viele Bücher geschrieben habe." Kurz darauf wurde auch noch ihr Haus am Mecklenburgh Square unbewohnbar, nachdem die Briten dort einen Blindgänger gesprengt hatten.

Die von Roy Porter beschriebene Mentalität, aus der diese Garden Squares und mit ihnen das Aussehen Bloomsburys und anderer inzwischen zentrumsnaher, im 18. und 19. Jahrhundert noch an der Peripherie Londons liegender Stadtteile resultiert, wirkt bis heute fort. In ihr zeigt sich ein weiterer elementarer Bestandteil von Londons DNA. Peter Rees, bis 2014 fast dreißig Jahre Chefplaner der City of London, hat in seinem Schlafzimmer jenen Plan hängen, nach dem Christopher Wren nach dem großen Brand von 1666, der den größten Teil der heutigen City zerstörte, die Innenstadt Londons neu aufbauen wollte. Wren sah darin breite Boulevards vor, die große Plätze verbinden, ein Plan, der London ein mediterranes Flair gegeben hätte. Da aber die Firmen schnell ihre Gebäude wieder an Ort und Stelle errichten wollten, wurde der Plan verworfen. So wurde das verwinkelte Straßenmuster beibehalten, das auf eher improvisierten Pfaden beruhte, die die Angelsachsen quasi durch das sorgfältige Raster des römischen Londiniums getrampelt hatten. Rees sieht den Plan Wrens als ständige Warnung vor den Gefahren eines Masterplans. „Wenn Wren oder irgendein anderer Planer sich durchgesetzt hätten, würde London heute so aussehen wie Paris, Bath oder Milton Keynes – architektonisch inspirierend, aber beschwerlich darin, auf Wechsel oder unvorhergesehene künftige Bedürfnisse zu reagieren“, schrieb Rees in einem Gastbeitrag für die Tageszeitung „The Guardian“. „Paris ist formell geplant, es mangelt ihm aber an kultureller Vielfalt und einem Innenblick – niemand kann ein Pariser werden. London ist ungeplant, kulturell vielfältig und ein Welthandelszentrum – jeder kann ein Londoner werden.“ Zumindest den letzten Satz des Zitats kann der Verfasser nur bestätigen.

P
STOOD · HERE · MDCCCLXXX
19 97
ST MARTIN
IN·THE FIELDS

Die City zeigt Zähne

Temple Bar an The Strand und Fleet Street

Bedrohlich fletschen die spitzen Eckzähne aus dem aufgerissenen Maul. Die Ohren des Raubtieres sind in höchster Wachsamkeit gespitzt, es hat seinen löwenförmigen und echsenartig gepanzerten Leib wie zum Angriff aufgerichtet. Dazu breitet es seine enormen Flügel aus und umfasst mit seinen Vogelkrallen ein Schild mit dem Georgskreuz. Das sagenhafte Ungeheuer ist nach offizieller Darstellung ein Drache, ähnelt in seiner körperlichen Zusammensetzung aber eher einem Greif. Als solchen sieht auch Peter Ackroyd in seiner London-Biografie das Fabelwesen und weist darauf hin, dass es der Legende nach Goldminen bewacht und Schätze vergräbt. Darin unterscheidet sich der Greif allerdings so gut wie gar nicht vom Drachen. Im übertragenen Sinn tut das Ungeheuer das auch heute noch an Straßen der Metropole, sobald sie die Grenze zur City of London queren. Denn es ist das Wappentier dieser mit knapp drei Quadratkilometern kleinsten regionalen Gebietskörperschaft im Vereinigten Königreich, deren Gottheit nach Ackroyds Worten stets das Geld war. Normalerweise ist es als kleine Plastik auf einem allenfalls mannshohen Sockel zu finden. Aber hier in Höhe des Bezirks Temple, wo The Strand zur Fleet Street wird, ist der Greif übergroß, geradezu übermächtig. Das Ungetüm, in Bronze gestaltet von Charles Birch, wacht auf einem rund acht Meter hohen Sockel in der Straßenmitte, umtost vom unablässigen Verkehrsstrom aus Bussen, Taxis, Liefer- und Privatwagen sowie einer zunehmenden Zahl von Radfahrern. Nirgendwo sonst wirkt der Greif in London so ergreifend als Statement der City wie am Temple Bar Memorial.

Das englische Wort „city" leitet sich von dem französischen „cité" ab und wurde nach der Eroberung Englands durch die aus der Normandie stammenden Normannen nach der Schlacht von Hastings 1066 nach England importiert. Bezeichnet wurden damit ursprünglich größere Orte mit Bischofssitz und Kathedrale. Heute werden so allgemein größere Städte genannt. Ist allerdings von „City" die Rede, beginnt das Wort also mit einem großen Buchstaben, so ist damit das Areal der City of London Corporation gemeint. Heute ist „City" zugleich ein Synonym für den Finanzdistrikt, obgleich der mittlerweile ins East End auskragt und Ableger in den Docklands Londons hat. Die „Square Mile", wie der

Bereich ob seiner Fläche auch genannt wird, ist das Kerngebiet des mit Abstand größten europäischen Finanzzentrums. So symbolisiert der Greif – oder eben der Drache – die hochgradige Aggressivität und Dynamik von Londons Finanzwirtschaft. Sie ist für das Vereinigte Königreich ungefähr so bedeutend wie für Deutschland die Autoindustrie. Vielleicht schaut der Greif so übermächtig und blickt so aggressiv nach Westen, weil dort eben das Vergnügungsviertel Westend mit seinen Theatern, Clubs und manchem mehr ist und dort ein Teil des Geldes ausgegeben wird, das in der östlich des Monsters beginnenden City verdient wird. Der Greif verteidigt die Schätze als übergroße Warnung vor Verschwendung.

Es ging und geht in der City tatsächlich immer nur ums Geld. Das war schon so, als es noch gar keine Banken gab. Das Gebiet war bereits zu Zeiten der Römer, die Londinium 43 nach Christi gründeten, ein außerordentlich international geprägtes Geschäftszentrum. Die Angelsachsen ließen es dann allerdings zunächst verfallen, bauten westlich davon auf dem Gebiet des heutigen Covent Garden den Handelsplatz Lundenwic als neues Zentrum auf. Als Alfred the Great, der zwar nicht formal, aber praktisch der erste König Englands war, Ende des 9. Jahrhunderts die Wiederbesiedlung des antiken Londiniums initiierte, spielte der Kommerz freilich abermals die entscheidende Rolle. Denn Alfred vergab die Grundstücke unter der Lordschaft seines Schwiegersohnes Æthelred vornehmlich an reiche Bürger und führende Geistliche.

Daraus ergab sich eine Eigenständigkeit. London wurde als ein vornehmlich von Kaufleuten regierter Stadtstaat betrachtet, hatte sogar eine eigene Armee. Als Folge daraus ist die City auch kein Borough wie die übrigen 32 Gebietskörperschaften Londons, besitzt aber dieselben Rechte wie diese und übt darüber hinaus beispielsweise noch die Polizeigewalt auf ihrem Gebiet aus. Überdies wird sie, bezeichnend für den internationalen Handelsplatz London, firmenähnlich geleitet vom Lord Mayor – nicht zu verwechseln mit dem Bürgermeister von Greater London. Der Lord Mayor ist so etwas wie ein internationaler Handelsbotschafter und soll die City vornehmlich wirtschaftlich voranbringen.

Selbst der regierende Monarch oder die jeweilige Monarchin müssen stets an der hiesigen Grenze halten, wenn er oder sie die City betreten. Hier hat die Grenze sogar einen Namen, nämlich „Temple Bar" – „Temple", weil der gleichnamige Bezirk auf dieser Höhe liegt, und „Bar", weil es hier einst tatsächlich einen „Schlagbaum" gab. Es folgt eine eigenartige, traditionell britische Zeremonie.

Der Lord Mayor übergibt der Königin oder dem König das Staatsschwert, erhält es aber gleich zurück. Es wird dann vor dem anschließenden Prozessionszug getragen als Zeichen, dass der Herrscher die City unter dem Schutz des Bürgermeisters besucht. Das kleine Schauspiel geht zurück auf den 24. November 1588. An dem Tag empfing der Lord Mayor Königin Elisabeth I. auf ihrem Weg zur St Paul's Cathedral, wo nach dem Sieg über die spanische Armada ein Dankgottesdienst gefeiert wurde. Er überreichte ihr die Stadt-Schlüssel als Zeichen seiner Loyalität und empfing dafür von ihr ein perlenbesetztes Schwert.

Damals war der Kontrollposten, der ursprünglich nur aus einer zwischen zwei Pfählen gespannten Kette bestand, schon durch ein Holztor mit Gefängniszellen im oberen Stockwerk ersetzt worden. Es überstand zwar den verheerenden Brand von 1666, wurde aber dennoch einige Jahre danach durch ein von Christopher Wren entworfenes Torhaus aus Portlandstein ersetzt. Dieses wurde 1878 abgetragen, weil es den ungeheuer zunehmenden Verkehr behinderte und als unmodisch galt. Zwei Jahre später ist dann der hohe Sockel mit dem Greif als ein Denkmal für das Torhaus an seine Stelle gesetzt worden. Da verwitterte Wrens Bau bereits auf dem Anwesen des Brauereierben Henry Bruce Meux in der Grafschaft Hertfortshire. 2004 bewahrte es die City vor dem endgültigen Verfall und ließ es restaurieren. Heute steht es direkt neben dem Meisterwerk seines Architekten, der St Paul's Cathedral, zwischen Paternoster Square und Kirchhof.

Der hohe Sockel unter dem Greif, entworfen vom damaligen Stadtbaumeister der City, Horace Jones, hat zwei Nischen für Standbilder, die als Reminiszenz an Wrens Torhaus verstanden werden können. Bei diesem erhebt sich über dem Torbogen ein Geschoss, in dessen südlichen Nischen Statuen von Charles I. und Charles II. stehen. Sie blickten einst wie der Greif nach Westen. Aus Nischen an der gegenüberliegenden Seite schauten die Augen der Skulpturen von James I. und seiner Frau Anna von Dänemark einst zur City. So sollte deutlich werden, dass das Tor nicht nur ein Bauwerk der City, sondern auch des Königs ist. Dessen Residenz liegt im westlich an die City grenzenden Bezirk Westminster, von dem besagtes Westend wiederum ein Teil ist.

In den Nischen von Jones' mächtigem, an den Klassizismus der Renaissance angelehnten Sockel stehen hingegen – flankiert von Pilastern, deren Ikonografien für Kunst und Wissenschaft stehen – Bildnisse von Königin Victoria, die bei dessen Errichtung Staatsoberhaupt war, und ihres Sohnes Edward, der 1901 ihr Nachfolger wurde. Geschaffen hat die Standbilder der aus Österreich stammende Joseph Edgar Boehm. Victoria und Edward waren 1872 die letzten Monarchen, die noch Wrens Torhaus mit beschriebener Zeremonie durchquerten. Daran erinnern Reliefs unterhalb der Bildnisse. Victoria und Edward schauen allerdings nicht nach Westen oder Osten, sondern nach Norden (Edward) und Süden (Victoria) entlang der Grenze zwischen City und Westminster. Dafür erscheint auf der Westseite zwischen Pilastern, die symbolhaft Krieg und Frieden darstellen, das jungenhafte Antlitz von Edwards Sohn Albert Victor, der dessen Nachfolger geworden wäre, wäre er nicht schon 1892 gestorben. Zur City blickt auf der Ostseite der damalige Lord Mayor Sir Francis Wyatt Truscott. Darunter zeigt ein Relief Wrens Torhaus.

Der Greif erscheint heute als das passendere Symbol an dieser Grenze, verdeutlicht er doch die bis jetzt bestehende Bipolarität Londons. City und Westminster bilden gewissermaßen Doppelsterne im Sonnensystem London. So wie die City Mittelpunkt der Banken- und Geschäftswelt ist, so ist Westminster der politische Mittelpunkt des Landes. Als solcher wurde es vom 11. Jahrhundert an beginnend mit Edward the Confessor, „dem Bekenner“, aufgebaut. Dort befinden sich die Houses of Parliament und der Buckingham Palace, und einst erstreckte sich dort entlang von Whitehall ein königlicher Palast. Gewissermaßen als Pendant zum Greif können somit gleich westlich von Temple Bar die königlichen Gerichtshöfe, die Royal Courts of Justice, gesehen werden, deren weiße Gemäuer im Stil der Neugotik bis 1882 nach Plänen von George Edmund Street errichtet wurden. So betrachtet, beschützt der Greif die Schätze der City auch vor dem Zugriff der Monarchen und ihrer Institutionen. Kein Wunder, dass er angesichts so vieler Herausforderungen so groß geraten ist.

Morde in ländlicher Idylle

Entlang der Middle Lane durch Temple

Unscheinbar ist der Durchgang, der sich nur ein paar Meter östlich des mächtigen, einschüchternden Greifs am Temple Bar auf der südlichen Seite der Fleet Street auftut. Er schaut eher wie die Zufahrt zum Hof eines Hauses aus. „1684" steht über dem Durchgang. Es ist das Jahr, in dem dieses Torhaus nach Plänen von Christopher Wren entworfen wurde, dessen berühmtestes Bauwerk wohl die St Paul's Cathedral ist. Wer das Tor durchschreitet, wird auf der daran anschließenden zunächst gassenähnlichen Middle Temple Lane überrascht. Denn augenblicklich schreitet man aus dem hektischen Treiben auf der Hauptverkehrsader mit ihrem hämmernden Lärm in eine Idylle klösterlicher Ruhe.

„Es ist der eleganteste Ort in der Metropole", schwärmte Charles Lamb. Und das schon Anfang des 19. Jahrhunderts. „Was für ein Wandel für einen Landmenschen, der London zum ersten Mal besucht." In der Tat: Man glaubt plötzlich, nicht mehr im Herzen einer der geschäftigsten und quirligsten Weltmetropolen zu sein. Auch wenn die benachbarten verwinkelten Wege enger und die Plätze kleiner sind: Es herrscht kein Gedränge wie meist auf den Bürgersteigen der Fleet Street und des Strand. Vögel zwitschern in den Bäumen, hier und da laden Bänke zur Besinnung ein. Man schreitet nicht nur in einen kleinen, ruhigen Hof wie den Gough Square oder verschnauft in einem Garten wie beim Tavistock Square und den umliegenden Garden Squares in Bloomsbury. Vielmehr tut sich ein weiträumiges Areal auf, das den Eindruck vermittelt, einen religiösen Bezirk zu betreten. In gewisser Weise ist das auch so. Das Gebiet heißt nämlich Temple nach dem Templerorden, der dort 1185 eine Kirche weihte und einen Konvent errichtete. Dieser bestand freilich nur knapp 130 Jahre.

Freitag, der 13. Oktober 1307, ging nicht nur in die Glaubensgeschichte ein, sondern auch in den Aberglauben, gelten ein Freitag, der 13. sowie die Zahl 13 seitdem vielen als Unglückszeichen. An jenem Tag ließ der französische König Philippe IV. die Tempelritter unter den vorgeschobenen Vorwürfen der Häresie, der Sodomie und des Götzendienstes verhaften, damit sie der gleichfalls französische Papst, der in Avignon Zuflucht gefunden hatte, aburteile. In Wirklichkeit ging es – wie fast immer – ums Geld. Philippe war hoch verschuldet und der

Templerorden reich. Allerdings hatte er auch seine ursprüngliche Existenzberechtigung verloren. Denn der Orden war 1118 als militärische Schutztruppe für Pilger im Heiligen Land gegründet worden. 1291 mussten die Templer aber ihre letzte Bastion dort räumen. Außerhalb Frankreichs gingen die Regenten langsamer und durchaus widerwillig gegen die Tempelritter vor. So auch der englische König Edward II., der von 1307 an regierte. Er lehnte Folterungen der Geistlichen ab und verteilte sie auf andere Klöster im Land. Nachdem der Orden 1312 durch Papst Clemens V. aufgelöst worden war, ging sein Besitz an die Johanniter über. Diese vermieteten das Londoner Areal der Templer an Juristen, die in den folgenden Jahrhunderten vier „Inns", also Anwaltskammern, bildeten. Sie waren und sind auch zuständig für die Ausbildung Rechtsgelehrter und können als erste Universität in London betrachtet werden. Bis heute muss jeder Anwalt in England und Wales einer dieser Kammern angehören. Zwei von ihnen, nämlich Middle Temple und Inner Temple, sind seitdem, wie ihre Namen schon sagen, in Temple beheimatet – in unmittelbarer Nachbarschaft zu Lincoln's Inn und Gray's Inn, die sich aber schon im angrenzenden Holborn befinden.

Das erklärt auch, warum einige der Damen und Herren, die zwischen den teils noch aus dem 16. und 17. Jahrhundert stammenden Gebäuden umherstreifen, sich durch schwarze Talare und barocke Perücken als Juristen enttarnen. Meist sind es Anwälte. Um die Mittagszeit verzehren sie, so es das Wetter erlaubt, gerne ihr Lunch auf der ausgedehnten Rasenfläche der Inner Temple Gardens, die sich bald zur Linken der Middle Temple Lane auftun und wie diese im Süden bis an das Victoria Embankment am Themseufer heranreichen. Um die Pflanzen zu schonen, wird das gusseiserne Tor zu der Grünanlage nur an Werktagen zur Mittagszeit für diese „Déjeuners sur l'herbe" geöffnet. Das Gatter ist gekrönt von der Darstellung des Pegasus, eines geflügelten Pferdes. Es ist das Symbol der Anwaltskammer Inner Temple, deren Motto entsprechend „Volat ad aethera virtus" lautet, zu Deutsch: „Die Tugend fliegt zum Himmel empor." Warum Pegasus zum Wappentier erhoben wurde, ist allerdings nicht mehr genau auszumachen. Darunter begegnet dem Besucher ein Greif. Hier ist er aber im Gegensatz zum Temple Bar Memorial nicht als Symbol der City of London zu verstehen, sondern als Emblem der Anwaltskammer Gray's Inn, mit der sich die Juristen vom Inner Temple traditionell freundschaftlich verbunden fühlen.

Ist das Gatter durchschritten, kann man sich an den vielen Pflanzen erfreuen, die zu wechselnden Jahreszeiten auf den Beeten blühen. Im Frühling leuchten beispielsweise viele Tulpen, vom Sommer bis in den Herbst erstrahlen unter anderem Geranien und Dahlien und im trüben Januar hellen Schneeglöckchen sowie Christrosen auch das Gemüt auf. Auf dem Areal fand bis 1912 die jährliche Gartenschau der Royal Horticultural Society statt, die anschließend auf das Gelände des Royal Hospital in Chelsea umzog und sich seitdem „Chelsea Flower Show" nennt.

Nahe der Themse ist ein Brunnen mit einer von Margaret Wrightson geschaffenen Jungenfigur angelegt worden. Diese hält ein Buch mit dem Satz: „Lawyers, I suppose, were children once" – „Ich darf vermuten, dass auch Anwälte einmal Kinder waren." Es ist ebenfalls ein Zitat von Charles Lamb und stammt wie die vorherigen aus seinem Essay über die alten Anwälte von Inner Temple. Lamb war nämlich keineswegs ein Landmensch, sondern ein Stadtmensch, genauer sogar ein Temple-Mensch. Denn er wuchs hier Ende des 18. Jahrhunderts auf. Sein Vater arbeitete im Haus Nummer 2 an der Crown Office Row als Kanzleischreiber. Daran erinnert heute eine Plakette, das Gebäude ist allerdings späteren Datums. Denn – auch das kann man sich heute kaum noch vorstellen – das Areal erlitt im Zweiten Weltkrieg durch Bombenangriffe heftige Zerstörungen, die an der Crown Office Row fast nur noch die Gebäudefundamente übrigließen. Der heutige Bau wurde im georgianischen Stil in den 1950er Jahren von Edward Maufe entworfen und anstatt eines Hauses errichtet, das dort seit den 1860er Jahren stand und auf Plänen von Sydney Smirke basierte.

Bei Lambs Geburt profitierten die Anwälte schon längst von einer Art Brexit, den Henry VIII. 1534 vollzog, als er die Kirche in England von Rom löste, damit ihm der Papst – sprich: die damals auch politisch sehr mächtige internationale Organisation der katholischen Kirche – nicht länger in innerstaatliche Angelegenheiten hineingrätschen und damit auch die Macht der Tudors gefährden konnte. Denn Henry befürchtete, es könne wieder zu einem Bürgerkrieg wie Ende des 15. Jahrhunderts kommen, wenn er keinen anerkannten männlichen Nachfolger hat. Doch seine Frau Katharina von Aragon hatte ihm eine Tochter geschenkt, und so strebte Henry die Scheidung an, die der Papst aber ablehnte. Im Zuge dieser Loslösung, die nicht wirklich mit einer Reformation einherging, wie sie Martin Luther in Kontinentaleuropa kurz zuvor losgetreten hatte, bemächtigte sich der englische König auch allen Kirchenbesitzes. Dieser wurde im Zuge der „Auflösung der Klöster" oft an Günstlinge des Monarchen und zwielichtige Immobilien-Spekulanten verkauft. Das geschah nach 1539 auch mit dem

Hab und Gut der Johanniter, also mit dem Temple-Bezirk. Nach wechselvoller Geschichte gewährte schließlich James I. 1608 den beiden Anwaltskammern das Areal. Die handelten auch aus, dass es eine sogenannte „Liberty" ist – es gehört zwar zum Gebiet der City of London, ist ihr aber rechtlich und administrativ nicht unterstellt, sondern wird eigenständig verwaltet. Der Deal hatte allerdings eine Bedingung: Die Anwaltskammern müssen die noch von den Rittern erbaute Temple Church, zu der Gassen östlich der Middle Temple Lane und nördlich des Gartens führen, instand halten und dafür sorgen, dass dort Gottesdienste abgehalten werden. Zudem untersteht die Kirche nicht der Londoner Diözese, sondern direkt der Krone.

Zum Unterhalt trägt auch das Eintrittsgeld der Kirchenbesucher bei. Ihre Neugier richtet sich meist auf den westlich gelegenen Rundbau. Er ist das Hauptschiff und wurde als erster Teil des Gotteshauses fertiggestellt. Wie jede Kirche der Tempelritter ist er in Anlehnung an die Grabeskirche in Jerusalem gestaltet worden. Es ist der einzige sakrale Rundbau in London und einer von sehr wenigen, die in England noch erhalten sind. Vor allem die in den Boden eingelassenen Grabplatten der Tempelritter ziehen dort die Blicke an. Einige Bildnisse weisen trotz Restaurierung starke Schäden auf – Folgen der Bombardierung des Areals durch die deutsche Luftwaffe im Mai 1941. Der bedeutendste dort dargestellte Ritter war William Marshal, 1st Earl of Pembroke. Er riet König John „Lackland" – „Ohneland" – 1215 zur Unterzeichnung der Magna Charta, mit der der Monarch einen Streit mit seinen Baronen beendete. Dem Adel wurden darin weitgehende Freiheiten eingeräumt und auch manche Steuern erlassen. Es mag übertrieben sein, sie gar als eine Art Verfassung zu begreifen, mit Sicherheit war sie aber, wie der Historiker Simon Schama meint, die „Sterbeurkunde des Despotismus". Denn sie bezeugte ein unabhängiges, staatliches Rechtssystem, dem auch der König untergeordnet war.

Es mutet wundersam an, dass die Middle Temple Hall, die sich westlich an der Middle Temple Lane erhebt, die Bombardierungen im Zweiten Weltkrieg überstanden hat. Der Überlieferung nach wurde der Speise- und Versammlungssaal 1573 von Elisabeth I. eröffnet. Unter der gewaltigen Hammerbalkendecke wurde am 2. Februar 1602 William Shakespeares Schauspiel „Twelfth Night", in Deutschland bekannt unter dem Titel „Was ihr wollt", uraufgeführt. Auch dabei war die Monarchin anwesend. Sie schenkte der Anwaltskammer den langen Tisch an der Stirnwand des Saals, der den rangältesten Mitgliedern des „Inn" vorbehalten ist.

In der Dunkelheit entfaltet das zuweilen labyrinthartige Gewirr der Gassen im „Tempel-Bezirk" eine besonders anheimelnde, auch unheimliche Atmosphäre. Zumal es immer noch nur von Gaslaternen beleuchtet wird. So wundert es nicht, dass das Areal schon oft als Filmlocation diente. Tom Hanks und Audrey Tatou machten sich in „Sakrileg" auf der Suche nach dem Heiligen Gral unter anderem in die Temple Church auf. Judy Dench mimte Königin Elisabeth I. in der Middle Temple Hall im Film „Shakespeare in Love". Und im Streifen „Der gute Hirte", den Robert De Niro mit Matt Damon in der Hauptrolle drehte, geschieht am südlichen Tor der Middle Temple Lane sogar ein Mord im schummrigen Zwielicht der Laternen. Die ländliche Idylle hat sich dort in ihr Gegenteil verkehrt. Eigentlich aber passt das so wenig zu dem friedlichen Temple-Bezirk wie das in hellem Portlandstein bis 1879 nach Plänen von Edward Middleton Barry errichtete dortige Gebäude. Seine renaissanceartige Ornamentierung will sich so gar nicht zu den benachbarten schlichten Backsteinbauten entlang der Middle Temple Lane fügen.

BOSWELL HOUSE

Grosse Wörter aus kleinem Hof

Gough Square

Nein, der Gough Square ist kein Platz. „Square“ ist hier irreführend. Es handelt sich vielmehr um einen schlauchartigen und L-förmigen Teil einer Fußgängerzone, allenfalls um einen Hof, eng umschlossen von mehrstöckigen Backsteinhäusern. Man erreicht ihn auch nur über verschiedene schmale Gassen, die sich wie ein kleines Labyrinth zwischen Fetter Lane und Shoe Lane von der Fleet Street aus in Richtung Norden schlängeln. London gewinnt dabei schon ein paar Schritte Abseits der vielbefahrenen und lauten Magistrale etwas Beschauliches, ja Dörfliches. Und nächtens auch etwas Unheimliches, ähnlich wie im Temple-Bezirk, der sich schräg gegenüber südlich der Fleet Street erstreckt.

In der Regel wagen sich nur wenige Besucher in diese unübersichtlichen Verästelungen des Londoner Straßennetzes vor. Der gebürtige Ungar George Mikes, der vor den Nazis nach London flüchtete, vermutete dahinter System. Die englische Stadt sei eine „große Verschwörung, um Fremde irrezuführen“, behauptete er ironisch in seinem inzwischen legendären Buch „How to be an Alien“. Dazu bedienten sie sich jahrhundertealter Tricks. So bauten sie niemals eine Straße gerade, da die Engländer ihr Privatleben so sehr liebten, dass sie das eine Ende der Straße niemals vom anderen Ende sehen wollten. Dazu würden plötzliche Kurven eingebaut und Straßen auch in S-Form angelegt. Aber auch die Buchstaben L, T, V, Y, W und O würden immer populärer. Mikes schlägt ihnen vor, künftig auch Straßen in Form griechischer Buchstaben oder chinesischer Schriftzeichen zu bauen. In der Londoner City sind derartige Verrenkungen von Straßen allerdings wohl eher darauf zurückzuführen, dass sie Pfaden folgen, die einst die Angelsachsen zwischen den Ruinen des verlassenen Londiniums in das klare Raster der römischen Verkehrswege trampelten.

Die Privatheit und Ruhe des Gough Square schätzen zumindest tagsüber die Bediensteten der umliegenden Büros, die meist von Finanzinstituten und Anwaltskanzleien für teures Geld in Beschlag genommen worden sind. Fein gekleidet in Nadelstreifen und Kostüme, hocken sich um die Mittagszeit einige von ihnen gerne auf hölzerne Sitzmöbel in einer Ecke des Gough Square. Abseits vom Metropolentrubel können sie dort in aller Ruhe und bei vertraulichem Gespräch ein Sandwich zum Lunch verzehren. Dabei schaut ihnen Hodge zu. Hodge ist ein Kater, der auf einem dickleibigen Wälzer hockt, auf dem wiederum eine aufgebrochene Austernschale liegt. Das edle Muscheltier war das Lunch des Stubentigers. Da können nicht nur Banker und Juristen neidisch werden. Freilich: Hodge, Wälzer und Auster sind aus Bronze.

Warum die Plastik dort errichtet wurde, wird auf einer Plakette am Sockel verdeutlicht, auf dem sie steht. „Hodge, ‚a very fine cat indeed', belonging to Samuel Johnson" – „Hodge, ‚in der Tat ein sehr schöner Kater', der Samuel Johnson gehörte", ist darauf zu lesen. In Anführungszeichen ist dabei ein Zitat eben jenes Samuel Johnson über sein Haustier wiedergegeben. Überliefert sind die Worte von Johnsons Biografen James Boswell. Gleiches gilt für den wohl bekanntesten Ausspruch Johnsons, der sich darunter findet: „Sir, when a man is tired of London he is tired of life; for there is in London all that life can afford." – „Sir, wenn jemand Londons überdrüssig ist, ist er des Lebens überdrüssig; denn in London hat man alles, was das Leben bieten kann." Und darunter wird noch ein Ausspruch Johnsons wiedergegeben: „The chief glory of every people arises from its authours (sic)" – „Der bedeutendste Ruhm eines jeden Volkes entspringt seinen Autoren." So etwas kann nur von einem Mann der Worte stammen. Und das war Samuel Johnson. Ja, er ist sogar der am meisten zitierte Brite – nach William Shakespeare selbstverständlich.

Die Plastik ist nicht zufällig im Gough Square aufgestellt worden. Denn Johnson lebte dort von 1746 bis 1759 im Haus Nummer 17. Und später ganz in der Nähe am Johnsons Court Nummer 7 – der aber nach einem Schneidermeister gleichen Nachnamens benannt ist, dem das Grundstück damals gehörte – und am Bolt Court Nummer 8, wo er 1784 starb. Nicht von ungefähr mag daher sein Rat an London-Besucher kommen: „Sir, wenn Sie eine Vorstellung von der Größe dieser Stadt bekommen möchten, sollten Sie sich nicht damit zufriedengeben, ihre großen Straßen und Plätze zu sehen, sondern müssen sich die unzähligen Gassen und Höfe anschauen. Denn die wundervolle Unermesslichkeit Londons besteht nicht in den Entwicklungen protziger Gebäude, sondern der Mannigfaltigkeit menschlicher Wohnorte, die hier zusammengedrängt sind."

Am Gough Square mag es sich seinerzeit für damalige Verhältnisse recht gut gelebt haben. Doch jenseits der City, deren Grenze nur ein wenig weiter westlich lag – und noch liegt – sah das schon ganz anders aus. Etwa im nahen Holborn oder im Viertel St Giles nördlich des Covent Garden. Es stank nach Exkrementen und manchem mehr, es war eng, Armut und Kriminalität griffen um sich und „einstürzende Häuser donnern auf deinen Kopf“, wie Johnson selbst 1783 dichtete.

Männer der Worte fristeten seinerzeit ihr Dasein unter ähnlichen Verhältnissen – wie in der „Grub Street“ beispielsweise, die sich damals im Viertel Moorfields am Nordrand der City of London befand. Die Straße existiert heute nicht mehr, aber der Begriff „Grub Street“. Und das ist Johnson zu verdanken, der vor seinem Umzug an den Gough Square dort unter anderem wohnte und sich mit schlecht bezahlten Veröffentlichungen von Gedichten und Geschichten durchschlagen musste. Diese Erfahrung brachte Johnson in das Wörterbuch ein, das er – nun besser bezahlt – im Haus am Gough Square verfasste und darin „grubstreet“ als „mean production“ – „Billigproduktion“ – definierte.

Die von Johnson erwähnte Größe mag eher für die ungeheure Expansion Londons stehen. Es hatte 1750 schätzungsweise 675.000 Einwohner, 1811 waren es schon mehr als das Doppelte. Johnsons Rat, die kleinen Gassen und Höfe aufzusuchen, kann eher für heutige Besucher der weit mehr als neun Millionen Einwohner zählenden Metropole gelten. Denn London bietet auch im Zentrum erstaunlich viele relativ ruhige, ja geradezu romantische Winkel. Freilich sind sie, zumindest in der City, kaum noch Wohnorte. Der merkantile Charakter der Stadt hat sie vereinnahmt und in Büros umgestaltet – oder eben in Museen oder andere öffentliche Einrichtungen. Auch dafür stehen der Gough Square und seine unmittelbare Umgebung.

Nummer 17 am Gough Square ist das einzige aller Häuser, in denen Johnson gelebt hat, das noch besteht. Und auch das einzige in diesem Areal, das die Bombenangriffe der deutschen Luftwaffe im Zweiten Weltkrieg überstanden hat. Das vierstöckige, relativ schlichte Backsteingebäude ließ die Familie Gough, die durch Wollhandel reich geworden war und denen der ganze so genannte Platz gehörte, um 1700 errichten. Es wechselte später mehrfach den Besitzer und verfiel, bis es 1911 Cecil Harmsworth, ein Politiker der Liberalen, erwarb. Er ließ es renovieren und machte daraus ein Museum, das Samuel Johnson gewidmet ist. Die Familie Harmswoth steht auch noch hinter dem Dr Johnson’s House Trust, dem das Museum bis heute gehört und für den zuweilen Spenden in der offen liegenden Austernschale der Hodge-Plastik hinterlassen werden. Johnson verließ es übrigens auch, um selbst Austern für Hodge zu kaufen, da er seinem Personal nicht traute. Austern waren nämlich nicht nur im England des 18. Jahrhunderts ein Armeleuteessen – und gängiges Tierfutter. Das änderte sich erst, als ihre Bestände Ende des 19. Jahrhunderts knapp wurden.

Samuel Johnson sollte vor allem mit seinem Wörterbuch in die englische Geschichte – besser noch: Sprachgeschichte – eingehen. Er verfasste das mehr als 42.000 Wörter umfassende Werk mit sechs Gehilfen. Es war nicht das erste und auch nicht das umfangreichste seiner Art, galt aber lange als das beste. Es setzte Maßstäbe, mit denen die englische Sprache vereinheitlicht wurde, und bezog sich auf Quellen der Hochliteratur, etwa auf Shakespeare und Milton. Als Standardwerk englischer Sprache wurde es erst im Laufe des vergangenen Jahrhunderts vom Oxford English Dictionary abgelöst. Johnson leistete für das Englische das, was rund hundert Jahre später die Gebrüder Grimm mit ihrem Wörterbuch für das Deutsche vollbrachten.

Johnson gilt zudem als Urvater des modernen Journalismus, der zu jener Zeit an und rund um die nahe Fleet Street entwickelt wurde. „Stamm des Sam" nennt zumindest Andrew Marr, ehemaliger BBC-Parlamentsreporter und Moderator sowie einst Chefredakteur der Tageszeitung „The Independent", in seinem Buch „My Trade" – „Mein Gewerbe" – seine Berufskollegen. Dies schon allein wegen Johnsons Diktum: „Niemand außer einem Hornochsen hat je geschrieben, außer für Geld." Aber auch wegen anderer Bemerkungen wie: „Man kann jederzeit schreiben, wenn man sich nur hinreichend hineinbeißt", und: „Runde Zahlen sind immer falsch".

In der Tat arbeitete Johnson in London stets auch als Journalist. Unter anderem verfasste er von 1758 bis 1760 etwa neunzig (Achtung: runde Zahl) meist moralische und religiöse Abhandlungen für die Serie „The Idler" – auf Deutsch: „Der Müßiggänger". Mit Johnson auf dem Cover und inspiriert von ihm feierte „The Idler" 1993 seine Wiederauferstehung, eine Zeit lang auch als Beilage der Tageszeitung „The Guardian". Und zwar durch Tom Hodgkinson, der, wie es auf der Website des Magazins heißt, zuvor „glücklicherweise" bei einer anderen Publikation gefeuert worden war. Hodgkinson sympathisierte damals mit einer Neigung zur Trägheit, die Johnson gehabt haben soll, und so war das Magazin denn auch anfangs „Literature for Loafers" – „Literatur für Faulenzer" – untertitelt. Im Grunde aber ging und geht es Hodgkinson und seinen Mitstreitern laut Website des „Idler" um die Frage: „Wie kann man frei sein in einer Welt von Jobs und Schulden? Und diesen Wecker umkurven.“ Mit anderen Worten: Es geht ihnen um ein erfülltes Leben. Denn weder Johnson noch die Macher des „Idler“ dürften wirklich Bummelanten gewesen sein – respektive noch sein. So waren Johnsons journalistischer Ausstoß sowie die Arbeit an dem Wörterbuch enorm. Und der „Idler“ behauptet sich seit dreißig Jahren, wenn auch jetzt als zweimonatig erscheinendes Magazin, aber inklusive Kursen zu Philosophen wie Sokrates, dem Spielen der Ukulele und manchen weiteren Events. Faulenzer schaffen das nicht.

Allen dürfte aber zumindest eine gewisse Sehnsucht nach Faulheit gemein sein. Wie meinte Johnson noch: „So wie der Frieden das Ende des Krieges bedeutet, so ist das Faulenzen ein entferntes Ziel aller geschäftigen Menschen.“ Demnach gibt es sogar ein gewisses Recht auf Faulheit. Der Gough Square und seine Sitzecke neben Kater Hodge laden auch dazu ein.

DEAD SLOW

Heiliger Schlachtort

Smithfield

Lange Zeit bin ich früh aufgestanden. Manchmal fielen mir die Augen noch zu, wenn ich auf der Fahrt von Richmond im Westen Londons zu meinem Arbeitsplatz in der City, dem Finanzdistrikt, unterwegs war, wohin mich dankenswerterweise ein Car Service des Unternehmens brachte. Immer wieder dachte ich: Jetzt musst du aber aufwachen! Und je näher mich der Fahrer zur Innenstadt brachte, desto öfter und länger konnte ich die Augen aufhalten. Ich schnappte dabei Punks mit rosa Perücken auf, die durch das Westend streiften, erhaschte scheppernde Maschinen, mit denen die Gehwege gereinigt wurden, und dann wieder menschenleere Straßen, die in London wohl nur um diese Zeit, also kurz nach vier Uhr morgens, ein so zügiges Vorankommen mit dem Auto ermöglichen. Trotzdem ist auch London eine Stadt, die nie schläft – genau genommen schlafen Großstädte nie und schon von daher ist das kein Alleinstellungsmerkmal von New York, dem sprichwörtlich dieser Dauerzustand zugesprochen wird. Dass er auch auf London zutrifft, wurde auf den frühmorgendlichen Fahrten trotz weit verbreiteter Schläfrigkeit in Straßen, Gassen und Plätzen dennoch überdeutlich. Und zwar, als manche der Fahrer meinten, eine kürzere Strecke, die über das Smithfield führt, bedeute auch eine kürzere Fahrzeit.

Doch die Rechnung ging so gut wie nie auf. Das wusste ich recht bald und hätte die Fahrer vor dieser vermeintlichen Abkürzung warnen können. Habe ich aber nicht. Denn dann wären mir mindestens zehn Minuten Sightseeing im halbnächtlichen London entgangen. Außerdem rissen mich die grellen Scheinwerfer, die den Smithfield Market zwischen Charterhouse Street und West Smithfield taghell erleuchteten aus dem restlichen Schlaf. Dazu tat das Cockney-Gebrüll der umstehenden, oft kräftigen Schlachter und Lkw-Fahrer in ihren weißen Overalls, auf denen die Blut- und Dreckschlieren besonders gut ins Auge stachen, sein Übriges – und auch das entnervte Klagen meines Fahrers darüber, im Stau zu stecken. Brenzlig konnte die Lage werden, wenn der Fahrer in der unablässigen Hoffnung, Zeit zu sparen, in eine der beiden Querstraßen einbog, die die rund 75 Meter breiten und 200 Meter langen Hallen in Nord-Süd-Richtung durchmessen. Dort wirkte das Licht nicht nur noch greller, es standen noch mehr Lieferwagen im Weg. Da musste der Fahrer dann schon sehr auf kollegial mit den anderen Fahrern machen, um voranzukommen. Währenddessen konnte ich die dunkelviolette Stahlkonstruktion bewundern, die das gewaltige Dach trägt. Auch wenn seit Fertigstellung der Markthallen, die von 1867 bis 1883 errichtet wurden, viele Nach- und Ausbesserungen vorgenommen wurden: Sie wirken immer noch wie ein Monument aus viktorianischer Zeit, entworfen im damals auch in Deutschland populären Historismus, bei dem auf Stile verschiedener früherer Epochen zurückgegriffen wurde. Die Pläne stammen von Horace Jones, damals Chefarchitekt der City of London Corporation, der das Terrain bis heute gehört. Jones hatte eine besondere Neigung für die Renaissance, und das sieht man den Hallen auch an. Sein wohl berühmtestes Bauwerk entwarf er allerdings eher im Stil der Gotik – es ist die Tower Bridge.

Die frühmorgendlichen Seitenblicke aus dem Wagen konnten das Gewusel in den langen Gängen des Marktes kaum erfassen. Noch einige Jahre später reihte sich dort Fleischtheke an Fleischtheke, davor drängelten sich Einkäufer von Restaurants, Hotels und Metzgereien. Obwohl es sich – bis heute – um einen Großmarkt handelt, mischten sich stets auch ein paar Touristen darunter, einige sogar mit Trolley-Koffer. Die Schlachter wetzten in den Hinterräumen bereits um Mitternacht ihre Messer, um Filets und anderes Fleisch aus den aufgehängten Tierhälften zu schneiden. Offiziell war um sieben Uhr Schluss. Und 2028 ist ganz Schluss mit dem Fleischmarkt. Zusammen mit zwei anderen Märkten werden die derzeit noch 28 Händler ins umgebaute Dagenham Dock im Osten Londons ziehen. Dann soll in den umgestalteten Gebäuden das Museum of London vollends eingezogen sein.

Smithfield war einst beliebt bei Nachtschwärmern. Denn schon früh am Morgen wurde in den umliegenden Pubs, in denen natürlich vornehmlich Schlachter ihr Bier nach getaner Arbeit genossen, Alkohol ausgeschenkt. Davon ist nicht viel geblieben. Aus den urigen Arbeiterkneipen sind gehobene Gastro-Pubs, Bars und Restaurants geworden, die ihre kauf- und sauffreudige Klientel aus der nahen City und so manchen Touristen anziehen. Die Reste des Fleischmarkts wirken heute mehr denn je wie aus der Zeit gefallen – ein geliebtes, traditionsreiches Relikt. London ist auch die einzige Weltmetropole, die sich bislang noch einen zentralen Fleischgroßmarkt im Stadtzentrum leistet. Die Briten sind halt sehr traditionsverbunden, in dieser Hinsicht geradezu sentimental. Der Vermieter, besagte City of London Corporation, hält aber die Gebäude für nicht mehr zweckgemäß. Sie wiesen Schäden auf und würden auch nicht mehr hinreichend genutzt. In der Tat: Einst bot der Markt mehr als 160 Stände. Schlussendlich setzt sich in London dann doch stets der Merkantilismus durch.

Aber das Smithfield ist auch eine ausgezeichnete Wahl als neue Heimstätte des Museum of London. Denn es ist auch abgesehen vom Fleischmarkt ein wahrhaft historischer, ja sogar heiliger, gleichwohl blutgetränkter Ort – letzteres sind freilich viele Orte Londons. Theodor Fontane befand Mitte des 19. Jahrhunderts, „unter allen Plätzen Londons ist keiner mit der Geschichte des Landes inniger verwebt als Smithfield. Hier war es, wo der Fanatismus Maria Tudors in kurzer, aber blutiger Regierung 277 Protestanten den Scheiterhaufen besteigen ließ, und um vieles früher schon, zu Zeiten des Schwarzen Prinzen, turnierte hier die englische Ritterschaft unter den Augen des Hofes."

Ursprünglich auch „Smoothfield" – das „weiche Feld" – genannt, wurde das Areal im 12. Jahrhundert als Pferde- und Fleischmarkt und von etwa 1350 an auch als Sportplatz für Ritterturniere genutzt. Sie fielen, wie der Name schon sagt, auf weichen Boden, der die Verletzungsgefahr minderte. 1381 trafen dort König Richard II. und Londons Lord Mayor William Walworth den Anführer des damaligen Bauernaufstandes Wat Tyler. Die Rebellion hatte sich an einer Kopfsteuer entzündet, mit der Feldzüge gegen Frankreich finanziert werden sollten. Der Bürgermeister riss dabei Tyler von dessen Pferd und stach auf ihn ein. Ein Ritter aus Richards Garde tötete den Aufrührer anschließend.

Mit „Maria Tudor" meint Fontane Mary I. Als „Bloody Mary" ging sie in die Geschichte ein, unter anderem, weil sie im Zuge ihrer kurzen und schließlich erfolglosen katholischen Gegenreformation bis 1558 fast dreihundert Protestanten auf Scheiterhaufen verbrennen ließ, mehr als zweihundert davon auf dem Smithfield. Damals war der Platz schon lange eine öffentliche Hinrichtungsstätte gewesen. Noch 1652 wurde dort eine Frau verbrannt, weil sie ihren Mann vergiftet hatte. Andere Kriminelle wurden lebendig geröstet oder in kochendes Wasser gestoßen. Später war das Gebiet berüchtigt für Duelle und Bandenkämpfe. Die City richtete schließlich 1638 dort den Markt für Lebendvieh ein, stattete das Areal aber lange nicht mit ausreichenden Abflüssen aus. Blut und Eingeweide geschlachteter Tiere ergossen sich bis in die Straßen, man watete, wie es Charles Dickens in „Oliver Twist" beschreibt, „knöcheltief in Schmutz und Morast" zwischen dampfendem und stinkendem Vieh. Und der Journalist Max Schlesinger nannte das Smithfield in seinen 1851 veröffentlichten „Wanderungen durch London" den „schmutzigsten aller Schmutzflecken in der Hauptstadt Englands". Smithfield beherberge „außer dem unbändigen Vieh noch die rohe Zucht seiner Treiber und Schlächter". Sie sollen die Tiere zuweilen derartig traktiert haben, dass diese in den umliegenden Läden Zuflucht suchten – daher stammt möglicherweise der Ausdruck „a bull in a china shop", aus dem im Deutschen der „Elefant im Porzellanladen" wurde. Überdies lauerte, laut Schlesinger, „des Abends der Mord in den verschlungenen Seitengassen auf seine Opfer".

Erst 1855 hatte die Verwaltung der City, die gut an dem Markt verdiente, ein Einsehen. Das Schlachten von lebenden Tieren wurde ins nördliche Islington verlegt und der Bau der heute noch bestehenden Anlage beschlossen. Horace Jones verband hier ebenso wie bei der Tower Bridge oder dem Leadenhall Market modernste Technik mit historistisch anheimelnder Fassade. Als das Gebäude 1868 eröffnet wurde, verfügte es beispielsweise bereits über eine unterirdische Bahnlinie, die den Markt mit den größten Stationen der Umgegend verband.

Aber auch wundersame Mythen umranken Smithfield. Eine besagt, dass auf einer Pilgerreise nach Italien der Augustinermönch Rahere im Traum von einem Monster mit vier Füßen und zwei Flügeln zu einem hohen Ort emporgehoben wurde, wo ihm der heilige Bartholomäus erschien und ihm sagte: „Ich habe auf Geheiß der Heiligen Dreifaltigkeit und mit uneingeschränktem Rat des himmlischen Hofes einen Ort in Londons Vorstadt Smithfield gewählt". Rahere machte sich auf an die Themse, erklärte dem damaligen König Henry I. seine göttliche Mission und begann an eben diesem Ort 1123 ein Kloster samt Hospital zu bauen. Ein himmlisches Licht soll später eine Stunde über der Kirche geschienen haben. Gar Wunderheilungen soll es dort gegeben haben: Krüppel konnten plötzlich wieder gehen, Taubstumme hören und sprechen. Meist geschahen die Wunder am 24. August, dem Festtag zu Ehren des heiligen Bartholomäus. Der Jünger Jesu soll selbst derartige Wunder vollbracht haben auf seinen Reisen nach Persien, möglicherweise auch nach Indien und Ägypten. Und in Armenien soll er die Tochter von König Polymios von der Besessenheit kuriert haben, woraufhin der Herrscher Christ wurde. Sehr zum Ärger seiner Priester, die sich mit seinem Bruder Astyages verbündeten. Dessen Söldner nahmen Bartholomäus gefangen, häuteten ihn bei lebendigem Leib und kreuzigten ihn kopfüber.

Südlich des Marktes in der Kirche St Bartholomew the Great begegnet der Jünger einem wieder. Lebensgroß in Bronze gegossen und komplett vergoldet, blendet er die Besucher geradezu im Dunkel des südlichen Querhauses. Die Muskelstränge sind freigelegt wie bei einem medizinischen Anatomiemodell. Dargestellt in nahezu klassizistischer Manier mit Stand- und Spielbein, scheint er aufrecht zu gehen, und nur sein leidender Gesichtsausdruck kündet von unsagbaren Schmerzen. Über seinen erhobenen rechten Arm, dessen Hand ein Skalpell wie zum Gruße und auf Anspielung an das gleichnamige Krankenhaus nebenan hält, ist seine Haut wie ein Kleidungsstück geschlagen. Der Name des Künstlers findet sich verbunden mit dem Titel „Exquisite Pain“ – etwa „Außerordentlicher Schmerz“ – und dem Entstehungsjahr 2006 auf einer Tafel: Damien Hirst. Gleich neben der Dauerleihgabe des wohl berühmtesten Künstlers aus Reihen der sogenannten Young British Artists schwebt gewissermaßen der Geist eines weiteren Monuments englischer Kunstgeschichte. Dort steht nämlich das Becken, in dem der Künstler William Hogarth getauft wurde.

Hirsts Plastik ist bei weitem nicht das einzige zeitgenössische Kunstwerk in dem Gotteshaus. Ähnlich wie in der St Paul’s Cathedral ist hier permanent Gegenwartskunst zu sehen – es hat gewissermaßen schon Tradition, auch in Gotteshäusern Altes und Neues zu kombinieren. Dabei tritt zeitgenössische Kunst, wie bei Hirst, in blendenden Kontrast und damit in ein beziehungsreiches Spannungsfeld zu der relativ schlichten Baukunst dieser ältesten Pfarrkirche der City. Ständig zu sehen ist das Gemälde „Madonna mit Kind“, das der spanische Maler Alfredo Roldan 1998 im Auftrag der Gemeinde schuf. Es hängt über dem Altar der Marienkapelle, die sich östlich anschließt. Im Zuge der Kirchenenteignung, die Henry VIII. nach der Loslösung von Rom betrieb, war die Kapelle säkularisiert worden und diente später unter anderem Benjamin Franklin, einem Gründungsvater der USA, als Druckerei. Noch später wurden dort Spitzen und Fransen hergestellt. Im 19. Jahrhundert wurde sie wie der gesamte Bau schließlich restauriert. So stammt ein Großteil der Innenausstattung aus viktorianischer Zeit, entworfen unter anderem von Aston Webb, der auch den Admiralty Arch nahe Trafalgar Square entwarf und dem Buckingham Palace die heutige Fassade verpasste.

Wer einen Moment auf dem Gestühl der Kirche Platz nimmt, mag von der fast mystischen, irrealen Atmosphäre des neunhundert Jahre alten Gemäuers ergriffen werden. Und zugleich feststellen, dass es nicht zum Altar hin, sondern zur Mitte hin ausgerichtet ist. Denn es handelt sich lediglich um den Chor des früheren Baus. Der erstreckte sich ursprünglich bis zum West Smithfield hin. Erhalten ist noch das Tor des normannischen Kirchenschiffs, der Rest wurde 1540 nach der gewaltsamen Klosterauflösung abgerissen. Darüber erhebt sich bis heute ein zweistöckiger Fachwerkbau aus Tudor-Zeiten. Und noch ein weiteres Erbe Raheres hat Bestand bis heute: das südlich angrenzende St Bartholomew's Hospital, Londons ältestes Krankenhaus und weiterhin eines der bedeutendsten der Metropole.

Der Letzte seiner Art

St Paul's Churchyard

Er hat kein Buch in der Hand. Dabei wird der heilige Paulus ob seiner Briefe, die er an frühchristliche Gemeinden und an die Römer adressierte, doch gern mit diesem Attribut versehen. Dürer machte das beispielsweise so. Der italienische Bildhauer Paolo Romano versah seine Skulptur des Apostels am Petersplatz in Rom wenigstens mit einer Schriftrolle. Anfang des 20. Jahrhunderts hieß es im katholischen Klerus gerne, Paulus wäre heute wohl Journalist geworden. Tatsächlich ist er bis heute Schutzpatron der katholischen Presse. Doch auf der dorischen Säule, die in der nordöstlichen Ecke des St Paul's Churchyard neben dem Sitz und der Kathedrale des anglikanischen Bischofs von London gen Himmel strebt, hält die vergoldete Paulus-Statue nur einen Stab mit Kreuz. Dabei ist dies ein Ort des Wortes, des gesprochenen wie des geschriebenen. Genauer: Er war es.

Heute schlendern die meisten Passanten – viele wohl noch ein wenig versonnen nach einem Besuch der St Paul's Cathedral, in deren Kirchhof sich das Denkmal befindet – an dem von Bertram Mackennal geschaffenen Bildnis und der von Riginald Blomfield entworfenen Säule vorbei, ohne sie wirklich eines Blickes zu würdigen. Ein paar nutzen den Churchyard als Abkürzung, etwa Banker der nahen Londoner Börse und aus den Finanzinstituten in der unmittelbaren Umgebung. Nur wenige erhaschen die rechte, zum Segen wie zum Gruß erhobene Hand des Heiligen. Und noch weniger lesen die Inschrift auf dem Sockel, aus dem die Säule aufschießt, die aus dem in Britannien so geliebten Portlandstein geschlagen wurde. Demnach stand hier das früheste, 1191 erstmals erwähnte St Paul's Cross. Es war kein Kreuz, sondern eine aus Brettern gezimmerte Kanzel, gestellt auf ein Terrain, auf dem dreimal jährlich das „Folkmoot" zusammenkam – bis 1307 war jeder freie Bürger sogar verpflichtet, zu dieser Art Volksversammlung zu kommen. Bei dem Treffen, das noch auf die Angelsachsen zurückgeht, ging es vor allem um politische Angelegenheiten. Später wurden dort auch päpstliche Bullen verkündet und manches mehr. Der Historiker Thomas Carlyle nannte im 19. Jahrhundert die Kanzel des St Paul's Cross die „Times des Mittelalters".

Aufgrund der Nähe zur St Paul's Cathedral – die erste Kirche wurde hier schon 597 errichtet – streiften dort stets viele Geistliche vorbei, die zu den wenigen Menschen zählten, die damals lesen und schreiben konnten. So eröffneten im Kirchhof bereits vor Erfindung des Buchdrucks viele Papiergeschäfte und Buchbinder. Überdies kamen hier zahlreiche Juristen aus den umliegenden Anwaltskammern vorbei, die beispielsweise auf dem ehemaligen Areal des Templerordens beheimatet waren. Auch sie konnten damals lesen und schreiben – und also Bücher kaufen. Mit anderen Worten: Sie waren die ideale Klientel für Wynkyn de Worde.

Wynkyn de Worde stammte wahrscheinlich aus dem elsässischen Wörth an der Sauer, daher wohl sein Familienname. Er arbeitete zunächst bei dem bis dahin bedeutendsten englischen Drucker William Caxton, übernahm nach dessen Tod auch dessen Geschäft und zog damit 1501 von Westminster in die City. Nicht in den Churchyard, aber doch in dessen Nähe, nämlich an die Fleet Street. Sein Unternehmen hatte die Sonne als Zeichen, die für das Licht der Erkenntnis steht, die das Schriftgut den Menschen bringt. Deshalb ziert unser Zentralgestirn auch eine Tafel, mit der in der nahen St Bride's Church, der „Journalisten-Kirche" an der Fleet Street, an de Worde erinnert wird. Damit begründete er eine Tradition, in der noch heute viele englischsprachige Blätter stehen, die „Sun" oder „Star" im Titel tragen. Auch die deutsche Illustrierte „Stern" knüpft mit ihrem Titel daran an.

Einen wahren Boom erfuhr die schwarze Kunst, nachdem Henry VIII. im Zuge der Loslösung von Rom von 1536 an den Besitz der katholischen Kirche enteignete und viel Platz im St Paul's Churchyard für neue Läden frei wurde. Spätestens um 1600 hatte er sich zum Zentrum des Londoner und damit des britischen Buchhandels entwickelt. Auf engstem Raum quetschten sich damals rund dreißig Läden aneinander, die Schriftgut feilboten. Zudem predigten hier einflussreiche Persönlichkeiten zum Volk wie etwa John Donne. Er war ein ursprünglich katholischer Schriftsteller, der zur anglikanischen Kirche konvertierte und zehn Jahre bis zu seinem Tod 1631 Dekan von St Paul's war. Das St Paul's Cross war somit auch ein Ort des freien Wortes, eine Urform der Speaker's Corner. Schon bald nach Donnes Tod war es damit allerdings vorbei. Ob es nun daran lag, dass Steinmetze, die die alte, einsturzgefährdete Kathedrale reparierten, sich im Kirchhof breitmachten, oder ob sie dem Machthaber und Militärdiktator Oliver Cromwell, der den 1642 ausgebrochenen Bürgerkrieg mit seiner Parlamentsarmee gewann, ein Dorn im Auge war: Trotz dieser Rückschläge sollte sich die Meinungsfreiheit von hier aus ihre Bahn brechen.

Wynkyn de Worde wird gerne als der „Vater der Fleet Street" bezeichnet. Der St Paul's Churchyard wäre dann zumindest die Mutter. Aber genau genommen wurde die Fleet Street nur aufgrund des Kirchhofs und seiner Buchhandlungen später auch zum Zentrum des Journalismus. Das „Folkmoot" und das St Paul's Cross wären dann Groß- und Urgroßeltern. Die Aufhebung der Zensur 1695 und der Zeitungssteuer im Jahre 1855 sorgten später für die Entwicklung des modernen Journalismus, der an der Fleet Street seinen Höhepunkt im 20. Jahrhundert erreichen sollte. Als Bertram Mackennal 1910 die Paulus-Skulptur entwarf, war die Fleet Street zum Synonym für das Pressewesen geworden. Jedes Magazin, jede Nachrichtenagentur und jede Zeitung von Bedeutung hatte hier oder in unmittelbarer Umgebung ihre Zentralredaktion oder zumindest ein opulentes Hauptstadtbüro. Angesichts dessen erscheint es noch unverständlicher, dass Mackennal dem Heiligen kein Buch oder wenigstens eine Schriftrolle in die Hand gedrückt hat.

Heute künden von der einstigen journalistischen Blütezeit rund um die Fleet Street nur noch einige Blatttitel wie „People's Friend", „Dundee Courier" und „Sunday Post", die auf alten Fassaden verblassen. Der Exodus begann in den 1980er Jahren, als die Zeitungen „The Times" und „The Telegraph" in die Docklands zogen, die damals von einem verrottenden Hafengebiet in eine moderne Bürostadt hochgejazzt wurden. 2005 folgte mit der Nachrichtenagentur Reuters der letzte Gigant der Fleet Street nach Canary Wharf. In dem Neubaugebiet waren die Mieten deutlich geringer. Zudem waren finanzstarke Banken und Anwaltskanzleien bereit, viel Geld für die Immobilien in der City zu zahlen.

Selbst wenn er kein Buch in Händen hält, Paulus ist dank seiner Statue gewissermaßen als der Letzte seiner Art hiergeblieben, wenn auch nur aus vergoldeter Bronze.

DIRIGE

RATHAUS IM ABSEITS

Guildhall Yard

Der Umschwung ist nicht ganz so drastisch wie weiter westlich zwischen der belebten Fleet Street und der Middle Temple Lane. Auch tritt man von der recht verkehrsreichen Gresham Street, benannt nach dem Initiator der Londoner Börse, Thomas Gresham, nicht in enge Gassen und Wege, die nachts mit Gasfunzeln beleuchtet werden, sondern auf einen großen hellen Platz. Er ist so groß, dass die Besucher dort so weit voneinander weg sind wie in den Garden Squares Bloomsburys, und wirkt daher auch ähnlich wie diese als Ruheoase. Zumal die umliegenden Bauten den Straßenlärm abhalten. Das war nicht immer so. Im Gegenteil. Hier war der Teufel los. Jedenfalls vor rund 1.900 Jahren und später auch im Mittelalter.

Einen Hinweis darauf gibt die Linie, die an drei Rändern des Hofes mit dunklem Schiefer zwischen die hellen Platten aus Sand- und Magmastein gezeichnet worden ist und im Osten des Platzes unter der Guildhall Art Gallery verschwindet. Sie markiert die Begrenzung des Amphitheaters, das die Römer dort etwa um das Jahr 70 bauten. Seine Ellipse maß 100 mal 85 Meter und es bot rund 7.000 Personen Platz. Sie folgten dort nicht nur schauspielerischen Darbietungen, sondern begeisterten sich wohl vor allem an Tierkämpfen zwischen einheimischen Bullen, Bären und Wölfen. Daneben wurden hier öffentliche Hinrichtungen vollstreckt, dazu fanden athletische Wettkämpfe, musikalische Aufführungen und gar religiöse Feiern statt. All das konnte nicht mit dem Kolosseum in Rom konkurrieren, wo beispielsweise auch exotische Tiere aus Afrika zur allgemeinen Belustigung in den tödlichen Kampf geschickt wurden. Aber Londinium, wie die Römer die Stadt benannt hatten, war damals eben auch nur eine römische Provinzhauptstadt. Im frühen 4. Jahrhundert wurde die Arena dann immer weniger zur Unterhaltung genutzt, verkam zum Schlachthof und schließlich zur Mülldeponie. Denn mehr und mehr wohlhabende Bürger, die die Veranstaltungen sponserten, verließen Maxima Ceasariensis, wie die Provinz im Südosten Englands nun hieß – sie war eine von vieren, in die das einstige Britannia aufgeteilt worden war.

Archäologen wussten lange, dass es eine solche Arena in Londinium gab, doch fanden sie erst 1988 eine heiße Spur zu ihrem Ort. Damals sollte nämlich an der Ostseite des Platzes mit dem Neubau der Guildhall Art Gallery begonnen werden. Über solche Vorhaben mitten in einer Metropole freuen sich Altertumsforscher ganz besonders. Denn in diesen seltenen Fällen dürfen sie routinemäßig vor Baubeginn den freigeschaufelten Boden näher untersuchen. Nach fünf Monaten stießen sie auf Reste des Amphitheaters. Zum Leidwesen des Bauherrn, aber zur Freude der Besucher musste daraufhin der Plan für die Kunstgalerie der City of London geändert werden. In deren sechs Meter unter dem Pflaster liegendem Untergeschoss lassen Spots heute dramatisch die Fundamente der antiken Arena aus dem Dunkel aufblitzen.

Im Jahr 410 gab Rom seine Provinzen in Britannien auf, da es anderswo seine Grenzen schützen musste. Aus Norddeutschland und angrenzenden Gebieten wurden Söldner angeworben, die nun die urbane Infrastruktur verteidigen sollten. Das taten sie auch. Allerdings war die gesellschaftliche Ordnung aus römischer Zeit aufgrund interner Probleme schon so schwach, dass sich die eingewanderten Angeln und Sachsen, zu denen sich auch Jüten aus Dänemark, Sueben und Franken gesellten, bald darauf des Landes bemächtigten – teils wohl gewaltsam, teils wohl friedlich. Londinium, das von den Römern zwischenzeitlich in Augusta umbenannt worden war, wurde in dieser Zeit verlassen und verkam zu einer Geisterstadt. Als Angelsachsen das frühere Londinium später wieder besiedelten, gingen sie durchaus respektvoll mit der römischen Architektur um, so wohl auch mit dem Amphitheater. Sehr wahrscheinlich diente es ihnen als Versammlungsort, als „Folkmoot", einer Art Volksversammlung, auf der über wichtige politische Dinge entschieden und Gericht abgehalten wurde. Nachdem 1066 die Normannen England von den Angelsachsen erobert hatten, errichteten sie spätestens bis 1128 an dieser Stelle die erste Guildhall, das Rathaus der City of London. Wie dessen Nachfolger wurde es also nicht nur örtlich, sondern auch gesellschaftsgeschichtlich auf dem angelsächsischen „Folkmoot" aufgebaut.

Bei Betreten des Guildhall Yards von der Gresham Street aus läuft der Besucher geradewegs auf das Portal des Rathauses zu. George Dance, der auch den Sitz des Lord Mayor bei Bank entwarf, stülpte es dem originalen, ab 1411 von John Croxton entworfenen kleineren gotischen Portal über. Dabei kreierte er eine merkwürdige, von indischen Stilen durchwobene Gotik. Gekrönt wird das Portal sogar von zwei Greifen, dem Wappentier der City, die ein Schild mit einem Georgskreuz halten.

Wer das Tor durchschreitet, gelangt in die Great Hall, den Prunk-, Fest- und Versammlungssaal der City of London Corporation, die hier ihren offiziellen Sitz hat. Tumb, feist und grimmig wachen Gogmagog und Corineus, kurz auch als Gog und Magog bezeichnet, an den Ecken des Westbalkons in der Guildhall. Die Giganten, von denen Gog mit einem Morgenstern und Magog mit einem Speer bewaffnet ist, schützen die City vor Eindringlingen – jedenfalls einer in mehreren Varianten überlieferten Legende zufolge, die im Mittelalter aufkam. Einer Version nach waren die beiden die letzten Nachkommen von 33 böswilligen Töchtern des römischen Kaisers Diokletian. Nachdem sie ihren Männern die Zungen abgeschnitten hatten, wurden sie mit Schiffen auf dem offenen Meer ausgesetzt und strandeten auf einer großen Insel. Angeführt wurden sie von Alba, der ältesten Tochter – daher auch Englands mythischer Name Albion. Später landete dann Brutus, Urenkel des aus Troja vertriebenen Aeneas, auf der Insel. Er besiegte Gog und Magog, die ihm fortan als Wächter seines Reiches dienten, das nach ihm Britannien getauft wurde. Zudem gründete er die Stadt Troia Nova, die später London heißen sollte. Von den historischen Fakten her kann diese Geschichte gar nicht stimmen. Aber die Menschen des Mittelalters liebten solche Legenden und Figuren. So wurden Puppen von Gog und Magog bei Prozessionen und anderen Festivitäten durch die Straßen geführt, so wie noch heute bei der jährlichen Parade des Lord Mayor, des Bürgermeisters der City.

Vollendet wurde die Guildhall erst 1439. Die für damalige Verhältnisse gewaltige Halle konkurrierte mit ihrer Grundfläche von 46 mal 12 Metern durchaus gewollt mit der gerade errichteten Westminster Hall – die Geschäftsleute der City zeigten sich damit dem König fast ebenbürtig. Bis heute ist die Guildhall der größte profane Saal in England. Genutzt wurde er allerdings im 16. Jahrhundert auch von der katholischen Königin Mary I. für Schauprozesse. Erzbischof Thomas Cranmer wurde hier zum Tode verurteilt und auch Jane Grey, die von Gegnern Marys instrumentalisiert wurde, um der Monarchin den Thron streitig zu machen. Vom mittelalterlichen Original stehen heute nur noch die Wände – immerhin, denn das Gebiet wurde im Zweiten Weltkrieg von der deutschen Luftwaffe heftig bombardiert.

Die Eichenplanken zieren Wappen der Livery Companies. Diese Berufskörperschaften haben ihren Ursprung in Händlervereinigungen und Gilden. Von ihnen geht bis heute in der City of London die meiste Macht aus. Klingt verwunderlich – und ist es auch in einem Land von so langer parlamentarischer und demokratischer Tradition wie dem Vereinigten Königreich. Denn die City of London ist nicht nur die kleinste Gebietskörperschaft des Landes. Einzigartig ist auch ihr Status. So sie ist kein Borough wie die übrigen 32 Bezirke Londons, besitzt aber dieselben Rechte wie diese. Darüber hinaus übt sie beispielsweise noch die Polizeigewalt auf ihrem Gebiet aus. Ihr Bürgermeister, Lord Mayor genannt, agiert eher wie ein Vorstandschef eines Unternehmens, genauer der City of London Corporation. Das größte Gremium der City ist der Court of Common Council, der aus einhundert Vertretern der 25 Wards der City besteht. Je nach Bevölkerungszahl entsendet jedes dieser Viertel zwischen zwei und zehn Vertreter. Diese werden alle vier Jahre zum einen von den wahlberechtigten Einwohnern bestimmt, zum anderen von Geschäftsleuten, deren Zahl weit höher liegt. Diese sind entweder persönlich haftende Gesellschafter eines in der City beheimateten Unternehmens oder gehören einer der 108 City Liveries an. In der City besteht also die sogenannte nicht-residuale oder geschäftliche Wählerschaft weiter, die 1969 im übrigen Land abgeschafft worden war. Bemerkenswert ist ferner, dass die Vertreter keinen politischen Parteien angehören.

Einst wurden in der Great Hall die Lord Mayors der City of London und ihre Sheriffs gewählt. Bis heute tagt dort noch öffentlich der Court of Common Council. Etwa wenn neue Mitglieder darin aufgenommen werden. Dann sind lauter Damen und Herren mit barocken Perücken, Talaren und Roben zu sehen, und golden glänzt die Amtskette, die dem Lord Mayor über die Schultern hängt. In England liebt man solche Zeremonien ja. Hier macht sie deutlich: Die Guildhall ist trotz ihres etwas abgelegenen Standorts nach wie vor das administrative Zentrum der City. Entsprechend wurden an der westlichen Seite der Guildhall und des Guildhall Yard auch bis 1974 die Büros der Verwaltung und die Guildhall Library neu errichtet, und zwar nach Plänen von Richard Gilbert Scott. Er übte sich da in Brutalismus, der aber nicht konsequent umgesetzt wurde. Sichtbeton wird dabei den älteren Stilen und Formen der umgebenden Gebäude angepasst und wirkt so eher wie ein fauler Kompromiss. Dieser Westflügel beherbergt neben Verwaltungsbüros der City of London auch die jedermann zugängliche Guildhall Library. Sie ist mit mehr als 200.000 Titeln die umfangreichste Bibliothek zur Geschichte Londons.

Richard Gilbert Scott, der 2017 verstarb, entwarf auch die neue Guildhall Art Gallery an der Ostseite des Platzes. Dabei war Scott schon auf den seinerzeit beliebten Post-Modernismus umgeschwenkt, wobei er vereinfacht Stilelemente der Gotik aufgriff. Das Ausstellungshaus zeigt eine Auswahl von rund 250 Werken aus der Sammlung der City Corporation. Sie beziehen sich meist direkt auf London und seine Geschichte. Der erste Direktor des 1886 gegründeten Museums, Alfred Temple, kaufte auch viele Bilder seiner Zeitgenossen, und so zählen Werke der Präraffaeliten zu den herausragenden Stücken.

Natürlich hatte auch das Verwaltungszentrum der City seine Kirche, und zwar schon im 12. Jahrhundert. Sie brannte beim großen Feuer 1666 nieder, anschließend entstand dort ein Gotteshaus nach Plänen von Christopher Wren: St Lawrence Jewry ist ein weiteres Beispiel für seinen dezenten, noch nah am Klassizismus liegenden englischen Barockstil. Erstaunen mag das Wort „Jewry“ in ihrem Namen. Das rührt von einer Ortsbezeichnung her. Nur wenige Meter weiter östlich zweigt von der Greshham Street südlich die Straße „Old Jewry“ ab, an der bis 1290 Londons Juden lebten. Sie waren 1066 mit Wilhelm dem Eroberer ins Land gekommen. Edward I. verlangte dann Ende des 13. Jahrhunderts von ihnen, ein gelbes Zeichen aus Stoff zu tragen, verbot ihnen 1285, Geld zu verleihen, und beraubte sie damit ihrer Existenzgrundlage. 1290 schließlich handelte er mit der Kirche und dem Parlament einen Deal aus: Diese gewährten ihm hohe Steuerzahlungen, im Gegenzug vertrieb er die Juden aus dem Land. Teils wurden sie auch systematisch ermordet. Ein Kapitän schickte sie von Bord seines Schiffes, als dieses bei Ebbe in der Themse gestrandet war. Als die Flut kam, ließ er sie sie aber nicht wieder an Deck und schaute sich mit seiner Besatzung an, wie sie ertranken. Rund 350 Jahre lang gab es dann kein jüdisches Leben mehr in London und im Rest des Landes.

Das geschäftige Herz Londons

Rund um Bank

Wie aufgedreht eilen unentwegt smart gekleidete Damen und Herren auf den Bürgersteigen zu ihren Büros oder zu Geschäftsessen. Das Klacken ihrer Absätze auf dem harten Londoner Pflaster hallt trotz des vielen Verkehrs noch dünn an die Ohren. Wer sich zwischen Montag und Freitag an Poultry und Cheapside mitreißen lässt vom Fluss der Passanten, der gelangt bald an eine Kreuzung, an der sechs Straßen zusammenkommen – rechnet man Walbrook und Queen Victoria Street hinzu, die kurz vorher in die Poultry münden, sowie die King William Street, die wenige Meter weiter mit der Lombard Street verschmilzt, sind es sogar neun. Die Kreuzung, die auch auf dem Cover dieses Buches zu sehen ist, erscheint daher so groß wie ein Platz und hätte eigentlich einen Namen verdient. „Heart of London" – „Herz Londons" – vielleicht. Wenn die St Paul's Cathedral die Seele der Stadt verkörpert, dann ist hier über dem unterirdischen kreisrunden Gang, von dem Schlauchwege zu den Bahnsteigen der U-Bahn-Station „Bank" abgehen, das Herz Londons. Es ist, als kämen hier alle Lebensadern der Stadt zusammen, vereinigten sich die Ströme des Geldes, pulsierten, würden eingesogen und wieder verteilt. Es ist kein finsteres Herz, aber ein äußerst geschäftiges. Sein Rhythmus ist schnell und der Druck in den Adern ist hoch. Nicht nur die Bürgersteige sind voll, auch die Fahrbahnen – trotz „Congestion Charge", der Mautgebühr für die Innenstadt. Es sei denn, Baustellen verhindern die Zufahrt. Jeder, ob Fußgänger, Auto- oder einer der immer zahlreicheren Radfahrer, hat ein Ziel, das er konzentriert, mit aller Anspannung, man möchte schon sagen: „mit Tunnelblick" verfolgt. Wer stehen bleibt oder nicht weiß, wohin er will, droht überrannt zu werden. Oder übersehen zu werden wie die Obdachlosen, die sich winters im stickigen Aufwind der U-Bahn-Eingänge wärmen. Hier ist die „Vibrancy", die Dynamik Londons, am spürbarsten. Und auch die Unbarmherzigkeit. Man befindet sich am Geburtsort des modernen Finanzmarkts.

Bereits der Journalist Max Schlesinger, der zeitgleich mit Theodor Fontane in den 1850er Jahren aus dem Vereinigten Königreich berichtete und in seinen „Wanderungen durch London" das Leben in der Metropole auch für Reisende schilderte, war fasziniert von diesem Platz. Schon wegen seiner Lage verdiene er, „wohl nur der bemerkenswerteste in London genannt zu werden". Schlesinger befand, dies sei „der capitolistische Markt des englischen Roms, wo dessen größte Göttertempel stehen". Er sah schon damals „Gedränge, Lärm, überfüllte Trottoirs" neben Straßen, an denen „das Roastbeef des Lebens verdient wird". Die „Göttertempel" sind die mächtige Bank of England, die heute noch gewaltiger als damals wie ein grober Klotz an der Threadneedle Street im Norden des Platzes aufragt, sowie die Royal Exchange, die gleich rechts davon die Fläche zum Cornhill füllt. Mit ihren korinthischen Säulen ähneln beide Bauwerke in der Tat antiken Sakralbauten, das Portal der Börse ist sogar dem Pantheon in Rom nachempfunden. Dazu gesellt sich im Süden am Ort des einstigen „Stocks Market", wo vom 13. Jahrhundert an Fisch und Fleisch unter offenem Himmel verkauft wurden, noch das ebenfalls mit korinthischen Säulen geschmückte Mansion House. Dort residiert der Lord Mayor, der Bürgermeister der City of London. „Diese Dreieinigkeit von Institutionen dürfte einen der heiligen Orte der Stadt kennzeichnen", schreibt Peter Ackroyd in seiner London-Biografie. Er bemerkt dazu, dass der Schriftsteller und Architekt John Evelyn während des großen Brandes 1666 in der Nähe zwei enorme Feuerbälle gleichzeitig emporschießen sah. „Man muss kein Psychograf sein, um zu erkennen, dass dieses Gebiet Energie und Macht gewidmet ist." Auf den Bänken vor dem ehemaligen Gebäude der Royal Exchange, also der Börse, das heute Luxusläden und ein Luxusrestaurant beherbergt, kann man diese Energie noch am ehesten spüren, ohne umgerannt zu werden.

Geschäfte wurden hier schon in der Antike gemacht. Bereits das nach der römischen Besetzung Britanniens im Jahr 43 gegründete Londinium wuchs rasch zu einer der größten und internationalsten Handelsmetropolen des Imperiums heran. Gewissermaßen wurde hier die DNA Londons zusammengesetzt, die bis heute den Charakter der Stadt bestimmt. Die Angelsachsen, die nach Aufgabe der Provinz 410 zunächst als Söldner zur Verteidigung kamen, dann aber sukzessive die Macht übernahmen, setzten diese Tradition fort – allerdings in Lundenwic, das sie etwas weiter westlich auf dem Gebiet des heutigen Covent Garden gründeten. Alfred the Great, faktisch der erste König von England, beschloss dann gegen Ende des 9. Jahrhunderts, das damals weitgehend verlassene und verfallende Londinium wieder aufzubauen. Dazu lockte er mit enorm günstigen Bedingungen neben dem Klerus vor allem Geschäftsleute in das rund eine Quadratmeile große Terrain. Ähnlich sollte rund 1.100 Jahre später Margaret Thatcher vorgehen, und zwar auch, um Unternehmen, allen voran Finanzinstitute, in die Docklands zu locken und dieses verfallende Hafengebiet in ein modernes Geschäfts- und Wohnviertel umzubauen. Seit im 11. Jahrhundert Edward the Confessor das politische Zentrum Londons nach Westminster verlagerte, dominierte das Areal um das „östliche Münster", also die St Paul's Cathedral (die allerdings keine Klosterkirche war), vollends die Wirtschaft.

Man muss schon sehr genau hinschauen, um sie auf dem Turm über der Ostfassade der Royal Exchange zu erkennen, die 1844 bereits als dritter königlicher Marktplatz der Kaufleute nach Plänen von William Tite fertiggestellt wurde. Dort dreht sie sich als Wetterhahn im Wind: eine vergoldete Heuschrecke. Ausgerechnet jenes gefräßige Insekt, das biblische Plagen existenzbedrohenden Ausmaßes verursacht. Das passt ins schlechte öffentliche Bild, das von den Bankern im Zuge der Finanzkrise Anfang unseres Jahrtausends vielfach gezeichnet worden ist. Die Heuschrecke – offiziell wird hier von einem „Grasshopper" oder „Grashüpfer" gesprochen – steht tatsächlich für einen Finanzier, der überdies ein reicher Kaufmann war: Thomas Gresham, Initiator und Bauherr der ersten Londoner Börse. Der „Grasshopper" war das Wappentier der Greshams. Denn ein Urahn der Familie soll ein Findelkind gewesen sein, das nur deshalb bei einem Ausflug entdeckt wurde, weil ein Kleinkind einer Heuschrecke nachjagte. 1570 eröffnete Königin Elisabeth I. hier den ersten Handelsplatz. Die türkischen Bodenfliesen der damaligen Börse sind noch im zentralen Hof des heutigen, umfunktionierten Baus an jenem namenlosen Platz zu bewundern.

Gresham orientierte sich bei der Konzeption am Modell der Börse in Antwerpen, das bis dahin die führende Wirtschaftsmetropole Europas war. Es sollte seine Bedeutung allerdings rasch aufgrund des achtzig Jahre währenden Unabhängigkeitskrieges der Niederlande gegen Spanien verlieren, der erst 1648 zusammen mit dem Dreißigjährigen Krieg endete. Elisabeth I. hielt sich aus diesen Konflikten heraus, ließ auch religiöse Auseinandersetzungen nicht so sehr wie auf dem Kontinent eskalieren. So waren Kapazitäten frei, um erste Handelsniederlassungen in Indien, Amerika und Afrika zu gründen, die die Grundlage für das später gewaltige Kolonialreich werden sollten. Der Handel wurde mit, wie man heute sagen würde, „Risikokapital" finanziert. Geschäftsleute investierten in Aktiengesellschaften wie die India Company oder die Levant Company. Sie brachten begehrte Güter wie Seide und Pfeffer aus den fernen Ländern nach Europa und erwirtschafteten Anfang des 17. Jahrhunderts als Monopole unter dem Schutz der Krone ungeheure Gewinne. Im Zusammenspiel mit der Börse machten sie London zur europa- und damit weltweit führenden Wirtschaftsmetropole.

Die Nähe zur Lombard Street, die ebenfalls in den namenlosen „heiligen Platz des Kapitalismus" mündet, war für den Ort der Börse entscheidend. Denn dort war schon damals das Geld zu Hause. Sie ist die Keimzelle des Londoner Finanzdistrikts. Ihr Name ist auf die Ansiedlung von Geschäftsleuten aus der norditalienischen Lombardei zurückzuführen. Nachdem König Edward I. 1290 die Juden aus dem Land vertrieben hatte, übernahmen Lombarden weitgehend deren Geldhandel. Auch Gresham selbst hatte sein Haus in der Lombard Street – es hatte die Nummer 68. An dessen Fassade hängt heute noch eine metallene Darstellung eines Grashüpfers. Im folgenden Jahrhundert eröffneten an der Lombard Street weitere damals bedeutende Privatbanken wie Child's, Stone's und Martins, die als Zeichen den Grashüpfer von Gresham übernahmen. Martins ging 1969 in der Barclays Bank auf.

Gleich nebenan ist auch der moderne Kapitalmarkt samt seinem schlechten Ruf kreiert worden. An einem Ort, der heute die Trostlosigkeit eines Hinterhofs hat. Nur dass die Change Alley zudem noch eng und verschlungen ist, sich wie der Gang eines Labyrinths durch das hohe und helle Mauerwerk zwischen Cornhill und Lombard Street windet. Penner und Bettler möchte man hier vermuten. Stattdessen aber hetzen auch hier mit scharf klackenden Absätzen in feinen Zwirn gekleidete zielstrebige Damen und Herren an alten Fabrikfenstern vorbei. Sie mögen die Gasse als Abkürzung auf dem Weg zwischen der U-Bahn-Station „Bank" und ihren Büros schätzen und zur Mittagspause auch als Schleichweg zwischen Arbeitsplatz und Coffee Shop.

Es waren Vorläufer dieser Läden, in denen das neuzeitliche Investmentbanking, das heute die City beherrscht, seinen Anfang nahm. Daran erinnern zwei Tafeln, die in der Eile leicht übersehen werden können. Nahe Cornhill weist eine tiefblaue auf „Jonathan's Coffee House" hin, das dort von 1680 bis 1778 stand. Und um die Ecke, wo sich die Gänge zur Lombard Street und zur Birchin Lane kreuzen, markiert eine weiße den Standort von „Garraway's", das bereits 1669 eröffnete. Sie zeigt zudem im Relief den Gresham'schen Grasshopper.

Anders als Tavernen boten diese Kaffeehäuser, in denen das damals in Europa noch recht neuartige Heißgetränk serviert wurde, ein angenehmes Umfeld, um Geschäfte auszuhandeln und neueste Nachrichten auszutauschen. Für einen

Penny Eintritt konnte man an einfachen Tischen und Bänken aus Holz Platz nehmen. Zudem lagen sämtliche Zeitungen zur Lektüre bereit. Ausländische Besucher berichteten von beißendem Tabakqualm. Anfangs wurden dort Ladungen von Pelzen für die Hudson's Bay Company versteigert, zudem Tee, Kaffee, Zucker, Gewürze und Textilien. Neben Kaffee labte man sich unter anderem auch an Sherry sowie Sandwiches.

Als die nahe gelegene Bank of England Anfang des 18. Jahrhunderts begann, Staatsanleihen auszugeben, änderte sich das allerdings. Denn dadurch erweiterte sich der Wertpapiermarkt nochmals erheblich. Zugleich wuchs er durch Aktienausgaben neuer Unternehmen sowie anderer Emissionen beträchtlich. Er wurde so groß, dass sich dafür ein spezieller Berufszweig herausbildete: der des Wertpapierhändlers. Da das Gewerbe auch zwielichtige Figuren anzog, beschrieb der Journalist Samuel Johnson in seinem 1755 erstmals erschienen Wörterbuch einen „Stockbroker“ als „niedrigen Schuft, der Geld macht, indem er Aktien kauft und verkauft“. Traditionelle Kaufleute empörten sich zudem über deren rüpelhaftes Benehmen. Überdies wurde es durch die Wertpapierhändler in der Börse bald unerträglich eng. Die Stockbroker, die als Makler zwischen Käufern und Verkäufern agierten, sowie die Jobber, die auch auf eigene Rechnung handelten, zogen daraufhin in eben jene Kaffeehäuser auf der anderen Straßenseite.

Andere Kaffeehäuser der Umgegend spezialisierten sich auf bestimmte Branchen. Kapitäne und Schiffseigner strömten beispielsweise zu dem von Edward Lloyd unweit in der Lombard Street, wo Schiffspolicen ausgehandelt wurden – Ursprung des Versicherungskonzerns Lloyd's, dessen spektakuläre, von Richard Rogers entworfene Zentrale heute nur ein wenig weiter östlich an der Ecke von Leadenhall Place und Lime Street steht. Der Aktien- und Anleihehandel verlagerte sich jedoch von 1773 an mehr und mehr in einen Handelsraum, den ein paar Broker an der Threadneedle Street aufgemacht hatten und „Stock Exchange“ nannten. 1801 eröffneten die Besitzer ein neues Gebäude im Capel Court gleich neben dem heutigen Sitz der Bank of England an der Ecke Broad Street und Threadneedle Street. Das Geschäft florierte derartig, dass der Bau schon 1854 durch einen größeren ersetzt werden musste. 1888 folgte schon der nächste Neubau am Capel Court.

London blieb lange der mit Abstand bedeutendste Finanzmarkt der Welt. Auch weil er weniger Regularien erforderte als seine Konkurrenten, und weil in England die Eisenbahn erfunden worden war, im Eiltempo ein Streckennetz errichtet wurde. Das erforderte Investitionen von bis dahin ungekanntem Ausmaß und versprach stetige Einkünfte. Walter Bagehot, Ökonom und später Chefredakteur des von seinem Schwiegervater gegründeten Wirtschaftsmagazins „The Economist", beschrieb im 19. Jahrhundert die Gegend um die Lombard Street als „die bei weitem größte Kombination wirtschaftlicher Macht und wirtschaftlicher Köstlichkeiten, die die Welt je gesehen hat".

Der letzte radikale Wandel des Finanzmarkts, der sich auch im heutigen Stadtbild der City ausdrückt, kann auf den Tag festgemacht werden. Am 27. Oktober 1986 erfolgte der „Big Bang", eine Deregulierung, gegen die sich die Händler zunächst sogar gewehrt hatten. Durchgesetzt wurde sie schließlich von der konservativen Premierministerin Margaret Thatcher. Eine der wichtigsten Änderungen: Die 1908 eingeführte Unterscheidung von Broker und Jobber wurde wieder aufgelöst, jeder konnte nun auch auf eigene Rechnung handeln. In ähnlicher Weise wurde bald weltweit auch die aufgrund des „schwarzen Freitags" (der eigentlich ein „schwarzer Donnerstag" war) von 1929 eingeführte Trennung von Geschäfts- und Investmentbanken sukzessive aufgelöst – der Nährboden für den Ausbruch einer neuen Finanz- und Wirtschaftskrise, die sich 2006 schon ankündigte und 2008 nach der Pleite der Investmentbank Lehman Brothers für jedermann erkenntlich wurde. Gleichwohl, London ist durch den „Big Bang" als Börsenplatz wieder auf Augenhöhe mit New York gebracht worden, nachdem es seine führende Stellung in den Jahrzehnten zuvor verloren hatte.

Wer am „namenlosen Platz" den Blick umherschweifen lässt, der wird bemerken, dass sich mit dem vielen neuen Geld auch das Stadtbild der City geändert hat. Ragte mit dem NatWest Tower, jetzt Tower 42, 1980 nur ein Wolkenkratzer in Londons Himmel, bestimmt nun ein ganzes Ensemble architektonischer Ikonen der Finanzwelt die Skyline bis hin zu Canary Wharf in den Docklands. Darin geht der 26 Stockwerke hohe glasverkleidete Betonbau über dem Capel Court, in dem die London Stock Exchange von 1972 bis zum Umzug an den Paternoster Square neben der St Paul's Cathedral 2004 beheimatet war, völlig unter.

Infolge des „Big Bang" und des Zustroms von Banken wurde der Platz in der City immer knapper. Die Lösung: Es wurde in die Höhe gebaut, was nunmehr auch technisch auf dem weichen Lehmboden Londons möglich war. Unter der Ägide von Peter Wynne Rees, bis 2012 fast dreißig Jahre Stadtplaner der City of London, veränderte sich die Skyline der Metropole ungemein. Die rasante Bautätigkeit hält weiter an und hat mittlerweile auch umliegende Stadtteile ergriffen.

Die Meinungen darüber gehen auseinander. Eines steht gleichwohl fest: Die City hat dadurch ihren Charakter als Geschäftszentrum bewahrt. Die schon durch die Römer vor rund 2.000 Jahren entstandene DNA der Stadt entfaltet sich hier in ihrer zeitgemäßen Ausbildung. Man wandelt durch ein lebendiges Viertel, in dem sich auch viele Clubs und Restaurants angesiedelt haben, die lange öffnen können, weil hier kaum Menschen wohnen. London ist sich damit selbst treu geblieben – es wächst organisch gemäß den ökonomischen Bedingungen. Gut so. Sonst wandelte man hier vielleicht durch ein Open-Air-Museum mit vielen Souvenirläden und der Finanzdistrikt wäre völlig in eine Trabantenstadt exiliert worden.

Auf Augenhöhe mit dem Finanzmarkt

Der Sky Garden

London ist eine grüne Stadt. Will sagen: Sie hat außergewöhnlich viele Grünanlagen: ein paar sehr große wie beispielsweise der Richmond Park oder die Hampstead Heath und zahlreiche Garden Squares etwa in Bloomsbury. Das mag mit dem ausgeprägten Hang der Engländer zur Gärtnerei zusammenhängen. Auch Kirchenruinen, die als Mahnmal der Bombardierungen durch die deutsche Luftwaffe dienen, sind so zu geradezu romantischen Orten der Besinnung geworden. So schlingen sich etwa ein paar hundert Meter westlich vom Tower Kletterpflanzen am Restgemäuer der Kirche St Dunstan in the East in die Höhe, die nun an die Darstellung der Klosterruine Eldena von Caspar David Friedrich erinnert. Ähnlich ist man verfahren mit der Ruine der Christ Church Greyfriars, einer ehemaligen Franziskanerkirche nördlich der St Paul's Cathedral an der Newgate Street. Selbst Bushaltestellen wurden infolge einer Initiative des früheren Models Mak Gilchrist zu Mini-Parks umgestaltet. Forciert durch städtische Förderung sind in den vergangenen Jahren zudem mehr als einhundert sogenannte Pocket Parks aus dem Londoner Boden gesprossen. Das sind teils nur wenige Quadratmeter kleine Gärten, die unwirtliche Flecken im Stadtgewebe insbesondere im Frühling und Sommer in farbenprächtige Kleinode verwandeln. Sogar eine nur von Fußgängern nutzbare Gartenbrücke über die Themse wurde geplant, dann aber doch nicht gebaut.

Die Leidenschaft fürs Gärtnern scheint in England ähnlich ausgeprägt wie jene der Wirtschaft für die Finanzwelt. Das legt jedenfalls die Adresse 20 Fenchurch Street nahe. Dort wuchtet sich nämlich das „Walkie-Talkie" gen Himmel und bringt damit das Gärtnern auf Augenhöhe mit den umliegenden Kathedralen des Kapitalismus. Ursache: Das von dem Uruguayer Rafael Viñoly entworfene Hochhaus steht außerhalb des eigentlich für hohe Bauten vorgesehenen Areals der City. Um dennoch die Baugenehmigung zu erhalten, durfte es keine zweihundert, sondern nur 160 Meter in die Höhe ragen. Sonst hätte es denkmalgeschützte Sichtachsen auf die St Paul's Cathedral versperrt. Und es wurde noch eine Bedingung gestellt: In den obersten Etagen musste ein kostenlos zugänglicher öffentlicher Park geschaffen werden. Deshalb entstand in der oberen, drei Stockwerke hohen Etage der „Sky Garden".

In solcher Höhe kann es nicht ausbleiben, dass die Architektur das bestimmende Element ist und die Pflanzenwelt von ihr eingeengt wird. Ein Stück „Wilderness", ein Anteil von Freiheit symbolisierendem „Wildwuchs", wie er typisch für den englischen Garten ist, kann sich hier nicht wirklich ausbreiten. Breite Treppen an den Seiten begrenzen vielmehr etwas größere Beete, die zudem von einem Restaurant und einem Café umrahmt werden. Aber kleine Pfade führen seitlich entlang von Feigen, Farnen und Palmen, die eine tropische Urwaldatmosphäre verströmen. Es hat beinahe etwas Surreales, zwischen ihnen hindurch auf die St Paul's Cathedral im Westen zu schauen oder gen Osten zu dem von einer Pyramide gekrönten Wolkenkratzer am Canada Square in den Docklands. Tower und Tower Bridge erscheinen hier wie Spielzeugnachbildungen ihrer selbst und „The Shard", Renzo Pianos Wolkenkratzer am Südufer der Themse, wie ein ebenbürtiger Kontrahent. Gleiches gilt für die von Richard Rogers entworfene „Cheese Grater", die „Käsereibe", an der Leadenhall Street. Gleich daneben macht sich die von Norman Foster gezeichnete und bis 2004 errichtete „Gherkin", die „Gurke", wichtig, mit der der Boom der Wolkenkratzer in der Londoner City und dann auch der Innenstadt so richtig begann. So richtig lohnt sich der Besuch vor allem wegen der Aussicht auf die Stadtlandschaft, zumal diese an vielen anderen Orten mittlerweile ganz schön ins Geld gehen kann. Zudem gibt es im „Sky Garden" kaum Gedränge, da nur eine begrenzte Zahl von Besuchern mit dem Fahrstuhl dort hinaufkatapultiert werden darf.

Gleichwohl erfreut und beruhigt die Pflanzenwelt das Auge, und zwar rund ums Jahr. Immer blüht hier irgendetwas, seien es nun Lavendel, die afrikanische Lilie, die Fackellilie oder der Paradiesvogelbaum. Mit Bedacht sind viele dürreresistente Pflanzen aus dem Mittelmeerraum ausgewählt worden, die in Londons Breiten noch exotisch anmuten. Sie halten offenbar auch kühlere Temperaturen aus, als sie in ihren Ursprungsländern üblich sind, denn der gesamte „Sky Garden" wird nicht beheizt, es herrscht immer Außentemperatur.

Der „Sky Garden" bewahrte Viñoly allerdings nicht davor, für sein nach oben breiter werdendes Gebäude, das dadurch auch an frühere Funksprechgeräte erinnert, jahrelang heftige Kritik einstecken zu müssen. Oliver Wainwright schrieb beispielsweise in der Tageszeitung „The Guardian": „Es ragt aggressiv über seine niedrigen Nachbarn wie ein breitschultriger Banker in einem billigen Nadelstreifenanzug. Es wird fetter, je höher es aufstrebt, schafft größere Flächen in den einträglicheren oberen Etagen und formt somit ein Schaubild der Gier." 2015 wurde das „Walkie-Talkie" gar noch mit dem „Carbuncle Cup", dem „Eiterbeutel Cup", bedacht. Die fragwürdige Trophäe verleiht das britische Architekturmagazin „Building Design" jedes Jahr für das schlechteste neue Gebäude des Vereinigten Königreichs – besser gesagt jenes, das dessen Jury aus Journalisten dafür hält. Ausschlaggebend waren für die Entscheidung unter anderem die gebogenen Glasfassaden, die das Sonnenlicht wie ein Brennglas bündelten und damit Teile eines geparkten Autos am Boden zum Schmelzen gebracht hatten. Auch in den umliegenden Läden soll die Luft gewissermaßen gebrannt haben. Lamellen verhindern das heute. Aber es entstehen am Boden rund um das Gebäude immer noch heftige Luftwirbel. Im „Sky Garden" aber bleibt man von alldem verschont. Und wer das Gebäude nicht mag, muss es von dort aus ja auch nicht anschauen.

bengal cuisine
TravelLink
RGAO RESTAURANT
MORE THAN 50 ITEMS BUFFET
Moon Light
S. KAHR & SONS

Vielfalt und Wandel

Brick Lane und Umgebung

Monica Ali lässt in einer Passage ihres 2003 erschienenen Romans „Brick Lane" die Protagonistin Nazneen die Straße hinuntergehen, die dem Werk den Titel gab – und damit aus der Enge ihrer bengalischen Welt in einem nahen Wohnblock ausbrechen. Anschließend biegt Nazneen rechts ab, nach vier Häuserblocks überquert sie eine Fahrbahn und läuft dann in eine Seitenstraße. Danach nimmt sie die erste Straße rechts, dann die nächste links und danach biegt sie jeweils in die zweite rechts und die zweite links ab. Schließlich folgt sie keinem Muster mehr, bis sie plötzlich vor einem kreisartigen Bauwerk steht, an dem ein Hochhaus mit Glasfassade und Drehtüren aufragt. Flankiert wird es von weißen Steinpalästen. „Männer in dunklen Anzügen schritten die Treppen rasch hinauf und hinunter, paarweise oder zu dritt. Sie sprachen laut miteinander und nickten mit finsterer Miene", schreibt Ali.

Die Szene spielt etwa Ende der 1980er Jahre, als die benachbarte Londoner City dem East End Londons noch nicht ganz so dicht auf die Pelle gerückt war wie heute. Jetzt müsste Nazneen längst nicht mehr so weit gehen, um in ihrer neuen Heimat in der für sie völlig fremden Welt der Banker zu stranden. Es reichte schon, wenn sie von der kurzen Osborn Street, der südlichen Verlängerung der Brick Lane, bis zur Whitechapel High Street ginge, und sie würde auf gläserne Hochhausfassaden schauen, in denen sich die Umgebung spiegelt.

Auch die Brick Lane selbst hat sich seitdem verändert. Südlich schreitet der Besucher seit 1997 durch ein Tor, das in den bengalischen Farben Grün und Rot lackiert und mit Ornamenten aus dem zentralasiatischen Land verziert ist. Meena Thakor hat es entworfen als Eingang zur „Banglatown" – ein Schlagwort, mit dem die Straße und ihre Umgebung im Rahmen einer Marketingkampagne für ihre Curry-Restaurants und Straßenfestivals populär gemacht werden sollte. Die Werbeoffensive war recht erfolgreich. Die Brick Lane ist zu einem Touristenmagneten geworden. Alis Buch ist daran allerdings nicht schuldlos. Profitiert haben dürften davon auch die zahlreichen Kleidungsgeschäfte, die oft Secondhandmode anbieten. Gleichwohl: Die etwa einen Kilometer lange Straße ist nicht nur

Zentrum der bengalischen Gemeinde Londons, sie exemplifiziert mindestens ebenso die jahrhundertelange Immigration nach London.

Dieser Aspekt zentriert sich geradezu an der Jamme Masjid, einer Moschee an der Einmündung der Fournier Street. Denn der Backsteinbau, seit 1976 Gotteshaus der sunnitischen Bangladescher, wurde Mitte des 18. Jahrhunderts von Hugenotten, die vor Verfolgung aus Frankreich geflüchtet waren, als „La Neuve Eglise", als ihre „neue Kirche", errichtet. Ihnen war schließlich erlaubt worden, hier gleich vor der damaligen Stadtgrenze zu siedeln. Mitte des 19. Jahrhunderts brach die Seidenindustrie ein, von der die Hugenotten maßgeblich und auch recht gut lebten. Wohlhabende Bürger zogen weg und neue Einwanderer in ihre langsam verkommenden Häuser. Zunächst waren es Iren, deren Heimatinsel damals unter einer Hungersnot litt, dann zunehmend Juden, von denen die meisten vor Pogromen aus Osteuropa flüchteten. So diente der Bau von 1898 an als Synagoge.

Bangladescher wanderten aus der einstigen britischen Kronkolonie Indien erst nach dem Zweiten Weltkrieg ein. Hinzu kamen dann noch Somalis sowie Menschen aus der Karibik. Viele Juden waren da schon vom East End in besser situierte Stadtteile gezogen. Die Brick Lane, deren Name auf den dort im Mittelalter abgebauten Ziegellehm verweist, wird daher vor allem als ein Symbol für die kulturelle Vielfalt Londons gesehen. Aus diesem Grund stießen 2010 Pläne des zuständigen Stadtbezirks Tower Hamlets auf heftigen und erfolgreichen Widerstand, dort große Bogen in Form von Hijabs, also Kopftüchern muslimischer Frauen, zu errichten – sie wurden als Zeichen der Abgrenzung und der Ausgrenzung anderer betrachtet.

Darin zeigt sich, dass London, dessen Bevölkerung zu mehr als einem Drittel nicht im Vereinigten Königreich geboren wurde, eine wahrhafte Metropole, ja Weltmetropole ist. Man kann dort gewissermaßen eine Weltreise machen. Bestimmte Ethnien prägen dabei bestimmte Stadtteile besonders. Im Bezirk Tower Hamlets sind es momentan eben die Bangladescher, die dort rund ein Drittel der Bewohner ausmachen. Im Bezirk Richmond upon Thames sind es beispielsweise Deutsche, zumal dort auch die Deutsche Schule ist. Aber diese Gruppen oder Nationen prägen den jeweiligen Stadtteil natürlich nicht alleine, es gibt dort eben auch andere nationale Minderheiten und vor allem Briten.

Metropolen sind seit Beginn städtisch geprägter Zivilisation, die ihren Anfang vor rund 6.000 Jahren in Mesopotamien nahm, stets ein Anziehungspunkt vieler Menschen unterschiedlicher Herkunft gewesen. Oft kamen sie aus wirtschaftlichen Gründen, aber auch, weil sie Schutz suchten oder neue Entfaltungsmöglichkeiten und Anregungen. Denn Metropolen sind auch Hochburgen der Wissenschaft und der Kultur, wo viele kluge Köpfe zusammenwirken, um die Menschheit voranzubringen. Sie sind daher in der Regel wie Babylon, wohin Eliten unterworfener Völker allerdings auch deportiert wurden, oder Rom vor allem durch Zuzug gewachsen und nicht aufgrund einer entsprechenden Geburtenrate innerhalb ihrer Mauern. Daraus resultiert eine babylonische Vielfalt an Sprachen. An und neben der Brick Lane findet sie ihren Niederschlag beispielsweise in den Straßenschildern, die die Namen auf Englisch und Bengalisch wiedergeben.

Monica Alis Protagonistin Nazneen kann anfangs kein Englisch und sich dadurch kaum verständlich machen. Aber sie nimmt die Herausforderung an, baut sich schließlich eine eigene Existenz auf. Ihr Mann Chanu scheitert allerdings daran. Das zeigt zwei Seiten einer Metropole: Sie bietet zum einen auch aufgrund ihrer Internationalität Inspiration und Chancen, sich zu entfalten und neu zu erfinden. Zum anderen ist das aber anstrengend – für einige eben auch zu anstrengend. Und es erfordert eine Aufgeschlossenheit gegenüber Neuem. Eine Metropole wie London bietet keine Komfortzone, jedenfalls nicht dauerhaft.

In all dieser Vielfalt setzt ein silbern glänzender Stahlturm aus acht Zylindern, der sich vor der Jamme Masjid in die Höhe streckt, ein Zeichen des Islam. Denn aus ihm ragt ein Stab heraus, an dessen Spitze ein Halbmond glitzert. Das Bauwerk erscheint nur wie ein Minarett, tatsächlich ist es eine Skulptur. Gleich nördlich um die Ecke werden im Haus Nummer 19 an der Princelet Street die wechselvolle Geschichte des Viertels und dessen Diversität betont. Es wurde nach seinem Bau 1719 zunächst von Hugenotten genutzt. Im 19. Jahrhundert besaßen es dann Iren, später zogen russische Juden ein, die im Garten sogar eine vor der Öffentlichkeit verborgene Synagoge errichteten. So erscheint es nur angemessen, dass dort nun das Museum of Immigration and Diversity eingerichtet wurde.

Als in den 1960er Jahren immer mehr Juden die Gegend verließen, schritten zwei junge homosexuelle Kunststudenten durch das East End und sicherlich auch durch die Brick Lane. Sie suchten eine billige Bleibe in London. Die günstigste fanden Gilbert Prousch und George Passmore in der gleich südlich der Moschee in der von der Brick Lane abzweigenden Fournier Street. Rund sechzig Jahre später laufen die beiden als Gilbert & George in feinstem Zwirn als lebendiges Kunstwerk herum – und ihnen gehören mittlerweile zwei der jetzt säuberlich renovierten Stadthäuser. Die beiden Künstler legten damit den Grundstein für eine Entwicklung, wie sie damals schon in Islington eingesetzt hatte: die Gentrifizierung – das Viertel wurde aufgewertet, dann hip und teuer und die sozial schwächere alteingesessene Bevölkerung dadurch hinausgedrängt. Bei der Fournier Street kam hinzu, dass auch Tracey Emin, ein Star der Young British Artists, dort lebte und arbeitete bis ihr Haus 2020 für zwölf Millionen Pfund Sterling angeboten wurde. Dass Gilbert & George dort nun auch noch ein eigenes Ausstellungshaus einrichten, dürfte den Marktwert weiter steigern. Die Straße erscheint wieder von so begüterten Menschen bevölkert, wie es einst die Seidenhändler der Hugenotten gewesen waren. Von ihrem Gewerbe künden noch die großen Fenster, die später in die Dachböden der Häuser Nummer 17 bis 25 eingebaut wurden. Denn man brauchte möglichst viel Licht, um die edlen Stoffe zu fertigen.

An der Fournier Street setzen allerdings auch Künstler ganz anderer Art Zeichen. Vor ein paar Jahren prangte ein blaues Gesicht mit wie versteinert blickenden Augen auf einem Garagentor des Hauses Nummer 33. Andernorts tauchten plötzlich Punks mit blauer Irokesenfrisur auf dem Mauerwerk auf. Überdies wurden riesige Ratten, ein Elefant, dessen Rüssel zu Tentakeln eines Oktopus mutierte, und Strichmännchen gesichtet. Meist allerdings nur zeitweilig. Denn niemand weiß genau, wie lange ein Werk der Streetart bestehen bleibt. Sie findet sich mittlerweile in vielen Teilen Londons, aber das East End, und dort insbesondere die Gegend um die Brick Lane und das nördliche Shoreditch, können zweifelsohne als ihr Zentrum gelten.

Einige der Künstler, allen voran Banksy, sind inzwischen berühmt. Und manche ihrer Werke wurden sogar aus den Mauern gelöst und auf dem Kunstmarkt gehandelt. Dabei wollten die meist subversiven Streetartists mit ihrer unbezahlten Kunst im öffentlichen Raum auch ein Zeichen gegen die uneingeschränkte Herrschaft des Marktes setzen – so wie es Banksy versuchte, als er 2018 bei einer Auktion eines seiner Werke dieses gleich nach dem Verkauf vor aller Augen ferngesteuert durch einen in den Rahmen eingebauten Reißwolf schickte.

Was mit Gilbert & George ganz klein in der Fournier Street begann, entfaltete sich in großem Maßstab nach 1995 im nördlichen Teil der Brick Lane, als dort die leerstehenden Backsteinbauten der ehemaligen Truman Brewery verkauft wurden. Die neuen Eigner vermieteten die Räumlichkeiten als Ateliers an Künstler und Designer. Anschließend wurde der Komplex modernisiert und von 1998 an von IT-Firmen in Beschlag genommen. Und bald entstand in dieser „Dot-Com City“ eine trendige Szene aus Cafés, Designerläden, Bars und Nachtclubs.

Geblieben sind ein paar Märkte. Gleich neben dem IT-Komplex werden jeden Sonntagvormittag auf dem Brick Lane Market meist ausgefallene Kleidung, kitschiger Schmuck sowie Obst und Gemüse an ein vorwiegend junges Publikum verkauft. Als der Markt im 18. Jahrhundert entstand, feilschten dort noch Bauern mit Kunden um den Preis von Lebendvieh. In der Middlesex Street bieten Händler täglich außer samstags vor allem billige Textilien an. Die Straße wurde bis weit ins 19. Jahrhundert „Petticoat Lane“ genannt, weil dort Hugenotten einst unter anderem „Petticoats“, also „Unterwäsche“ feilboten. Der Name wurde dann als zu anzüglich empfunden, ist aber weiterhin die Bezeichnung des Marktes. Wenn nicht so viele Touristen an den Ständen entlangbummeln würden, sähen die beiden Märkte aus wie ein zeitgenössischer Abglanz des 19. Jahrhunderts.

Geprägt waren diese Stadtteile, genauer Spitalfields und Whitechapel, auch in gehörigem Maße von deutschen Einwanderern. Davon zeugt südlich der Brick Lane in der Little Alie Street die zwischen Neubauten regelrecht eingequetschte lutherische Kirche St George. Im 18. Jahrhundert arbeiteten Deutsche vornehmlich in der Zuckerindustrie. Später fertigten sie in stinkenden Sweatshops Lederschuhe, arbeiteten als Glasbläser, Kellner, Friseure, Kürschner, Schlachter und rollten Zigarren. Wie alle Einwanderer, so mussten auch sie als Sündenbock für Missstände herhalten und hatten mit oft absurden Auffassungen und Vorurteilen zu kämpfen. So führte beispielsweise die Tageszeitung „The Times“ die Heftigkeit der Choleraepidemie im Jahr 1866 unter anderem auf den großen Sauerkrautkonsum der deutschen Immigranten zurück. Ihre Gemeinde, die zeitweilig sogar ein Deutsches Haus an der Leman Street unterhielt, zerstob nach fünf gewalttätigen Attacken auf sie Anfang des Ersten Weltkrieges.

Traurige Berühmtheit erlangte der Stadtteil durch die „Whitechapel Murders“. Insgesamt wurden elf Menschen umgebracht. Sechs Tötungsdelikte, denen zwischen September und November 1888 meist Prostituierte zum Opfer fielen, wurden dem nie gefassten „Jack the Ripper“ zugeordnet. Einen Eindruck, wie erbärmlich es damals in Arbeitervierteln der auf rund vier Millionen Einwohner angewachsenen Metropole zuging, geben die Stiche Gustave Dorés. Sie schockten bei ihrer Publikation 1872 regelrecht die gebildete Öffentlichkeit.

Diesen elendigen Verhältnissen wollte Samuel Barnett entgegenwirken, der als Vikar der Gemeinde St Jude im East End arbeitete, und zwar durch Förderung von Bildung und Kunst. Innerhalb von nur zwei Wochen sammelte Barnett Mittel für den Bau einer Kunstgalerie. Sie steht noch heute an der Einmündung der Osborn Street in die Whitechapel High Street. An der Fassade der 1901 eröffneten Whitechapel Gallery glänzt seit 2012 das erste öffentliche Werk, das im Heimatland der britischen Künstlerin Rachel Whiteread zu sehen ist. Es besteht aus vergoldeten bronzenen Blättern, die sich unregelmäßig über den Terrakottastein verteilen. Im oberen Teil der Hausfront war ursprünglich ein Mosaik vorgesehen, doch das überstieg die finanziellen Mittel der Bauherrn. So grüßte eines der bedeutendsten Ausstellungshäuser für zeitgenössische Kunst in London 111 Jahre lang unter anderem mit einem schmucklosen Rechteck. Whiteread änderte dies, indem sie das Motiv der beiden Türme aufgriff, die links und rechts die schlichte Fassade abschließen und jeweils wieder von Türmchen gekrönt sind. Sie vervollständigte damit das Werk von Charles Harrison Townsend, der das ein wenig festungsartige Gebäude in seinem recht eigensinnigen Stil einst entworfen hatte. Townsend war von der Arts and Crafts Bewegung beeinflusst, für die die Türme Lebensbäume im Sinne sozialer Erneuerung durch Kunst symbolisierten – das entsprach ganz der Auffassung Samuel Barnetts. Entsprechend waren sie von Anfang an mit einem Fries verziert, das Laub darstellt.

Die Whitechapel Gallery präsentierte zunächst heute recht konventionell anmutende Ausstellungen mit Werken Hogarths, Rubens', Constables und der Präraffaeliten. Außergewöhnlich war allerdings, dass sie bereits vor 1914 Fotografie ausstellte. Ihre bis heute herausragende Bedeutung für Avantgarde-Kunst erlangte die Whitechapel Gallery erst nach dem Zweiten Weltkrieg, als dort erstmals im Vereinigten Königreich Werke von Jackson Pollock, Mark Rothko und Nan Goldin gezeigt wurden.

Die Whitechapel Gallery ist eine der wenigen Konstanten des Viertels und sieht sich auch heute noch der kulturellen Bildung verpflichtet, insbesondere gegenüber den Schulen in der Umgegend sowie Familien und jungen Menschen, die dort leben. Aber sie passt auch zur Lebensweise der betuchteren Klientel, die zunehmend die Straßen um die Brick Lane bevölkert. Nicht zuletzt schmückt man sich auch in der Finanzbranche gerne mit Kunst. Von hier geht bereits eine weitere Veränderung von Whitechapel und Spitalfields aus. Entsprechend steht die Brick Lane nicht nur für Vielfalt. Sie ist auch ein Zeichen immerwährenden und immer rascheren Wandels, der ungeheuren Dynamik Londons.

Geputzter Maschinenraum

Canary Wharf

Weithin leuchtet über London seine Dachpyramide und gibt Flugzeugen Orientierung in der Dunkelheit. Der Büroturm One Canada Square, entworfen von dem US-Amerikaner Cesar Pelli, ist auch im übertragenen Sinne ein Leuchtturmprojekt – oder war es zumindest für die Regierung Margaret Thatchers. Er steht symbolhaft für die Deregulierung in Wirtschaft und Finanzwelt, die die „Eiserne Lady“ von 1979 an mit harter, teils sogar brutaler Hand gegen viel Widerstand durchboxte. Bildlich wie auch sinnbildlich markiert er das Zentrum von Canary Wharf, wo die ersten Gebäude in der von Thatchers Regierung geschaffenen „Enterprise Zone“ auf der Isle of Dogs hochgezogen wurden. Deshalb wird er auch gerne „Canary Wharf Tower“ genannt.

Die von der Themse umströmte Halbinsel, deren Name möglicherweise auf eine dortige Jagdhundezucht für Henry VIII. zurückgeht, machte zu Thatchers Amtsantritt den Großteil eines insgesamt 22 Quadratkilometer großen Areals mit verrottenden Hafenanlagen aus. Es wurde 1981 zusammen mit benachbarten Flächen am nördlichen und südlichen Themseufer der eigens dafür gegründeten London Docklands Development Corporation unterstellt. Unter Umgehung örtlicher Behörden und der Einwohner des Gebiets, zudem gelockt durch zehn Jahre Steuerfreiheit und keinerlei Strukturvorgaben, sollten sich in der „Unternehmenszone“ ohne Rücksicht auf die öffentliche Meinung private Investoren entfalten und ihre Überlegenheit gegenüber staatlicher Planung unter Beweis stellen. Thatcher ging somit ähnlich vor wie rund 1.100 Jahre zuvor der faktisch erste König Englands, Alfred the Great, als er vorwiegend Geschäftsleute mit besonderen Konditionen in das heruntergekommene und seinerzeit zur Geisterstadt gewordene Gebiet des einst römischen Londiniums lockte und damit die Grundlage für den bis heute fortwährenden Charakter der City schaffte. Dazu passt, dass es auch die City, deren Gewerbe sich heute auf die Finanzwirtschaft verengt hat, gewesen ist, die die Docklands aus Platznot heraus zu ihrem Satelliten erkor.

Thatchers Regierung griff dabei ältere Planungen für eine Umwandlung der stillgelegten Hafenanlagen in Büroviertel auf. Sie hatten zehn Jahre zuvor noch für einen öffentlichen Aufschrei gesorgt und waren deshalb fallengelassen worden. Nur das St Katherine's Dock gleich neben dem Tower war damals saniert worden. Es half, dass es mit seinen opulenten Yachten, die nun im ehemaligen Hafenbecken dümpelten, sowie seiner romantisch-mediterranen Atmosphäre, die in Bars und Restaurants genossen werden konnte, einen Eindruck davon gab, wie charmant eine Wiederbelebung aussehen kann.

Canary Wharf umfasst drei Hafenbecken samt Kais, die bis 1802 von der West India Company gebaut und nach ihr benannt wurden. Die Docks waren die ersten Anlagen dieser Art in London. Das Logistikunternehmen, wie man heute die West India Company nennen würde, wollte damit dem Chaos entgehen, das damals im überfüllten „Pool" herrschte, dem historischen Hafengebiet zwischen der London Bridge und der heutigen Tower Bridge. Dort mussten nämlich die Handelsschiffe oft wochenlang im Fluss ankern, ehe sie an einer der Kaianlagen ihre zollpflichtigen Waren löschen konnten. Währenddessen wurden sie zudem oft von Banden überfallen. Die neuen Kaianlagen vor der Innenstadt schützten sie davor durch hohe und dicke Mauern sowie Wachdienste. Schleusen sorgten überdies für einen gleichbleibenden Wasserstand in den Docks. Dadurch konnten die Waren wesentlich schneller entladen werden. Aufgrund des Erfolgs wurden bald weitere Docks gebaut, und zwar nicht nur auf der Isle of Dogs, sondern auch östlich des Tower in Wapping und gegenüber am Südufer in Rotherhithe.

In den ersten Jahrzehnten nach seinem Bau landete am West India Quay vor allem Zucker an, den Sklaven auf Plantagen in der Karibik gewonnen hatten. Die gelöschten Schiffe segelten dann zunächst nach Westafrika, luden dort neue Sklaven, die dann in der Karibik verkauft wurden. Seit den 1930er Jahren wurden dort Früchte von den Kanarischen Inseln angelandet, daher der heutige Name „Canary Wharf". In die Lagerhäuser wurden die Waren lange noch mit einfachen Karren und Tragen von Hafenarbeitern transportiert, von denen viele aus Irland und China zugezogen waren. Sie lebten mit ihren Familien in angrenzenden Stadtteilen wie Limehouse und Poplar. Bis ins 20. Jahrhundert hinein waren die Viertel hoffnungslos überbevölkert. Das hatte auch üble hygienische Folgen. Als dann nach Erfindung des Wasserklosetts menschliche Notdurft ungefiltert in die Themse gespült wurde, brach mehrmals die Cholera aus. Natürlich wurde der Hafenbezirk mit seinen engen Gassen und Behausungen zu einem Dorado von Bierhäusern, Gin-Shops und Bordellen. Und zu einem Hort sozialer Unruhen. Legendär ist der Streik der Dockarbeiter im Jahre 1889, den Karl Marx' Tochter

Eleanor mitorganisierte und der schließlich aufgrund des Eingreifens von Kardinal Manning zu besseren Arbeitsbedingungen und höheren Löhnen führte.

Seinen höchsten Umschlag erzielte der Londoner Hafen in den 1960er Jahren. Es war wie das letzte hochintensive Aufleuchten eines sterbenden Sterns. Denn schon Ende des Jahrzehnts setzte rapide der Verfall ein. Die meisten Docks waren zu klein für die nun größeren Schiffe und die Themse zu flach für deren Tiefgang. Außerdem war weiter östlich in Tilbury ein für die nun aufkommenden Containerschiffe ausgerüsteter Hafen entstanden. Aber auch der moderneren internationalen Konkurrenz, insbesondere durch Rotterdam, waren die Docklands nicht mehr gewachsen. 1965 machte mit den East India Docks in Blackwall die erste Anlage dicht. Als eine der letzten stellten die West India Docks ihren Betrieb 1980 ein. „No Locks on the Docks" – „Keine Schleusen an den Docks" – mit diesem Slogan warben Gewerkschaften und Bürgerinitiativen schon 1970 für eine Kampagne zur Wiederbelebung der Docklands. Sie vollzog sich dann auf Betreiben von Premierministerin Margaret Thatcher im darauffolgenden Jahrzehnt ganz anders, als sie es erhofft hatten. Denn die neuen Wohnungen, die neben den Bürotürmen entstanden, konnte sich die alteingesessene Bevölkerung in der Regel nicht mehr leisten.

Wer heute unter dem Wolkenkratzer One Canada Square die emsig aus der und in die von Norman Fosters Architektenbüro gestaltete U-Bahn-Station „Canary Wharf" strebenden, meist adrett gekleideten Damen und Herren sieht, mag denken, dass Thatchers Vorgehen wenigstens in ihrem Sinne erfolgreich war. Die von dem deutschen Designer Konstantin Grcic geschaffenen Uhren, an denen die in den Türmen ringsum Arbeitenden hektisch vorbeigehen und deren Zifferblätter statt Zwölfen nur eine Zahl zeigen, mahnen daran, dass Zeit Geld ist. Sie mögen so manchen aber auch daran erinnern, dass es viel Zeit und Geld kostete, bis dieser Eindruck entstehen konnte. Schon der erste Investor, der Texaner G. Ware Travelstead, zeigte sich bald finanziell überfordert mit dem Vorhaben, dort eine Bürostadt zu errichten. Travelstead brachte aber mit Paul Reichmann einen kanadischen Unternehmer ins Spiel, dessen Firma Olympia & York sich des Projekts an den Docks annahm. Das Unternehmen, auf das der Name Canada Square zurückgeht, rutschte allerdings 1992 in die Insolvenz – kurz bevor tatsächlich der Boom in den neuen Docklands begann.

Es waren die Jahre gleich nach dem „Big Bang" am 27. Oktober 1986, durch den London wieder zu einem der weltweit führenden Finanzzentren aufstieg.

Neben Banken und Kanzleien verlegten auch Medienhäuser ihre Redaktionen in die Docklands, da die Grundstücke dort wesentlich preiswerter waren als ihr angestammtes Gebiet an der Fleet Street. So können Passanten beispielsweise gleich neben dem Canary Wharf Tower neueste Nachrichten auf einem Leuchtband lesen, mit dem die in Thomson Reuters aufgegangene Nachrichtenagentur Reuters auf ihrem neuen Gebäude auf sich aufmerksam macht. Es sind, passend zur City und dem Kerngeschäft des Medienhauses, vorwiegend Finanznachrichten, die über das mächtige, von dem amerikanischen Architektenbüro Kohn Pedersen Fox entworfene Viertelrund strömen. Entsprechend wurde die Freifläche vor dem Gebäude und dem U-Bahn-Eingang auch „Reuters Plaza“ benannt.

Die Bürotürme und Wohnanlagen sind durchsetzt mit einer Reihe von Parks wie dem Jubilee Park auf der östlichen Seite der Reuters Plaza und Plätzen wie beispielsweise dem Westferry Circus. Letzterer formt im Westen ein Rund, das zugleich einen Ankerpunkt der zentralen Achse von Canary Wharf bildet, die östlich am Churchill Place endet. Auf den Grünanlagen dieser Achse und in den sie flankierenden Gebäuden geben mehr als vierzig moderne und zeitgenössische Kunstwerke bemerkenswerte Gedankenanstöße. Eines der bedeutendsten findet sich mit „Draped Seated Women“ auf dem Cabot Square, für den die beiden Fahrbahnen der Straßen entlang dieser Achse weit auseinanderstreben. Es ist einer von sieben Bronzegüssen dieses Werks von Henry Moore aus den 1950er Jahren. Die Drapierung der Figur erinnert an Wundverbände, damit an physische Verletzungen, während die Verformung des Kopfes seelische Verletzungen ausdrückt. Moore reflektiert damit menschliches Sein im Zweiten Weltkrieg. Die Fahrbahnen der Achse führen als North Colonnade und South Colonnade hinter dem Cabot Square am Canary Wharf Tower vorbei und umschließen östlich davon den Canada Square Park. Auf der Rasenfläche finden häufig Konzerte oder andere Aufführungen statt.

Angesichts von so viel Glas, Beton und hektischer Arbeit rundherum ist es freilich schwer, eine wirklich entspannte Atmosphäre aufkommen zu lassen. Bei aller stilistisch gelungenen und hochwertigen Ablenkung bleibt doch das Gefühl, sich in einer klinisch sterilen Welt zu bewegen. Selbst die alten Hafenkräne, die an die ursprüngliche Nutzung des Gebiets erinnern, sind so gründlich restauriert worden, dass sie wie virtuell wirken. Es fehlt einfach der Charme der Patina. „Wahrscheinlich der einzige Teil Londons, der nicht vom Zentrum einer modernen amerikanischen Stadt zu unterscheiden ist.“ So urteilte Russ Willey in seinem 2006 erschienenen Buch „London Gazetteer". Im Gegensatz zur City ist sich London bei der Neugestaltung von Canary Wharf nicht treu geblieben. Es ist ein am Reißbrett durchgestyltes Viertel, nicht organisch gewachsen, sondern eine Kopfgeburt, gestaltet nach einem übergeordneten stadtplanerischen Konzept. Wie einst Wrens Entwurf für die City, den er nach dem großen Brand von 1666 zeichnete. Boulevards, Plätze, Gebäude, edle Materialien und Kunst verströmen eine gewisse Grandezza. Und doch lässt sie einen kalt. Man wandelt hier nicht durch einen lebendigen Organismus, sondern durch den hygienisch reinen, stets frisch geputzten Maschinenraum des Kapitalismus.

Brückenkopf der City

Über die Tower Bridge nach Bermondsey

Ihr Bild und ihre Nachbildungen sind wahrscheinlich nicht nur millionen-, sondern milliardenfach um die Welt gegangen: die Tower Bridge. Sie ist seit vielen Jahrzehnten eine Ikone, die für London steht. Ähnlich wie der Eiffelturm für Paris. Ist jener freilich neben seiner Funktion als Touristenmagnet noch eine wichtige Sendeanlage für die Hauptstadt Frankreichs, so hat die Tower Bridge zumindest ihre ursprünglich hohe Bedeutung für den Straßen- und Schiffsverkehr weitgehend eingebüßt. Sie fungiert heute weniger als Brücke denn als Museum, als eine Attraktion, als die sie, im Gegensatz zum Eiffelturm, nie gedacht war. Dabei ist sie fünf Jahre jünger als das Wahrzeichen von Paris. Gleichwohl war auch sie bei ihrer Fertigstellung 1894 eine technische Meisterleistung. Während diese in Form der Stahlkonstruktion beim Eiffelturm in moderner Weise offengelegt wird, wird sie bei der Tower Bridge altertümelnd hinter einer neogotischen Fassade versteckt.

Die Tower Bridge war die erste Brücke, die östlich der London Bridge über die Themse eröffnet wurde. Entworfen wurde sie vom damaligen Hausarchitekten der City of London, Horace Jones, der mit den Passagen des Leadenhall Market, dem Smithfield Market und dem Temple Bar Memorial an der Grenze von Fleet Street und The Strand weitere Auffälligkeiten im Stadtbild hinterlassen hat. Die Hebebrücke galt Ende des 19. Jahrhunderts als spektakuläre Konstruktion. Erarbeitet hat sie John Wolfe Barry, dessen Vater maßgeblich den ebenfalls im neugotischen Stil gehaltenen Westminster Palace entworfen hatte, einer weiteren Ikone Londons. Die glanzvolle Ingenieurskunst war notwendig, damit Schiffe unter der Brücke hindurchfahren konnten.

Ebenso unabdingbar war die Brücke, die den bis in die 1960er Jahre hinein wirtschaftlich äußerst bedeutenden Hafen querte, um Straßenverkehr von der überlasteten London Bridge abzuziehen. Damit auch Fußgänger stets zum anderen Ufer konnten, wurden in 42 Metern Höhe zwei Gänge errichtet, dann allerdings wenig genutzt. Vielen Passanten war es zu mühsam, die Treppen hinaufzusteigen. Wenn die Fahrbahnteile hochgeklappt waren, warteten sie lieber ab, bis sie wieder gesenkt wurden. 1910 schloss die City die Fußgängerbrücke deshalb wieder. Heute gelangen Besucher des Tower Bridge Museum per Lift zu ihr – und können durch ihren teils gläsernen Boden aus der Vogelperspektive das braune Themsewasser, die relativ wenigen Autos und die vielen Menschen betrachten, die sich zwischen Nord- und Südufer bewegen. Zu den Seiten entfaltet sich das Stadtpanorama mit den neuen Docklands, dem Tower, Wolkenkratzern und der Kuppel der St Paul's Cathedral. Sie ist zwar nicht so hoch wie die Wolkenkratzer, erscheint aber dennoch von hier aus wie die Krone der Stadtlandschaft – wenigstens wie ihr edelstes Juwel. Anschließend geht es im südlichen Turm wieder hinab bis in die ehemaligen Maschinenräume, deren Dampfkessel, blitzblanke Räder und Armaturen den nostalgischen Charme einer Museumseisenbahn verströmen.

Die Tower Bridge bedeutete lange Zeit auch einen Brückenschlag in eine völlig andere Welt. Nämlich nach Bermondsey. Ähnlich wie die Elbe in Hamburg, stellt die Themse in London eine wirtschaftliche und gesellschaftliche Grenze dar – zumindest war dies lange Zeit so und vielfach ist das auch heute noch so. Über Jahrhunderte hat London eigentlich nur nördlich der Themse stattgefunden so wie Hamburg nördlich der Elbe. Das verraten immer noch die U-Bahn-Pläne der Städte. Während sich die Strecken nördlich der Flüsse zu einem Knäuel verdichten, ähneln sie südlich ein paar wenigen losen Tentakeln. Südlich von Themse und Elbe begann hier wie dort quasi ein anderes Land. Dies nutzten die Gesellschaften nördlich der Flüsse zwar wirtschaftlich, solange es ihren Zwecken diente, sonst wollten sie davon aber nichts wissen. So wurde der ganze Bezirk Southwark, von dem Bermondsey ein Stadtteil ist, jahrhundertelang vernachlässigt. Es war ein dreckiger und stinkender Maschinenraum der britischen Volkswirtschaft mit Kaianlagen, Schuppen und Lagerhäusern sowie einigen Industriebetrieben, darunter auch der übelriechenden Lederproduktion.

Als es in den 1960er und 1970er Jahren mit Londons Hafen steil bergab ging, verfiel Bermondsey noch mehr. Die Bevölkerung, die ihren Lebensunterhalt im Hafen verdiente, nahm rapide ab und von denen, die blieben, waren viele arbeitslos. Bis weit in die 1980er Jahre war Bermondsey ein Gebiet, wo man aufpassen musste, wer einem auf der Straße entgegenkam. Wer seinerzeit gesagt hätte, dass hier einmal Touristen in nennenswerter Zahl am Ufer flanieren würden, wäre wohl für einen Spinner gehalten worden. Die Initialzündung für den erstaunlichen Wandel gab die London Docklands Development Corporation, die unter der Regierungschefin Margaret Thatcher den Umbau des Hafengebiets bewerkstelligte.

Als Erstes wurden bis 1986 die Speicherbauten von Hay's Wharf in das Einkaufszentrum Hay's Galleria umgebaut. Dessen zentrale, zur Themse hin geöffnete Halle wird von einem tonnenförmigen Glasdach überwölbt, unter dem ein an Tinguely-Skulpturen erinnerndes kinetisches, schiffähnliches Objekt des Briten David Kemp Wasser schaufelt. Eine Reminiszenz an Londons ältestes, 1651 von Alexander Hay gegründetes Hafenterminal. Bis 1997 wurde östlich der Tower Bridge auch Butlers Wharf umgebaut. Wo 1972 noch Getreide, Tee, Kaffee und Gewürze lagerten und anschließend Künstler, darunter auch David Hockney, sich ein Atelier einrichteten, entstanden nach Entwürfen von Conran and Partners Luxuswohnungen mit einem – wie sollte es anders sein – Luxusrestaurant direkt am Ufer.

Gleich westlich der Tower Bridge gebar das Architektenbüro von Norman Foster dann bis 2002 noch ein windschiefes Ei. Es wird noch immer „City Hall", also „Rathaus" genannt, obwohl die Stadtregierung samt Verwaltung, die Greater London Authority, dort nur bis 2022 zur Miete untergebracht war. Die für Transparenz und Demokratie stehende Glaskuppel ist eine Weiterentwicklung der Reichstagskuppel in Berlin, die ebenfalls Foster entworfen hat. Daneben laden eine Plaza und – für London typisch – eine kleine Grünfläche namens Potter's Field Park zum Schiffe-, Skyline- und Passanten-Gucken ein. Die Lücken drum herum sind mit Kaufhäusern, Restaurants, Bars, Cafés und Apartments gefüllt.

Schon diese ersten Eindrücke am anderen Ufer machen deutlich: Über die Funktion als Museum hinaus steht die Tower Bridge heute allenfalls noch für einen ganz anderen Brückenschlag als nach ihrer Fertigstellung. Er korrespondiert mit dem der Millennium Bridge weiter westlich. Hier geht es zwar wie dort auch um Kunst, vor allem aber ums Wohnen und das Wohnumfeld. Denn Akteure des Finanzmarkts mögen nicht viel Zeit mit langen Wegen zu ihren Arbeitsstätten verschwenden. Das gilt nicht nur für jene, die direkt gegenüber am nördlichen Themseufer ihrem Gewerbe nachgehen, sondern auch für die, die es nur etwas weiter östlich davon auf der Isle of Dogs tun. Die City, der Finanzdistrikt, hat hier gewissermaßen einen Brückenkopf errichtet, der immer größer wird. Die Folge: Ohne Zwischenstufe wurden weite Teile Bermondseys so vom Fast-Slum zum hyperteuren Wohnviertel finanzstarker Banker – eine Infiltration, die sich bis in die weiter südlich gelegenen Stadtteile fortgesetzt hat. Angesichts dieser hemmungslosen Super-Gentrification beklagen Protestkampagnen eine regelrechte „soziale Säuberung".

Sie kann besonders eindrucksvoll in der Bermondsey Street betrachtet werden, die nahe der Hay's Galleria südlich von der Tooley Street abzweigt. Nur vereinzelt kommt man dort noch an heruntergekommenen Gebäuden vorbei. Man möchte sich wünschen, dass sie wieder menschenfreundlich hergerichtet würden. Das aber geschieht eben nur selten in verhaltenem Maß, sondern oft gleich im Übermaß. Teure Restaurants und Bars künden vom Zuzug in der City Beschäftigter. In grellem Pink und Orange schreit die Fassade des Fashion and Textile Museum (Nummer 83) am Straßenrand. Passend dazu haben auch eine Reihe von Kunstgalerien in der Bermondsey Street eröffnet, allen voran Jay Jopling's White Cube (Nummer 144 bis 152). Ein ehemaliger, vom Bauhaus inspirierter Industriebau bietet eine opulente Ausstellungsfläche, von der so manches Museum nur träumen kann.

Nicht nur die Kunst, auch der Kunstmarkt ist damit nach Bermondsey gekommen, so wie er zuvor nach Shoreditch gekommen war. Und genauso wie dort versucht ihn die Streetart auch hier zu unterlaufen. Mit „rude kids" beispielsweise, einer Serie, mit der ein Künstler, der sich „The Dotmaster" nennt, einige Mauern an der Bermondsey Street zum kostenlosen Kunstwerk machte. Dazu benutzt er ebenso wie Banksy, der wohl berühmteste Streetart-Künstler, Schablonen, mit denen er auf den Wänden freche Kinder illusioniert, die den Passanten teils obszöne Gesten entgegenhalten. Wie lange allerdings die Werke zu sehen sind, kann man bei der Streetart nie sagen. Südlich endet die Bermondsey Street gleich neben dem Bermondsey Square, auf dem Londons größter hochqualitativer Antikmarkt beheimatet ist. Neben Touristen drängen sich dort auch Sammler um alte Lampen, Gemälde, Koffer, Schreibmaschinen, Geschirr, Bestecke, Bücher, Drucke, Hüte, Schuhe und andere Kleidung sowie Kunstgewerbliches, das die oft von weither, teils sogar aus dem Ausland angereisten Händler feilbieten.

Der Rückweg in Richtung Themse kann über die Long Lane, die Weston Street bis zur Thomas Street eingeschlagen werden. Als ob jeder schnell verstehen sollte, dass sich Bermondsey zum Luxusviertel wandelt, ist an der Thomas Street ein entsprechendes Ausrufezeichen, ein spitz zulaufender erhobener Zeigefinger, in den lehmigen Untergrund gestemmt worden. Weithin sichtbar stellt er wortwörtlich alles in den Schatten. Zumindest alles in seiner unmittelbaren Umgebung. Und außer ein paar Wolkenkratzern in Russland auch alle Hochhäuser in Europa. Pyramidenähnlich streben seine Glasfassaden 310 Meter hoch, vereinigen sich jedoch nicht zu einer Spitze. Stattdessen ragen ihre Enden scherbengleich nebeneinander in die Lüfte, weshalb das Bauwerk auch „The Shard“, die „Scherbe“, genannt wird. Mit dem Wolkenkratzer, der neben Büros auch Luxuswohnungen, ein Luxushotel, Luxusläden und ein Luxusrestaurant beherbergt, ist die Super-Gentrification gewissermaßen auf ihre bisherige Spitze getrieben worden. Von seiner Aussichtsplattform aus gesehen hat die Tower Bridge auch den letzten Rest ihrer einst „abschreckenden Größe“ verloren, die ihr der Schriftsteller Peter Ackroyd in seiner London-Biografie zuschreibt. Sie ist ein Oldtimer, ein Relikt, gleichwohl für viele immer noch schön anzusehen. Mit den Zeiten ändern sich eben auch die Sichtweisen und die Funktion von Bauwerken. Wer weiß, was in hundert Jahren über „The Shard“ gesagt und geschrieben werden wird? Und ob der Wolkenkratzer dann überhaupt noch steht?

Nabelschnur der City

Rund um die London Bridge

Da droht er wieder. Ähnlich, aber nicht so groß wie am Temple Bar Memorial. Metallen wie eine Ritterrüstung schimmert sein Echsenleib mit Löwenpranken und Adlerflügeln und aus seinem aufgerissenen Maul schießt waffenartig eine Zunge hervor, die sich wie ein Pfeil spitzt. Und vor sich her trägt der Greif ein Schild, auf dem das rote Georgskreuz Englands glänzt. „City of London“ steht auf dem Sockel neben der London Bridge geschrieben, auf dem das Wappentier des innersten Stadtkerns symbolisch die dortigen Geld- und Goldschätze verteidigt. Der City beliebte es hier stets die Ankömmlinge zu gruseln. Die heutigen Greife wirken geradezu lachhaft verglichen mit den abgehackten, angekochten und zwecks Konservierung in ein klebriges Teerextrakt getauchten Köpfen von angeblichen oder tatsächlichen Verrätern und Schwerverbrechern, die hier bis ins 17. Jahrhundert hinein aufgespießt auf einem Torhaus zur Schau gestellt wurden. Darunter waren beispielsweise die Häupter des 1305 hingerichteten schottischen Freiheitskämpfers William Wallace und 1535 des heiliggesprochenen Geistlichen Thomas Morus. 1598 zählte ein deutscher Besucher mehr als dreißig Köpfe.

Hinter dem Torhaus erstreckte sich seit 1209 die erste Steinbrücke Londons über die Themse. Zweihundertsiebzig Meter lang, bestand sie aus neunzehn Bogen, durch die schon Ende des 15. Jahrhunderts viele Schiffe nicht mehr hindurchkamen. So entstand östlich der London Bridge der Haupt- und Überseehafen, gern als „Pool“ bezeichnet. Die Brücke war mit bis zu sieben Stockwerke hohen Häusern bebaut. Mit den Mieten refinanzierte die Krone die ungeheuren Baukosten und später anfallende Reparaturen. Die zu diesem Zweck gegründete Immobiliengesellschaft Bridge House ist noch heute einer der größten Grundeigentümer Londons.

Zwischen den Häusern, in denen sowohl Buchhandlungen und Hutmacher als auch Gerber und Färber ihre Geschäfte hatten, herrschte enormes Gedränge. Eine Überquerung konnte deshalb bis zu zwei Stunden dauern. Für Entlastung sorgten erst 1750 der Bau der Westminster Bridge und die 1769 errichtete Blackfriars Bridge. Zudem wurden die baufälligen Häuser auf der London Bridge bis 1762 abgerissen und bis 1831 eine neue, fünfzehn Meter breite Brücke mit nur noch fünf Bogen nach Entwürfen von John Rennie Senior gebaut. Die heutige London Bridge, gestaltetet von dem Büro Mott, Hay and Anderson, besteht seit 1972 und hat nur noch drei Bogen.

Eine unverzichtbare Verkehrsverbindung ist sie immer noch. Unablässig strömen Passanten und vor allem Autos von Ufer zu Ufer, meist Busse, Taxis und Lieferwagen, seltener Privatwagen. Das ist nicht nur Resultat der Mautgebühr für die Innenstadt, es ist schlicht kein Platz mehr vorhanden für mehr Autos. Dafür drängen immer mehr Radfahrer in die verhältnismäßig engen Straßen Londons. Die London Bridge ist eine Hauptversorgungstrasse der City, und zwar nicht nur für Waren. Vor allem Bedienstete der City, deren Skyline sich heute imposant am Nordufer aufblättert, strömen allmorgendlich von der Station „London Bridge" über die gleichnamige Brücke zu ihren Arbeitsplätzen in den verwinkelten Schluchten aus Glas, Stahl und Beton. Und abends strömen sie wieder zurück, um mit Zügen zu ihren Wohnungen und Häusern zu gelangen.

Unverzichtbar war diese Themsequerung schon in der Antike. Es waren die Römer, die im 1. Jahrhundert die heutigen Gebiete von England und Wales für ihr Imperium eroberten und schnell erkannten, dass etwa hier die der Themsemündung am nächsten gelegene Stelle ist, wo trotz der Gezeiten eine Brücke über den Fluss gebaut werden kann. Das war die ideelle Geburt der Stadt und die damals hölzerne Brücke gewissermaßen ihre Nabelschnur. Denn sie war die schnellstmögliche Verbindung zwischen dem Süden und dem Norden der Provinz Britannia. Die Einheimischen, die zuvor schon Handel mit den Römern trieben, nannten den Ort „Plowonida". Er leitet sich aus den keltischen Wörtern „Plowo", was so viel wie „Schiff" und „Schwimmen" bedeutet, und „Nida" ab, was für „Fluss" steht. Die Römer machten daraus „Londinium", woraus später dann „London" wurde. Es lag sozusagen an der richtigen Biegung der Themse, die seinerzeit allerdings noch viel breiter war und von deren südlichem Ufer einige Seitenarme kleine morastige Inseln umspülten. „Southwark", das „Süd-werk", beherbergte schon damals Kaianlagen und Handwerksbetriebe, war vor allem aber ein richtiger, also militärischer Brückenkopf. Und schon damals ein Dreh- und Angelpunkt zwischen Süd- und Mittelengland.

Westlich der London Bridge erhebt sich der rechteckige Turm der Southwark Cathedral. Es ist bereits der vierte Kirchenbau auf diesem Areal. Der erste soll bereits im 7. Jahrhundert von Fährleuten errichtet worden sein, deren Geschäft enorm florierte, da es damals keine Brücke mehr aus römischen Zeiten dort gab und die neue London Bridge noch nicht gebaut war. Diese und die beiden Nachfolgebauten wurden durch Brände zerstört. Die Lage der Kirchen direkt vor der Grenze der City wussten in früheren Jahrhunderten nicht nur Geistliche zu schätzen, sondern auch Verschuldete, Kriminelle und Prostituierte. War es ihnen einmal gelungen, über die London Bridge nach Southwark zu gelangen, fanden sie in dem Gotteshaus schnell und gut Zuflucht.

Im Licht, das durch die oft farbigen Spitzbogenfenster des heutigen Baus, der im 13. Jahrhundert begonnen wurde, strahlt, besticht besonders die Altarschranke. In der Mitte der oberen Reihe thront vergoldet Jesus Christus, zu seiner Rechten steht der heilige Paulus bewaffnet mit einem Schwert und zu seiner Linken der heilige Augustin von Hippo, nach dessen Regeln hier von 1106 an ein Kloster geführt wurde. Die Kirche hatten da bereits zwei normannische Ritter erbauen lassen: William Pont de l'Arche und William Dauncy. Reste davon finden sich noch im nördlichen Querschiff. Seit der Auflösung der Klöster unter Henry VIII., der natürlich auch die Augustiner zum Opfer fielen, heißt die Kirche offiziell St Saviour and Mary Overie, wobei „Overie“ für „over the river“ – „über den Fluss“ – steht. Zur Kathedrale wurde sie erst Ende des 19. Jahrhunderts erhoben, und zwar zu jener der damals neuen Diözese südlich der Themse.

Nicht von ungefähr blitzt nahe dem südlichen Querschiff ein Glatzkopf mit Spitz- und Ziegenbart auf. Das Konterfei dürfte den weitaus meisten Besuchern bekannt vorkommen. Sinnierend ruht William Shakespeare in Tudor-Tracht auf einer Aue der Bankside, im Hintergrund zeigt ein Relief die Southwark Cathedral. Henry McCarthy schuf 1911 dieses Denkmal des wohl berühmtesten britischen Dichters. Aus gutem Grund ist es hier zu sehen, denn dies war Shakespeares Gemeinde. Vor allem aber stand in der Nähe mit dem Globe eines der Shakespeare-Theater. Es ist ebenfalls auf dem Relief zu sehen.

Der kleine Garten der Southwark Cathedral bietet so manchem Gelegenheit für eine entspannende Verschnaufpause. Und den Blick auf einen nicht enden wollenden Menschenstrom, der an Imbissen und Lebensmittelständen entlang unter die gegenüberliegenden Viadukte der Eisenbahn taucht. Das Gleisdreieck neben der London Bridge Station überspannt das gewaltige Areal des Borough Market. Es ist der älteste noch bestehende Markt Londons. Dokumentiert ist, dass 1276 die City den Händlern verbot, ihre Stände direkt an der London Bridge aufzustellen. Heute zählt der Borough Market zu den feinsten und qualitativ hochwertigsten seiner Art, und zwar nicht nur in London. Er ist Trendsetter eines Wandels, der mittlerweile viele Märkte in anderen Metropolen ergriffen hat.

Um ihn nach einem Niedergang wieder einträglich zu gestalten, organisierte 1998 die Journalistin Henrietta Green dort eine dreitätige Lebensmittelmesse. Im Rahmen des jährlichen Southwark Festival präsentierten dabei die besten britischen Produzenten ihre Waren nicht nur Geschäftskunden, sondern auch Privatleuten. Die Messe war ein derartiger Erfolg, dass sie bald monatlich und dann wöchentlich stattfand. Zeitgleich wurde „Cool Britannia" von der „foodie revolution" überrollt. Es kam auch in wohlhabenden Haushalten mehr und mehr in Mode, am heimischen Herd hochwertige Lebensmittel zuzubereiten, die direkt vom Produzenten auf einem Markt gekauft wurden.

Heute treffen sich in den hohen Hallen aus der Mitte des 19. Jahrhunderts Londons Gourmets aus aller Welt mit Touristen aus aller Welt und City-Angestellten aus aller Welt. Es riecht nach indischem Curry und scharfen thailändischen Gewürzmischungen, es gibt äthiopisches und ägyptisches Streetfood, allerlei Köstlichkeiten aus Frankreich und Italien und selbst Thüringer Bratwurst mit Sauerkraut. Auch Tiroler Schinken, Bureks vom Balkan, Säfte aus Kent, Salami aus Kalabrien, edler britischer Gin, Oliven aus Marokko und das weiche, mit Rum und Vanille durchsetzte Gebäck Canelé de Bordeaux sind an den Ständen gesichtet worden. Und es gibt viele Cafés und Restaurants, in denen am Abend die kultivierte Atmosphäre genossen werden kann. Der Zustrom ist ungebrochen, trotz eines islamistischen Terroranschlags auf den Borough Market, bei dem im Juni 2017 sieben Menschen umgebracht wurden.

Der Borough Market ist nur ein weiteres Beispiel für die extreme Aufwertung von Londons zentrumsnahem Südufer. Insbesondere der hiesige Stadtteil Southwark war noch bis weit in das 20. Jahrhundert von Kriminalität und Prostitution geprägt. Southwark bot aber wenigstens in der Tudor-Zeit auch andere Vergnügungen. Nicht weit von der London Bridge entfernt befanden sich damals das Rose Theatre, für das Christopher Marlowe arbeitete, und das Swan Theatre. Southwark lag vor der Stadtmauer, war also der Administration Londons entzogen, der Theater ein Dorn im Auge waren. Sie galten als unreligiös und aufrührerisch und wegen mangelnder Hygiene und Sicherheitsvorkehrungen als Brutstätten von Seuchen und Feuersbrünsten. Innerhalb der City drohte ihnen stets die Schließung.

1599 machten auch die Brüder Richard und Cuthbert Burbage auf einer ehemaligen Mülldeponie an der heutigen Park Street ihr Globe Theatre auf. An dem Projekt beteiligte sich auch der schon erwähnte und bei ihnen beschäftigte Schauspieler William Shakespeare. Ein 1997 eröffneter Nachbau des Globe entstand nur ein paar hundert Meter entfernt auf Initiative des US-Amerikaners Sam Wanamaker direkt am Themseufer. Es war nicht der erste Bau, mit dem am Südufer wieder Hochkultur Einzug hielt – und es sollte auch nicht der letzte sein. Mehr dazu im nächsten Kapitel.

ART CHANGES WE CHANGE
TATE

Schneidende Lichtklinge

Über die Millennium Bridge zur Tate Modern

Brücken schaffen Verbindungen über Hindernisse, ja gar über Abgründe hinweg. Auch sinngemäß, symbolhaft. Dies gilt insbesondere für die Millennium Bridge, die gleich südlich der St Paul's Cathedral anhebt und quasi wie ein metallen aufblitzender Strahl 320 Meter über die Themse bis zur Tate Modern führt. Wenn die Hängekonstruktion bei Dunkelheit beleuchtet wird, erscheint sie tatsächlich wie „a blade of light", wie eine „Lichtklinge". Die Millennium Bridge ist aber nicht nur eine Brücke, sie ist ein Kunstwerk, entworfen von dem Bildhauer Anthony Caro, das dank der Mithilfe des Stararchitekten Norman Foster sowie der Ingenieure aus dem Büro von Ove Arup auch als elegante und praktische Flussquerung genutzt werden kann – und als Verbindungsachse von zeitgenössischer Kunst und Kommerz.

Die Stadt und die Schöpfer hätten sich sicherlich gefreut, wenn sich für ihr Werk der Spitzname „Lichtklinge" durchgesetzt hätte. Stattdessen ist sie in das öffentliche Bewusstsein als „Wobbly Bridge", als „Wackelbrücke" eingegangen. Denn gleich nach ihrer Eröffnung im Juni 2000 stürmten Massen den auf Y-artigen Pfeilern ruhenden, wie schwebend erscheinenden, vier Meter breiten Aluminiumsteg. Der geriet dadurch bedenklich ins Schwanken. Der Brückenschlag ins neue Jahrtausend fiel zwar nicht wortwörtlich ins Wasser, aber doch symbolisch. Zwei Tage später war Schluss, der Übergang wurde geschlossen – außer für Freiwillige, die sie belasteten, um durch Tests herauszufinden, wie der Wackelkandidat stabilisiert werden kann. Es dauerte bis zum Februar 2002, um das Problem zu lösen. So ist es heute weniger gefährlich, allerdings auch weniger belustigend, dort über die Themse zu flanieren.

Südlich der Millennium Bridge erhebt sich ein mächtiger, backsteinerner Kraftwerksbau. Mit seinem fast hundert Meter hohen Turm, der ein Schornstein war, sah er schon bei seiner Vollendung 1963 aus wie eine Kathedrale der Industrie. Doch nicht einmal zwanzig Jahre später wurde das Kraftwerk aufgrund steigender Ölpreise, die seine Stromproduktion unrentabel machten, stillgelegt. Entworfen hat den Bau, der in zwei Phasen ab 1947 fertiggestellt wurde, übrigens Giles Gilbert Scott. Es war nicht die einzige Ikone, die er zeichnete. Er entwarf auch das Kraftwerk in Battersea, das es mit seinen charakteristischen vier weißen Schornsteinen unter anderem auf das Cover des Albums „Animals“ von Pink Floyd schaffte, und heute ebenfalls umgebaut worden ist. Scotts wohl berühmtester Entwurf aber ist die britische Telefonzelle. Im Zeitalter der Smartphones taucht sie freilich nur noch äußerst spärlich im Straßenbild Londons auf, teils als Bücherschrank, Geldautomat oder Aufbewahrungsort für Defibrillatoren umfunktioniert.

Die Tate Gallery hatte bereits 1994 eine Kaufoption für das Kraftwerk in Southwark erworben und später dafür gesorgt, dass heute ein zweistöckiger Glasaufsatz dem monumentalen Bau etwas Leichtigkeit verleiht. Er wird im Volksmund „Lightbeam“, „Lichtstrahl“, genannt, was ja gut zur „Lichtklinge“ passen würde, und ist ein Markenzeichen des Architektenbüros Herzog & de Meuron. Dem gelang mit dem Entwurf der im Juni 2000 eröffneten Tate Modern der internationale Durchbruch. Herzog & de Meuron formten aus der Industriekathedrale eine Kathedrale der Kunst. So gesehen steht die Millennium Bridge nicht nur für den Brückenschlag in ein neues Jahrtausend, sondern auch für einen hinüber zur Kunst. Denn alles und jeder von Rang und Namen in der modernen und zeitgenössischen Kunst ist in der Tate Modern vertreten. Selbst sehr junge Werke, die erst vor wenigen Jahren entstanden, werden erworben. Seit ihrer Eröffnung ist sie das weltweit am meisten besuchte Ausstellungshaus dieser Art. Der Boden für diese Art von Hochkultur wurde wenige Jahre zuvor schon durch den Nachbau von „Shakespeare's Globe“ aufbereitet, das gleich nebenan steht. Aufgesattelt werden konnte dabei zudem auf Musiksäle und die Hayward Gallery des Southbank Centre und das National Theatre, die nach dem Zweiten Weltkrieg weiter westlich am Queen's Walk errichtet worden waren.

Es ist keine böswillige Unterstellung, anzunehmen, dass gleichwohl eine durchaus nennenswerte Anzahl der Besucher nicht oder zumindest nicht nur wegen der Kunst kommt. Viele wollen auch den unvergesslichen Eindruck beim Betreten der riesigen Turbinenhalle erleben. In dem wie überdimensioniert wirkenden „Kirchenschiff“ kommt sich das Individuum klein, ja regelrecht überwältigt, auf sich selbst zurückgeworfen vor. Zudem reißen die Besucherströme nicht ab, weil hier andererseits immer viele Menschen sind, die man beobachten kann wie in einem Straßencafé. Die man auch in verschiedenen Restaurants des Museums beobachten kann. Und sie kommen, weil man aus diesen Restaurants unvergleichliche Blicke auf Londons Skyline hat. Ein Besuch der Tate Modern ist immer auch ein Stadt- und Gesellschaftserlebnis.

Die Tate Modern ist zudem eine Ikone für den Wandel Londons, das fast bis Ende des 20. Jahrhunderts eher Liebhaber alter Meister anzog, zu einem der weltweit am hellsten und heißesten glühenden Hotspots für zeitgenössische Werke. Der Ausgangspunkt dafür ist am nördlichen Ufer zu sehen. Nein, nicht die St Paul's Cathedral. Es ist vielmehr die City, die Finanzwelt, die sich um den Sitz des anglikanischen Bischofs von London herum ausgebreitet hat und nun schnell über die Millennium Bridge zu dem Ausstellungshaus gelangt.

Geld und Kunst pflegen zumindest seit Beginn der industriellen Revolution, durch die das Bürgertum den Einfluss von Kirche und Adel immer weiter zurückdrängte, eine innige Beziehung. Das wird besonders in einer so vom Kommerz geprägten Stadt wie London deutlich, in der „Superreiche", wie man heute sagt, stets große Museen ermöglichten. Ein Beispiel dafür ist Hans Sloane, der 1753 im Alter von 92 Jahren starb. Seine Sammlung bildet den Grundstock des British Museum. Sloane steht auch für die Zeit des beginnenden Kolonialismus und enormer wirtschaftlicher Prosperität in London, in der sich das Vereinigte Königreich anschickte, zur führenden Weltmacht aufzusteigen. Zugleich war es aber auch eine Zeit, in der sich soziale Klüfte vertieften und gesellschaftliche Verwerfungen eskalierten. Insbesondere der Maler und Grafiker William Hogarth thematisierte sie in seinen Zyklen. Es ist kein Zufall, dass ausgerechnet in dieser Periode, die bis ins 19. Jahrhundert hineinreicht, die Künste in England und besonders die englische Malerei eine erste große Blüte und internationale Bedeutung erfuhren. Hogarth ist dafür ein Beispiel. Zu nennen wären auch Joshua Reynolds, Thomas Gainsborough und Joseph Mallord William Turner. Zeitgleich entstand die Royal Academy of Arts und es etablierte sich ein reger Kunsthandel in London.

Parallelen drängen sich auf zur Zeit nach dem „Big Bang" am 27. Oktober 1986. Auf Betreiben Margaret Thatchers, an deren Wirken sich die britischen Geister noch bis heute scheiden, begann an jenem Tag eine Deregulierung des Finanzmarkts, die zu einem ungeheuren Boom der Branche in London führte. Junge, smarte, oft hochintelligente und hochehrgeizige Banker strömten aus aller Welt in die City – und ließen die Puppen tanzen. Ähnlich wie im Filmklassiker „Wall Street" gehört bei vielen von ihnen zum guten Ton auch das Kaufen zeitgenössischer Kunst. Sie ist ein Statussymbol. Ein Werk von Andreas Gursky an der Wand macht augenscheinlich bei überproportional vielen der Branche mehr her als drei Ferraris in der Garage. Und dürfte wohl auch noch teurer sein. Mag sein, dass trotzdem der eine oder andere Banker sich zum Sammler mausert, der auch über längere Zeiträume die Entwicklung von Künstlern verfolgt. Aber eigentlich geht es mehr ums Kaufen, um Selbstdarstellung als ums Sammeln. Und es geht, das liegt in der DNA des Finanzwesens, ums Spekulieren auf Gewinn. Die Anlage soll sich möglichst lohnen. Der Geschmack mag auch eine Rolle spielen. In diesem Zusammenhang ist aber nur wichtig: Es werden keine traditionellen Werke oder Stücke alter Meister gekauft.

Es war das ideale ökonomische Umfeld für die Young British Artists, kurz YBA, und ihren Förderer, den damaligen Werbemogul Charles Saatchi. Der hatte schon zuvor beispielsweise Werke von Andy Warhol, Anselm Kiefer oder Gerhard Richter erworben. Aber er besuchte 1988 auch die erste Ausstellung der YBA, die Damien Hirst in einem sonst ungenutzten Speicher in den Docklands organisiert hatte. Bald gelangten die YBA, deren Werke die eingesessenen Galerien Londons einst nicht zeigen wollten, zu nationalem und dann zu internationalem Ruhm. 1997 stellte gar die Royal Academy of Arts Teile von Saatchis YBA-Sammlung in der bahnbrechenden Schau „Sensation" aus, „durch die Auktionsfirma Christie's mit durchschlagendem kommerziellem Erfolg direkt lanciert", wie Rose-Marie Cropp in der „Frankfurter Allgemeinen Zeitung" schrieb. Unverblümt wurden Kunst und Kommerz miteinander verzahnt.

Hirst und seine Mitstreiter von den YBA, Saatchi und der „Big Bang" machten London innerhalb weniger Jahre wieder zu einer Metropole zeitgenössischer Kunst, die zudem mit weltbekannten Auktionshäusern über eine höchst effektive Handelsinfrastruktur verfügte. Bald blühten viele Galerien in London zu Weltrang auf, weitere namhafte aus den USA und Kontinentaleuropa eröffneten dort Filialen. Zur Klientel aus der City und ihrer Sinnesverwandten stießen viele Käufer und Sammler aus aller Welt, die London mit seinen fünf Flughäfen zudem leicht erreichen konnten und dort überdies gerne ein paar Tage verbrachten. Das war der Nährboden, aus dem die Tate Modern und die Millennium Bridge als eben jene Achse von Kunst und Kommerz emporsprossen.

Die hohen Besucherzahlen und die immer größer werdende Sammlung machten es notwendig, die Ausstellungsfläche zu erweitern. Diesmal bauten Herzog & de Meuron das nebenstehende, ebenfalls von Giles Gilbert Scott entworfene „Switch House“ um, in dem einst die riesigen Öltanks und Transformatoren des Kraftwerks standen. Das schweizerische Architektenbüro zeigte damit, dass es auch ganz anders kann, als Glaskästen auf monumentale Ziegelbauten zu setzen, wie sie es später auch mit der Elbphilharmonie in Hamburg machten. Seine Konstruktion windet sich leicht pyramidal zehn Stockwerke in die Höhe. Festungsgleich erscheint seine Fassade, die mit ihren Backsteinen dem Kraftwerksbau korrespondiert. Bei genauerem Hinsehen ist sie aber löchrig.

Vor der Tate Modern tummeln sich am Fuß der Millennium Bridge heute gerne Gaukler, wie man sie beispielsweise auch am Trafalgar Square, dem Covent Garden und vor Sehenswürdigkeiten und Besuchermagneten in vielen anderen Städten findet. Es sind Menschen, die am Rand der Gesellschaft stehen, wo sie versuchen, sich akrobatisch über Wasser zu halten. Sie vollführen Kunststücke am sozialen Abgrund vor den Augen Schaulustiger. Sie verkörpern in gewisser Hinsicht die andere Seite der Millennium Bridge. Denn zeitgleich mit Thatchers radikalen Wirtschaftsreformen nahm die soziale Spannung zu. Daran änderten auch die Labour-Regierungen unter Tony Blair und Gordon Brown später nichts. Auch dies ist eine Parallele zur erwähnten Periode im 18. und 19. Jahrhundert. Der Brückenschlag zwischen Geld und Kunst ist zugleich ein Schwerthieb in die Sozialstruktur. Die „Lichtklinge“ markiert auch einen immer tiefer werdenden Schnitt in der Gesellschaft – und zwar nicht nur in der britischen.

Weston Terrace

Brutalismus für alle

Auf dem Queen's Walk

Kaum ein Tag, an dem sich am Uferweg vor Shakespeare's Globe und der benachbarten Tate Modern keine Menschenmassen drängeln. Das liegt zum einen an den wahrhaft königlichen Perspektiven, die sich auf Londons Skyline bieten, genauer: auf die Skyline Londons nördlich der Themse. Zum anderen hat dies aber seinen Grund auch darin, dass der Weg hier meist verhältnismäßig schmal ist und die Passanten regelrecht zu Trauben zusammengedrückt werden. Johlende Kinder, ermüdete Eltern, genervte Senioren, freudig strahlende Singles, Backpacker mit großen Augen – hier mischt sich auf engstem Raum so ungefähr alles, was London an Touristen zu bieten hat. Ein paar Einheimische sind auch dabei, aber sie sind klar in der Minderheit auf dem Queen's Walk, wie das Pflaster heißt – freilich nicht wegen der königlichen Ausblicke, es wurde vielmehr anlässlich des silbernen Thronjubiläums von Königin Elisabeth II. 1977 als Teil des zeitgleich eröffneten Jubilee Walkway so getauft, der durch die gesamte Innenstadt führt.

Die Promenade – man scheut sich hier noch, diesen Begriff zu verwenden, an einige Stellen und insbesondere weiter westlich verdient der Uferweg aber diesen Namen – beginnt eigentlich schon am Südufer der Tower Bridge, wo sich an einigen breiteren Stellen die Menschenmassen etwas auseinanderziehen. Sie führt dann am eiförmigen ehemaligen Londoner Rathaus und ein paar Glas- und Betonbauten vorbei durch die Arkaden des Einkaufszentrums Hay's Galleria. Sehr schmal wird der Weg dann vor dem Hauptbau des London Bridge Hospital, das sich in die umgebauten Gemäuer einer Kaianlage aus dem 19. Jahrhundert eingenistet hat. Dann taucht bald die London Bridge auf, an deren westlicher Seite zunächst keine Uferpromenade mehr weiterführt. Erst beim Pub „The Anchor" kann die Themse wieder erreicht werden.

Die massive Gentrifizierung der Viertel bei Tower Bridge, London Bridge und Millennium Bridge ist letztendlich eine Übertreibung der Aufwertung, die das Südufer in den ersten Jahrzehnten nach dem Zweiten Weltkrieg erfahren hat. Und dafür steht der augenscheinlich noch stärker frequentierte und meist auch breitere westliche Teil des Queen's Walk. Es ist auch jener Teil, der zuerst angelegt wurde. Die Idee geht zurück auf einen Plan des Architekten Leslie Patrick Abercrombie. Noch während des Zweiten Weltkrieges entwarf der Professor für Stadtplanung am University College London einen „County Plan" für die Hauptstadt, in dem er vorschlug, die Industrieanlagen am Südufer der Themse zwischen Tower Bridge und Lambeth Bridge abzureißen und dort öffentliche Gebäude und Plätze sowie Büroflächen zu errichten.

Hinzu kam: Nach den entbehrungsreichen Jahren des Zweiten Weltkrieges wollte die Labour-Regierung unter Premier Clement Attlee – Winston Churchill wurde 1945 trotz des Sieges über Hitler-Deutschland abgewählt – breiten Bevölkerungsschichten etwas bieten. Zum Ausdruck gebracht wurde dieses Bestreben dann 1951 mit dem „Festival of Britain". Die Nation sollte aufatmen, sich wieder erfreuen und vergnügen können – und Stolz auf ihre Errungenschaften sein. Diese wurden in einer Ausstellung auf der Fläche der ehemaligen Southbank Docks zur Schau getragen. Sie befanden sich bis dato zwischen der Waterloo Bridge und dem damaligen Rathaus, der „County Hall", nahe der Westminster Bridge. Als seien es Messestände und -objekte, wurden alle Bauten anschließend wieder entfernt – auch weil die Labour-Regierung abgelöst und die Konservativen mit Churchill wieder an die Macht kamen. Aber ein Gebäude wurde nicht niedergerissen, obwohl es so mancher wohl gerne veranlasst hätte: die Royal Festival Hall. Mit ihr begann die Rückbesinnung Southwarks vom Ort zwielichtiger Vergnügungen auf seine Stätten der Hochkultur, und zwar in der Absicht, sie wirklich allen zugänglich zu machen.

Dabei ging es brutalistisch zu. Denn der Bau gehört zu einem Ensemble von Bauten aus Sichtbeton, auf Französisch „Béton Brut" genannt und gern von dem schweizerischen Architekten Le Corbusier verwendet. Die so kreierte Richtung des Internationalen Stils, der wiederum aus dem Bauhaus erwuchs, ist dann auch Brutalismus genannt worden. Zwar nicht örtlich, aber zeitlich steht besagte Royal Festival Hall hier am Anfang. Ein radikaler Anfang, zumal im Vereinigten Königreich das Bauhaus im Gegensatz zu den USA nur wenige Freunde fand. Zeitgleich lebte es in Deutschland nach der Nazizeit, in der seine Protagonisten emigrieren mussten, wieder auf, stand für den Aufbruch in eine neue demokratische Zeit, jedenfalls im westlichen Teil des Landes.

Entworfen wurde der Bau kurz nach Kriegsende von Robert Matthew und Leslie Martin. Er mag nicht jedermanns Geschmack sein, aber die meisten Londoner lieben ihn. In den 1960er Jahren erweitert, wurde die Royal Festival Hall bereits 1981 als erster Nachkriegsbau Londons unter Denkmalschutz gestellt. Gleichwohl wurde er mehrmals renoviert und die Akustik verbessert, zuletzt 2007. Die „Königliche Festhalle“ ist Heimat des London Philharmonic Orchestra, entsprechend werden meist klassische Konzerte geboten. Auf der Terrasse erfreuen sich insbesondere Kinder an den Fontänen, die aus den Düsen eines im Boden verankerten Brunnens hervorschießen. Gleich daneben genießen die Erwachsenen bei einem Glas Wein die Aussicht auf das Stadtpanorama.

Das fügt sich harmonisch ein in die Atmosphäre des Southbank Centre, zu dem die Royal Festival Hall heute ebenso zählt wie die Queen Elisabeth Hall nebenan, auf deren Terrassengarten sich laue Sommerabende genießen lassen. Sie wurde 1967 von Herbert Bennet und seinen Mitarbeitern der städtischen Architekturabteilung ebenfalls im Stil des Brutalismus entworfen. Gleiches gilt für den kleineren Purcell Room, in dem aber ähnlich wie in der Queen Elisabeth Hall meist Kammerkonzerte und Lesungen geboten werden. Neben diesen drei Veranstaltungsorten zählt auch die Hayward Gallery zum Southbank Centre, und zwar schon seit ihrer Eröffnung im Jahre 1968. Auch sie ist eine weitere Ikone des Brutalismus Genau genommen wurde sie allerdings erst 2018 im Zuge einer Restaurierung fertiggestellt. Denn erst seitdem strömt in der oberen Etage des Kunsthauses Tageslicht durch 66 Glaspyramiden, die von dem Bildhauer Henry Moore inspiriert wurden. Aufgrund von Lecks war für den ersten Bau eine weitere Decke eingezogen worden, die das natürliche Licht aussperrte. Das Ausstellungshaus genießt Weltruf dank Schauen mit Werken von Andy Warhol, Paul Klee, Roy Lichtenstein, Andreas Gursky oder Antony Gormley. Anders als die Royal Festival Hall ist die Architektur dieses Teils des Southbank Centre bei der Bevölkerung meist weniger gelitten. Richard Rogers hatte in den 1990ern gar vorgeschlagen, auf den gesamten Komplex ein Glasdach zu stülpen. Aus Kostengründen wurde der Plan nicht verwirklicht.

Auch am Bau des National Theatre nebenan scheiden sich die Geister. Einmal mehr stand König Charles III., dessen Mutter 1951 den Grundstein für das Gebäude gelegt hatte, an vorderster Front der Kritiker, ja der Polemik. „Ein Weg, einen Atommeiler mitten in London zu bauen, ohne dass einen irgendjemand daran hindert“, kommentierte er noch als Prinz von Wales das von Denys Lasdun entworfene Gebäude. Als Institution schon 1949 gegründet, formierte sich die dazugehörige Schauspieltruppe erst 1963. Erster Direktor war Laurence Olivier, der vor dem heutigen Bau als Hamlet in einer Plastik von Angela Connor verewigt ist. Aber erst 1976 unter seinem Nachfolger Peter Hall, ebenfalls eine britische Schauspielerlegende, bezog sie den Lasdun-Bau.

Zwischen Southbank Centre und National Theatre behauptet sich das British Film Institute. In dem postmodernen Glaskasten sind drei Kinos untergebracht, in denen sowohl Klassiker gezeigt werden als auch Premieren stattfinden. Wissenschaftlern wie Filmenthusiasten bietet die 1933 gegründete Organisation kostenlos eine Mediathek. Außerdem sind Wechselausstellungen rund um das Kino zu sehen. Ein Eingang befindet sich auch direkt unter der Waterloo Bridge, die dort den Queen's Walk überspannt. Im Schatten ihres südlichen Bogens bauen Buchhändler gern ihre Tapeziertische auf, um meist antiquarische Werke feilzubieten.

Weiter flussaufwärts strebt die Hungerford Bridge über die Themse. Weiße, schräg aufstrebende Pylonen halten mit ihren Seilen zu beiden Seiten einer Eisenbahnbrücke vier Meter breite Fußgängerstege. Das atemberaubende Design des Büros Lifschutz Davidson Sandilands wurde bis 2002 umgesetzt und seither mehrfach ausgezeichnet. Die dreihundert Meter lange Themsequerung erhielt mit diesen zum fünfzigjährigen Thronjubiläum Elisabeths II. eröffneten „Golden Jubilee Bridges" wieder etwas von ihrem ursprünglichen Charakter. Denn die erste dort bis 1845 errichtete Hungerford Bridge, ebenfalls eine Hängekonstruktion, war auch nur für Fußgänger konzipiert. Erst 1864 wurde sie zu einer Eisenbahnbrücke, die zum Bahnhof „Charing Cross" am Nordufer führt – mit der Folge, dass die Passage für Fußgänger verkam und bis zum Umbau nur noch wenig benutzt wurde. Sie galt aber auch als architektonischer Schandfleck über einem stinkenden Fluss. Kaum zu glauben, dass die heutige Konstruktion noch auf Teilen der alten fußt.

„Das Eye hat für London das bewirkt, was der Eiffelturm für Paris bewirkte. Es gab ihm ein Symbol und lässt Menschen über die Stadt steigen und auf sie hinunterschauen." Kein Geringerer als Pritzker-Preisträger Richard Rogers gab diesen kühnen Vergleich des Riesenrades an den Jubilee Gardens mit dem Wahrzeichen der französischen Hauptstadt zu Protokoll. Tatsächlich ist das London Eye schnell nach seiner Inbetriebnahme im Jahr 2000 zu einem Wahrzeichen Londons geworden, taucht seitdem als solches gleichrangig auf mit Tower, Tower Bridge, der Gherkin, der Kuppel der St Paul's Cathedral und den Houses of Parliament in stilisierten papierschnittartigen Stadtsilhouetten auf. Und auch in einem tieferen Sinne symbolisiert es London: Seine 32 rundum verglasten Gondeln stehen für die 32 Verwaltungseinheiten, aus denen die britische Kapitale besteht.

Mit dem London Eye begann ein regelrechter Boom von Aussichtsplattformen. Konnte man bis dato öffentlich nur von der St Paul's Cathedral und dem „Monument" auf die Stadtlandschaft schauen, so ist dies nun auch vom Wolkenkratzer „The Shard", vom Sky Garden des „Walkie-Talkie", einem stählernen Monster von Turm auf dem Olympiagelände von 2012 und den Gondeln der Seilbahn zwischen North Greenwich und dem Royal Victoria Dock möglich. Heute wie damals drängen sich meist Massen vor dem Riesenrad, obwohl eine Fahrt eher zu den teureren Möglichkeiten zählt, sich einen Überblick über die Stadt zu verschaffen. An klaren Tagen reicht die Sicht aus den raumschiffartigen Kapseln bis zu vierzig Kilometer weit. Bei seiner Eröffnung war das London Eye das größte Riesenrad der Welt – und inspirierte noch größere etwa im chinesischen Nanchang, in Singapur und in Las Vegas.

Von der neobarocken, nach Entwürfen von Ralph Knott errichteten County Hall nebenan wurde London 64 Jahre lang bis 1986 regiert. Dann löste Margaret Thatcher die ihr unliebsame, seinerzeit vom linken Labour-Politiker Ken Livingstone geführte Stadtverwaltung auf. Später residierte in dem weitläufigen Gebäude ein paar Jahre die Saatchi Gallery, heute beherbergt es unter anderem ein Aquarium und ein Gruselkabinett. Das Südufer knüpft auch damit an recht populäre Vergnügungen an, die dort schon zu Shakespeares Zeiten geboten wurden. Allerdings in deutlich entschärfter und nicht mehr tierquälerischer Art. Unweit des Globe Theatre gab es damals nämlich eine Arena, in der Menschen und Hunde zur Belustigung gegen einen angeketteten Bären kämpften.

Neben der County Hall führt die Westminster Bridge hinüber zum Nordufer und gibt die klassische Sicht auf die Houses of Parliament samt dem Elisabeth Tower mit der Glocke „Big Ben" frei. Am Südufer ist es nun mit Vergnügen und Hochkultur vorbei. Der Queen's Walk geht in den schmalen Albert Embankment Path über, der entlang der Themse auch am St Thomas Hospital vorbeiführt. Es war die Wirkungsstätte der berühmtesten Krankenschwester der Welt, durch die die Krankenpflege überhaupt erst als Beruf anerkannt wurde: Florence Nightingale.

CHURCHILL

Im Politischen Zentrum

Rund um den Parliament Square

„Da kommt die Statue von mir hin.“ Winston Churchill kreiste Anfang der 1950er Jahre zu diesen Worten gleich den Ort auf der Karte ein, die ihm sein Arbeitsminister David Eccles vorlegte. Sie zeigte einen Plan zum Umbau des noch von Charles Barry entworfenen Parliament Square gleich neben dem Palace of Westminster. Massig und doch ein wenig altersgebrechlich auf einen Stock gestützt, schaut der Kriegspremier seit 1973 an der Nordostecke des Platzes so entschlossen wie grimmig aus einem Marinemantel in Richtung der Houses of Parliament. Geschaffen hat die überlebensgroße Bronzeplastik Ivor Roberts-Jones. Viele erinnerten die Haltung und der Gesichtsausdruck ausgerechnet an den italienischen Faschistenführer und Diktator Benito Mussolini, den engsten Verbündeten von Churchills Hauptgegner Adolf Hitler. Es sollte nicht die einzige Kritik an der Statue bleiben.

Weitere zehn Staatsmänner und die Frauenrechtlerin Millicent Fawcett sind rund um den Platz mit Bildnissen verewigt, darunter seit 2007 an der Westseite der Anti-Apartheid-Kämpfer Nelson Mandela. Ian Walters stellte den späteren ersten schwarzen Präsidenten Südafrikas dar, als würde er ruhig und friedfertig mit ausgebreiteten Armen zum Volk reden. Der damalige Londoner Bürgermeister Ken Livingstone wollte die Statue am Trafalgar Square aufstellen lassen, was sicherlich auch seiner Kritik an einigen dort errichteten Plastiken von Militärs entspricht, die seiner Meinung nach heute kaum jemand mehr kenne. Die lokale Bezirksversammlung, das Westminster City Council, beschloss dann aber, sie an den Parliament Square zu setzen.

Dem Namen und den Statuen nach ist er der Platz des Parlaments. Als solcher korrespondiert er mit dem Trafalgar Square, gewissermaßen dem Platz des Volkes, der sich nördlich an die fast schnurgerade verlaufenden und ineinander übergehenden Pflaster von Parliament Street und Whitehall anschließt. Gleichwohl nimmt auch die Bevölkerung den Parliament Square in Anspruch – nicht, um etwa die Vergabe der Olympischen Spiele dort zu feiern wie am Trafalgar Square, wohl aber, um ihren Vertretern ihre politischen Meinungen vor Augen zu führen. In den Jahren ab etwa 2016 waren hinter TV-Kommentatoren, die dort ihre Kamerapositionen eingerichtet hatten, mit europäischen und britischen Flaggen bewaffnete Demonstranten zu sehen, die lauthals für oder gegen den Brexit, also den Austritt des Vereinigten Königreichs aus der Europäischen Union eintraten. 2020 machten Anhänger der Bewegung „Black Lives Matter“ selbst vor der Statue Churchills nicht halt und besprühten deren Sockel unter dem Namen des Kriegspremiers mit den Worten „was a racist“ – „war ein Rassist“. Unter anderem wurde Churchill von indischer Seite seine Rolle bei der Hungersnot in Bengalen vorgeworfen, bei der 1943 rund drei Millionen Menschen umkamen.

Die längste Demonstration auf dem Parliament Square veranstaltete Brian Haw. 2001 schlug er dort Zelte eines „peace camp“ – „Friedenslagers“ – auf. Es sollte eine Art Mahnwache sein, mit der er zunächst Stellung gegen die Sanktionen der USA und des Vereinigten Königreichs gegen den Irak bezog. Später wendete er sich auch gegen die militärischen Interventionen dieser Länder. Eine regelrechte Plakatwand wurde aufgestellt, über der die Regenbogenflagge mit dem Schriftzug „Peace“ wehte. 2007 wurde Haw, der mehrmals während seiner Demonstration verhaftet wurde, bei dem britischen Fernsehsender Channel 4 zur inspirierendsten politischen Persönlichkeit gewählt, weil er sich weigerte, sein Camp aufzugeben. Im gleichen Jahr stellte der britische Künstler Mark Wallinger Haws Lager nach und gewann dafür den renommierten Turner Prize. Haw starb 2011 an Lungenkrebs, doch Anhänger betrieben das Camp noch bis März 2013 weiter. Seitdem darf auf dem Parliament Square auch wieder gepicknickt werden.

Gleichwohl bleibt kein Zweifel: Hier befindet man sich im politischen Zentrum des Vereinigten Königreichs. Es ist das Pendant zum geschäftlichen wenigstens Londons – aber auch eines großen Teils des ganzen Landes –, das sich rund um Bank in der City, also den Finanzdistrikt befindet. Bank und Parliament Square bilden gewissermaßen ein Doppelsternsystem, um das herum die Planeten der Weltmetropole kreisen und dessen Mittelpunkt somit der Trafalgar Square ist.

Ihren Anfang nahm diese Bipolarität vor rund eintausend Jahren, und zwar nur wenige Meter östlich des Parliament Square, wo sich seinerzeit noch eine kleine Flussinsel namens „Thorney“ befand. Darauf wurden wohl schon im 8. Jahrhundert eine Benediktinerabtei sowie ein paar königliche Gebäude errichtet. Der fromme und später heiliggesprochene König Edward the Confessor entschied, das Ensemble zu einem Palast samt Wirtschaftsgebäuden auszubauen. Die Arbeiten begannen 1052 und umfassten auch die Erneuerung des Klosters.

Edward gab dessen Kirche den Namen „The Collegiate Church of St Peter in Westminster“ und proklamierte sie damit zum Gegenstück der östlich gelegenen St Paul's Cathedral, um die herum sich auf dem Gebiet des einstigen römischen Londiniums seit dem 10. Jahrhundert wieder ein merkantiles Zentrum ausgebildet hatte.

Edward war im Exil aufgewachsen, nämlich in der Normandie, aus der seine Mutter Emma stammte. Davon kündet noch heute die Westminster Abbey. England war damals zeitweise Teil eines von Wikingern errichteten nordischen Großreichs gewesen. Mit dessen Machthabern hatte sich Edwards Vater Æthelred II. angelegt, als er ein Blutbad unter Dänen anrichtete, die in England lebten, und war später vor den daraufhin anrückenden Truppen des dänischen Königs geflohen. Nach einigen Wirren und nachdem sich die Spannungen mit dem nordischen Großreich gelegt hatten, gelangte Edward dennoch auf den englischen Thron. Aufgrund seiner prägenden Erfahrungen in der Normandie brachte er vor allem deren Einfluss nach England. So war auch der romanische Stil des ersten Baus der Westminster Abbey an die fast zeitgleich wiedererrichtete Kirche der Abtei von Jumièges in der Normandie angelehnt. Er wurde erst zu Weihnachten 1065 kurz vor Edwards Tod fertiggestellt und sollte schon kurz darauf bis heute sichtbare Bedeutungen für das Land erhalten.

Am 5. Januar 1066 starb der kinderlose Edward und fand darauf seine letzte Ruhestätte in dem Gotteshaus. Sein ursprünglich reich ornamentierter Schrein aus sogenanntem Purbeck-Marmor, der eigentlich ein Kalkstein ist, findet sich auch in dem jetzigen Bau, der später in gotischem Stil errichtet wurde. In der St Edward Chapel direkt neben dem Hochaltar bildet er gleichsam das spirituelle Gravizentrum des Münsters. Edward begründete damit eine Tradition, die bis ins 18. Jahrhundert fortwährte. Denn bis dahin wurden nahezu alle englischen und britischen Herrscher dort bestattet. Zudem inspirierte dies nachfolgende Generationen, auch bedeutende andere Briten in dem Gotteshaus beizusetzen oder eine Gedenktafel für sie dort zu befestigen. Die Reihe reicht von Isaac Newton und Michael Faraday über Samuel Johnson und Charles Dickens bis zu Charles Darwin und dem aus Halle an der Saale stammenden Georg Friedrich Händel. Ein weiteres Charakteristikum der Westminster Abbey reicht wohl auf Edwards Nachfolger Harold II. zurück. Er wurde wahrscheinlich einen Tag nach Edwards Tod in der Westminster Abbey inthronisiert. Seitdem ist das Gotteshaus die Krönungskirche aller Monarchen Englands und des Vereinigten Königreichs.

Es ist allerdings nicht ganz zu klären, ob Edward Harold wirklich zu seinem Nachfolger bestimmte. Einige Jahre zuvor war Harold bei einer Reise in der Normandie von dem dortigen Herzog Guillaume gefangen genommen worden, der aus christlicher Sicht unehelich geboren und daher mit dem Beinamen „le Bâtard“ bedacht worden war. Harold wurde dabei der Eid abgenötigt, dass Guillaume Nachfolger Edwards würde. Wie dem auch sei, es brach nach der Krönung Harolds II. ein Krieg um die englische Krone aus. Sie beanspruchte auch der norwegische König Harold III., der mit dem Beinamen „Harada“, der „Harte“, versehen wurde. Nach Geblütsrecht hatte er noch eher ein Anrecht auf den Thron. Dessen Truppen konnte Harold an der Stamford Bridge bei York im Norden Englands im September 1066 noch schlagen. Aber von Süden attackierte Guillaume im Oktober und gewann die Schlacht bei Hastings. Daraufhin fand er unter seinem englischen Namen Eingang in die Weltgeschichte: William the Conqueror, „der Eroberer“.

Ihren Herrschaftsanspruch untermauerten die Normannen im wahrsten Sinne des Wortes – eben mit Gebäuden. Das trifft auf den Tower zu, der symbolträchtig in hellem normannischen Caen-Stein errichtet wurde, und eben auch auf die Westminster Abbey. Ihre Gotik ist maßgeblich von französischen Gotteshäusern beeinflusst, womit an das Erbe von Edward the Confessor angeknüpft wird. Vorbilder waren insbesondere Sainte-Chapelle in Paris, die Kathedrale von Reims, die ebenfalls Krönungskirche war, sowie die Kathedralen von Amiens und Beauvais. Zu verdanken ist das maßgeblich Henry III., der 56 Jahre bis 1272 regierte. Nach seinem Tod kam die Arbeit allerdings rund hundert Jahre zum Erliegen. Erst 1495 wurde das Westfenster fertiggestellt. Die schon im Mittelalter geplanten beiden Türme standen gar erst 1745, entworfen von Christopher Wren und seinem Schüler Nicholas Hawksmoor.

Nördlich der Westminster Abbey ruht die Kirche St Margaret wie eine kleine Schwester der Kathedrale geduldig auf der Grünfläche des ehemaligen Klosters. Schon Mitte des 12. Jahrhunderts stand dort ein Gotteshaus der Abtei; das gegenwärtige wurde bis 1523 errichtet und ist trotz mehrfacher Renovierungen noch als ein Bauwerk im Sinne des Perpendicular Style aus der Tudor-Zeit zu erkennen. Auch St Margaret ist Begräbnisstätte berühmter Männer, so etwa des Druckers William Caxton, des Entdeckers Walter Raleigh und des von Charles I. des Hochverrats bezichtigten Politikers John Pym, dessen Leichnam 1661, achtzehn Jahre nach seinem Tod, im Kirchhof verscharrt wurde. Der Chronist Samuel Pepys heiratete dort, ebenso der Schriftsteller John Milton und später, im Jahr 1908, Winston Churchill, an den in der Westminster Abbey auch eine Gedenktafel erinnert.

William the Conqueror und seine normannischen Nachfolger drückten ihre Macht nicht nur in der Architektur aus, sie setzten sie auch in einer Neuorganisation des Staates um, die mit dem „Domesday Book“ begann – einer für die Steuererhebung maßgeblichen wirtschaftspolitischen Inventur Englands, von der London allerdings ausgenommen war. Im Zuge dieser Umgestaltung wollten sie auch ihr normannisch geprägtes Französisch den Angelsachsen aufzwingen. Das wurde zwar bald zur Amtssprache der Kaufleute, aber das Unterfangen gelang nicht wirklich und wurde nach rund dreihundert Jahren aufgegeben. Es hatte aber zur Folge, dass rund 10.000 französische Worte vom Englischen absorbiert wurden. Etwa das Wort „goverment“ von „gouvernement“. Oder „money“ von „monnaie“. Manchmal wurden auch die Bedeutungen verändert. Aus „demander“ wurde „demand“, bedeutet im Englischen aber nicht „fragen“, wie im Französischen, sondern „fordern“. Auch feinsinnige Unterscheidungen wurden so von der weiterhin dem Mittelenglischen verhafteten Mehrheit im Lande kreiert. Daraus erklärt sich beispielsweise, dass das aus dem Angelsächsischen abgeleitete „stillness“ neben „Stille“ auch „Stillstand“ bedeutet, während das aus dem Französischen abgeleitete „silence“ zwar auch „Stille“, aber keine Bewegungslosigkeit meint.

Auch das Wort „Parliament“ ist aus dem Französischen entlehnt worden. Es wurde erstmals 1236 für eine formelle Diskussion zwischen dem König und seinen bedeutendsten Untertanen verwendet und leitet sich von „parler“ ab, was im Deutschen „sprechen“ bedeutet. Gut zwanzig Jahre zuvor war mit der Unterzeichnung der Magna Charta durch John I. – „Lackland“, „Ohneland“, genannt, weil er die Herrschaft über die Normandie und weitere Teile des heutigen Frankreichs verlor – ein Prozess in Gang gebracht worden, der England zur Mutter aller Parlamente machen sollte. Mächtige Barone hatten darin 1215 dem König abgerungen, dass auch er wie jeder andere dem geltenden Recht unterliegt – zumindest ideell der Beginn des Rechtsstaats und der unabhängigen Justiz. Zudem durfte der Monarch nur noch mit „Rat und Urteil“ eines Gremiums aus 25 Baronen regieren. Das gilt als Keimzelle des heutigen Parlaments. Bald wurden daraus zwei Kammern, das Oberhaus mit Adligen und Geistlichen und das Unterhaus oder „House of Commons“ mit Vertretern der Ritter, Bürger und des niederen

Klerus. Henry VIII. wertete es entscheidend auf, indem er das Parlament in Beschlüsse einband. 1689 verhalf dann die im Zuge der „Glorious Revolution" – so genannt, weil sie gewaltlos erfolgte – durchgesetzte und weltweit bedeutenden Einfluss ausübende „Bill of Rights" dem Parlament zur Vorherrschaft. Die Monarchen haben sich seitdem dem von ihm gesetzten Recht zu unterwerfen, sind fast ausschließlich nur noch Repräsentanten des Staates. Zudem: Da das heute mehr als sechshundert Parlamentarier umfassende Unterhaus über die Finanzen bestimmte, gilt es seitdem als die wichtigere der beiden Kammern, bestimmt Regierung und Politik des Landes.

Oberhaus wie Unterhaus kamen für gewöhnlich von Anfang an in Westminster zusammen, wobei das Unterhaus aber zunächst keinen festen Standort hatte. Erst 1548 wurde ihm die St Stephen's Chapel im Westminster Palace als ständiger Versammlungsort zugewiesen. Im gleichen Jahr wurde der besonders im 12. und 13. Jahrhundert ausgebaute Komplex als königliche Residenz aufgegeben und somit vom „Westminster Palace" zum „Palace of Westminster".

Von diesen Gebäuden ist allerdings nur wenig mehr übrig als die Westminster Hall, in deren Vorgarten, dem „New Palace Yard", sich Fernsehberichterstatter heute ebenfalls gerne platzieren, insbesondere für Interviews mit Parlamentariern. Düster wölbt sich das gewaltige Hammerbalkengewölbe bis zu 28 Meter hoch. Es ist das weltgrößte seiner Art, eine technische Meisterleistung des Mittelalters. Solche Konstruktionen erlaubten es, ohne zusätzliche Säulen Dächer zu bauen, deren Spannweite die Länge selbst der höchsten Bäume überragte. So schweift der Blick frei durch die mehr als siebzig Meter lange und rund zwanzig Meter breite Halle. Das Gewölbe aus Eichenholz, seit 1920 durch Stahlträger stabilisiert, stützt sich auf etwa zwei Meter dicke Mauern, deren erste Steine vor gut neunhundert Jahren aufgeschichtet wurden.

Westminster Hall, wo Anfangs auch dauerhaft ein Thron stand, dient noch heute als Saal opulenter Krönungsfeierlichkeiten und Bankette. Zudem wurden dort verstorbene Mitglieder der Königsfamilie und später auch herausragende Politiker des Landes aufgebahrt – eine Funktion, die Westmister Hall ebenfalls bis heute hat. Der Bau diente zudem lange als Gerichtshof für spektakuläre Prozesse. Thomas More wurde dort 1535 zum Tode verurteilt, weil er Henry VIII. nicht als Kirchenoberhaupt anerkennen wollte. Ein Jahr später schickte ein Gericht von hier Henrys zweite Frau Anne Boleyn zum Henker. Auch Charles I. hörte hier sein Todesurteil. Guy Fawkes, ein katholischer Offizier, der wegen der Unterdrückung seiner Glaubensbrüder und -schwestern 1605 das House of Lords bei der Parlamentseröffnung samt anwesender Königsfamilie in die Luft sprengen wollte, wurde in der Westminster Hall der Prozess gemacht. Bis heute wird die Verhinderung des Terrorakts im Vereinigten Königreich alljährlich am und um den 5. November mit einer „Bonfire Night" gefeiert. Dabei werden Fawkes-Puppen verbrannt und Feuerwerke gezündet – dafür knallt der gemeine Brite im Gegensatz zum gemeinen Deutschen nicht zum Jahreswechsel. Auch Maskeraden sind an diesem Tag beliebt. Fawkes verschmitzte Grimasse mit Schnurr- und Ziegenbart ist auch zum Symbol der Occupy-Wall-Street-Bewegung geworden und steht allgemein für den Gedanken der Revolution. Übrigens: Ehe Fawkes gehängt und gevierteilt werden konnte, sprang er vom Schafott und brach sich dabei das Genick.

Seit Fawkes' vereiteltem „Gunpowder Plot" – zu Deutsch „Pulververschwörung – werden die Kellerräume des angrenzenden Palastes auf verborgenes Sprengmaterial durchsucht. In historischen Kostümen erfolgt dies heute eher symbolisch vor der Parlamentseröffnung. Das konnte freilich nicht verhindern, dass der alte Palace of Westminster ein Opfer der Flammen wurde. Kerbhölzer besiegelten 1834 sein Ende. Man kennt die Redewendung: Wenn jemand etwas „auf dem Kerbholz hat", dann hat er sich etwas zuschulden kommen lassen. Der Ausdruck leitet sich von einer mittelalterlichen Buchhaltung ab, bei der Schulden mit eingeritzten Markierungen auf Holzstäben vermerkt wurden. Viele Jahrhunderte arbeitete auch das Finanzministerium, das schon in der Frühzeit des Palastes dort untergebracht und später vergrößert worden war, mit solchen Kerbhölzern. 1834 war diese Methode nicht nur längst überholt, die Stäbe nahmen auch viel Platz weg. So entschloss man sich, sie zu verbrennen. Das knochentrockene Holz entfachte am 16. Oktober jenes Jahres in den Öfen des Palace of Westminster jedoch eine derartige Hitze, dass die Holzvertäfelungen der darüberliegenden Räume und bald darauf die gesamte Anlage Feuer fingen. Gelb und rot wallte die Brunst in den Nachthimmel, begafft von einer Menschenmenge. Nur schemenhaft stellte Joseph Mallord William Turner hinter ihr das unter den Flammen ächzende Gemäuer dar, von dem schlussendlich neben der Westminster Hall nur noch der Jewel Tower und die Gewölbe unter der St Stephen's Chapel übrigblieben.

Kaum waren die Ruinen abgekühlt, wurde der Bau eines speziell auf die Belange des Parlaments zugeschnittenen Gebäudes auf dem Areal beschlossen. Die königliche Kommission, die per Wettbewerb den Siegerentwurf ermittelte, war vorwiegend mit konservativen Sympathisanten gespickt, die ein Gebäude in „nationalem Stil“ sehen wollten. Das hieß konkret: in gotischem, zumindest elisabethanischem Stil, der Stärke und Stabilität des Staatsgebildes suggerieren sollte. Viele Politiker, Architekten und Kritiker bevorzugten hingegen klassizistische Bauweisen, deren Ursprung mit dem Aufkommen der Demokratie in Griechenland verbunden wurde und die im revolutionären Frankreich in Mode gekommen waren. Die Ironie der Geschichte: Der ausgewählte Entwurf von Charles Barry hat zwar eine neogotische Fassade, die mit den Baustilen der gegenüberliegenden Westminster Abbey korrespondiert, erhielt den Zuschlag aber aufgrund seiner klaren Raumaufteilung. Und die ist mit ihrer langen Nord-Süd-Achse, die von einer kürzeren Ost-West-Achse gekreuzt wird, dezidiert klassizistisch. Auf eigentümliche Weise entspricht diese doppeldeutige Ikonografie der politischen Entwicklung des Landes im 19. Jahrhundert. Denn unter dem royalen Gewand entwickelte sich eine Demokratie nach heutigem Verständnis: Von den Liberalen seit den 1830er Jahren vorangetriebene Reformen führten schließlich 1928 dazu, dass alle erwachsenen Briten – und die Britinnen – wählen dürfen und gewählt werden können.

Gelobt wurde Barrys Konzept aber auch, weil er die Westminster Hall sehr schlüssig in den neuen Palast integrierte. Und noch etwas ist bemerkenswert: Den Raum für das Unterhaus lehnte er an die zerstörte St Stephen's Chapel an, in der es zuvor zusammenkam. Daher schaut der Saal weniger wie ein heute übliches Parlament aus, sondern ähnelt dem Chor eines Gotteshauses, allerdings mit bequemeren, lederbezogenen Bänken an den Seiten.

Als überzeugter Klassizist überließ Barry die gotische Verzierung des Baus einem ausgewiesenen Spezialisten, mit dem er schon zuvor erfolgreich zusammengearbeitet hatte: Augustus Welby Northmore Pugin. „Tudor-Details auf klassischem Körper“ – so beschrieb Pugin selbst die Houses of Parliament, die sein berühmtestes und zugleich letztes Werk waren. Er entwarf jeden Gegenstand außer dem räumlichen Skelett – Türme, Fenster, Möbel, Kamine, Regale, Tapeten, Bodenfliesen, ja sogar die Tintenfässer für Schreibtische. Gegen Ende erst zeichnete er seine wohl berühmteste Schöpfung, den nördlich nahe der Westminster Bridge stehenden, seit dem 60. Thronjubiläum der 2022 verstorbenen Königin zu ihren Ehren „Elisabeth Tower“ genannten Glockenturm. Er hieß vordem „St Stephen's Tower“ und avancierte schnell zu einem weiteren Wahrzeichen Londons, ja des ganzen Landes. Dabei war er ursprünglich von Barry nicht einmal vorgesehen. Kurz nachdem Pugin den Turm gezeichnet hatte, versank er in geistige Umnachtung. Er starb ein paar Monate später im September 1852 im Alter von nur vierzig Jahren.

Deutlich sind auf dem Parliament Square nach Renovierungsarbeiten nun zu jeder Stunde auch wieder die Schläge der dreizehn Tonnen schweren Glocke „Big Ben" des Elisabeth Tower zu hören. Ihr sonorer Klang gehört zum sogenannten „Westminsterschlag". Das ist eine kleine Melodie, die aus h, e, fis und gis besteht und ursprünglich für die Universitätskirche von Cambridge komponiert wurde. Behauptet wird aber auch, der Westminsterschlag sei der Arie „I Know That My Redeemer Liveth" aus Georg Friedrich Händels „Messias" entlehnt. Der gelangte zwar erst in London zu Weltruhm, stammte aber aus Halle an der Saale. Ihm zu Ehren ertönt der Westmisterschlag daher seit 1976 auch vom Glockenspiel des dortigen Roten Turms auf dem Marktplatz der Stadt.

Der Glockenschlag von Big Ben schallt natürlich auch gut hörbar über den Parliament Square. Sein sonorer Klang vermittelt eine gewisse Geborgenheit, so als beruhige ein alter weiser Mann ob der geschichtlichen Wirrnisse aufgeregte Menschen, versichere ihnen, dass doch alles gut enden werde. Der Westminsterschlag hat aber auch etwas Mahnendes. So wie in Virginia Woolfs Roman „Mrs. Dalloway". Der sollte ursprünglich den Titel „The Hours" – „Die Stunden" – tragen. Der Glockenschlag zeigt das Verrinnen der Zeit an und damit die Vergänglichkeit des Lebens. Die Zeit kann nicht zurückgedreht werden, bestimmte Lebensentscheidungen, die in bestimmten Situationen gefällt wurden und damit den Fortgang des Lebens weiter bestimmten, nicht geändert werden. Auch wenn es vielleicht einmal eine zweite Chance geben sollte: Die Umstände und die Möglichkeiten, die sie eröffnet, sind stets andere.

POLICE
OLICE
LOW

Im Regierungszentrum

Parliament Street und Whitehall

In Westminster befindet sich nicht nur das Parlament, dort sind auch die Regierungsgebäude. Das sind zwei verschiedene Dinge, auch wenn die Regierung vom Parlament bestimmt wird. Der Palace of Westminster ist genauso wie der Parliament Square auch ein Ort Oppositioneller. Das sind die ineinander übergehenden Pflaster von Parliament Street und Whitehall, die fast schnurgerade zum Trafalgar Square, gewissermaßen dem Platz des Volkes, allerdings nicht. Das ändert natürlich nichts daran, dass diese Verbindung ebenfalls ein beliebter Ort für Demonstrationen ist. Wird gerade keine Parade abgehalten, was auch öfter vorkommt, oder dort demonstriert, quetschen sich unzählige Touristen auf den Bürgersteigen neben den Ministerien.

Im Süden blenden an der Parliament Street gleich gegenüber des Parliament Square zumindest bei Sonnenschein die leuchtend weißen neobarocken Fassaden der GOGGS – das Akronym steht für „Government Offices Great George Street“. Dort sind heute das Finanzministerium sowie die Steuer- und Zollbehörde untergebracht, die sich einst im Palace of Westminster befanden. Der Komplex wurde in der Endphase des Historismus in zwei Abschnitten von 1898 bis 1917 nach Entwürfen von John McKean Brydon und Henry Tamer errichtet. Da sie einen Rahmen aus damals neuartigem Stahlbeton verwendeten, dachte die Regierung, das Gebäude sei bombensicher, und beschloss 1938 angesichts der zunehmenden Kriegsgefahr, dort besonders geschützte Räume für Minister und Heeresleitung einzurichten. Sie waren genau zu Kriegsbeginn 1939 fertiggestellt. Heute heißt die Zimmerflucht „Churchill War Rooms“. Der Name passt auch insofern, als dort ein Museum über Leben und Werk des Premiers untergebracht ist, das seine Person und sein Wirken recht differenziert und auch kritisch darstellt. Das Kabinett kam in dem schalen Gemäuer zwischen September 1939 und Juli 1945 trotz Bombenkrieges nur für 115 Sitzungen zusammen, knapp ein Zehntel aller Treffen.

Ein paar Schritte nördlich zwischen den Gebäuden des Außenministeriums im Westen und des Gesundheitsministeriums im Osten zieht in der Mitte der Parliament Street ein rechteckiges, schlichtes Monument aus Portlandstein die

Blicke auf sich. Es ist ein Kenotaph, das an britische Gefallene aller Kriege erinnert. Im Inneren ist es leer – ganz wie es sein Name sagt, der sich von den griechischen Wörtern „kenós“ für „leer“ und „táphos“ für „Gruft“ ableitet. Lediglich die Flaggen der Marine, der Handelsmarine, der Luftstreitkräfte und des Heers zieren das bis 1920 von Edwin Lutyens geschaffene Kriegsdenkmal. Auf religiöse Zeichen wurde dabei bewusst verzichtet. Jedes Jahr wird an dem Sonntag, der dem 11. November, dem „Remembrance Day“ – zu Deutsch etwa „Gedenktag“ – und Ende des Ersten Weltkrieges, am nächsten ist, dort feierlich vom Monarchen und führenden Politikern der Kriegsgefallenen gedacht.

Das Kenotaph bildet den Anfang einer ganzen Reihe von Denkmälern und Statuen, die an Kriegszeiten erinnern, entlang der Achse Parliament Street und Whitehall. Erst 2005 wurde eines für die Frauen des Zweiten Weltkrieges enthüllt. Es geht zurück auf die Initiative der langjährigen, 2023 verstorbenen Labour-Abgeordneten Betty Boothroyd, später Baroness Boothroyd, die als erste und bisher einzige Frau Madame Speaker, also Präsidentin, des Unterhauses war. Das Denkmal zeigt siebzehn Frauenfiguren, deren Kleidung auf ihren Einsatz als Krankenschwestern, Polizistinnen und Helferinnen in der Armee hinweist.

Ähnlich wie am Trafalgar Square mögen heute nur noch wenige wissen, wen die weiteren Statuen auf und neben der Straßenflucht zeigen. Zudem werden viele der Dargestellten heute viel kritischer gesehen als zu der Zeit, als ein Denkmal für sie errichtet wurde. Das gilt etwa für Douglas Haig, für den nach seinem Tod 1928 eine Reiterstatue ein paar Schritte weiter in der Straßenmitte aufgestellt wurde. Als Oberbefehlshaber der britischen Truppen an der Westfront befehligte er im Ersten Weltkrieg äußerst verlustreiche Offensiven, die ihm unter anderem den Beinamen „Schlachter“, einbrachten. Zudem war er während der Burenkriege in Südafrika bis 1902 an der Strategie der verbrannten Erde und der Errichtung von „concentration camps“, „Konzentrationslagern“ beteiligt. Diesen Begriff führten die Briten damals für Lager ein, in die sie Frauen und Kinder der Buren sperrten. Schon 1939 stieß das Denkmal bei seiner Enthüllung deshalb auf Kritik. Gleichwohl wurde die Bronze von Alfred Hardiman mit dem Preis der Royal Society of British Sculptors ausgezeichnet. Bekannter und kaum umstritten dürfte heute noch Bernard Montgomery sein, den eine 1980 enthüllte, von Oscar Nemon geschaffene Statue auf der östlichen Straßenseite breitbeinig zeigt. Er besiegte im Zweiten Weltkrieg Erwin Rommels Nordafrikakorps bei El-Alamein und befehligte später die britischen Truppen bei der Invasion in der

Normandie. Nach Ende des Krieges führte er die britischen Besatzungstruppen in Deutschland.

Der Blick der Montgomery-Statue ist fast geradewegs auf eine Straßenkreuzung gerichtet, an der sich oft eine Menschentraube bildet. Einige der Herumstehenden fuchteln nervös mit Handys oder Kameras herum und versuchen, durch ein Gatter hindurch die dahinterliegenden, im Vergleich schlichten Backsteinbauten zu fotografieren. Insbesondere das mit der Hausnummer 10, der Residenz des Premierministers. Das 1990 aus Sicherheitsgründen errichtete Gatter versperrt nämlich den Zugang und große Teile der Sicht zur Downing Street, die schon wenig später als Sackgasse endet. Benannt ist sie nach dem ehemaligen Unterhausabgeordneten George Downing. Er kaufte die einstige Brauereistraße gegen Ende des 17. Jahrhunderts und errichtete dort Reihenhäuser aus rotem Backstein. Unter dem ersten Monarchen der Hannoveraner, George I., erstand die Krone das Gebäude Nummer 10 für den engsten Berater des Königs, Hans Caspar von Bothmer. Bis zu dessen Tod 1732 diente es als „Deutsche Kanzlei". Das war eine recht kleine Regierungsbehörde, die bis zum Ende der Personalunion mit dem Königreich Hannover im Jahr 1837 bestand. George II. wollte anschließend dem wie ein Premierminister – offiziell gab es das Amt damals noch nicht – agierenden Robert Walpole das Gebäude persönlich schenken. Doch der nahm es nur als Büro für seine offizielle Tätigkeit an. Seitdem ist es Residenz der Regierungschefs, obgleich zunächst viele ihre eigenen, oft luxuriöseren Häuser wenigstens als Wohnort vorzogen. Ein schlechtes Fundament und möglicherweise ein unterirdischer Strom, die Journalisten gern zu spitzen Kommentaren nutzen, machten immer wieder Renovierungen notwendig. Anfang des 19. Jahrhunderts erwarb die Krone auch das nebenstehende Gebäude Nummer 11, in dem seither der Finanzminister residiert. Nummer 12 gehört ebenfalls der Krone und ist heute der Residenz des Premierministers angegliedert.

Weiße Fassaden fast überall. Man ist geneigt, anzunehmen, der Name Whitehall, den die zentrale Achse des Regierungsviertels in Höhe der Downing Street annimmt, rühre von dieser Bebauung her. Tatsächlich ist er auf den größten königlichen Palast zurückzuführen, der jemals in London stand, und zwar im Rücken der Statue von Bernard Montgomery. Den Ursprung bildete der von Kardinal Thomas Wolsey äußerst luxuriös ausgebaute York Place. Er war Londoner Sitz der Bischöfe von York und wurde nach Wolseys Fall 1529 von Henry VIII.

in Besitz genommen. Es ist sehr fraglich, ob die damaligen Gebäude vornehmlich aus hellem Stein bestanden und daher der Name Whitehall stammt. Wahrscheinlich entsprang er seinerzeit der Sitte, alle festlichen Häuser „white-hall" zu nennen.

Der Palast wurde 1698 durch ein Feuer fast vollständig zerstört. Heute erhebt sich auf dem Areal der mächtige, bis zu zehn Stockwerke hohe, mit hellem Portlandstein verkleidete Komplex des britischen Verteidigungsministeriums – wohl kein Platz ist daher geeigneter für die Montgomery-Statue. Wie Wehrtürme wirken die aus der Fassade heraus- und emporragenden vier Querachsen, die in West-Ost-Richtung verlaufen. Der Bau wurde 1913 von Vincent Harris als Sitz des Handelsministeriums entworfen. Die beiden Weltkriege und Planungen zur Erweiterung verzögerten die Fertigstellung bis ins Jahr 1959. In seine Keller sind Teile des ehemaligen Whitehall Palace integriert worden, darunter sogar Gewölbe, die noch Kardinal Wolsey für den York Place bauen ließ. Sie überstanden den Brand genauso wie ein Gebäude, das bereits im 17. Jahrhundert mit seinen hellen Mauern hervorstach und sich heute noch vor dem Verteidigungsministerium erhebt: Das Banqueting House.

Was waren das für Zeiten? Verkleidet als Minerva, als Göttin der Weisheit, huscht Königin Anne über die Bühne. Auch ihrem Gatten König James I. bieten die Maskenspiele Gelegenheit, inkognito zu schauspielern. Seiner Begeisterung für englische Barockopern, die sowohl aus musikalischen als auch aus gesprochenen Teilen bestehen, gab sich das Herrscherpaar gerne im Banqueting House hin. Die Texte dichtete unter anderem der Dramatiker Ben Jonson. Vorgetragen wurden sie vor aufwendigen Bühnenbildern, die Inigo Jones entworfen hatte. Oft begann das Schauspiel mit einem Durcheinander, stellte Chaos und Verzweiflung dar, die sich unter der göttlichen Führung eines Königs in Frieden und Harmonie wandelten. Darin schwang die idealistische Illusion eines unmöglichen Goldenen Zeitalters mit. Nach der Vorstellung ging es unter den oft mehr als nur beschwipsten Darstellern und Zuschauern so hoch her, dass kaum einer der üppig mit Speisen und Getränken bestückten Glastische heil blieb. Es waren dekadente Zeiten, jedenfalls am englischen Hof. Auch Charles I., der 1625 seinem Vater James auf den Thron folgte, beliebte solcherart in Luxus zu schwelgen, selbst als die Spannungen zwischen ihm und dem Parlament zunahmen. Auch deshalb ist das Festgebäude eine Ikone der Stuart-Herrschaft. Es steht sowohl für ihren enormen Glanz als auch ihren düstersten Moment.

Als es 1622 nach Entwürfen von Inigo Jones fertiggestellt worden war, markierte es weithin sichtbar den Beginn einer neuen Ära. Es überragte die anderen Palasträume und passte so gar nicht zu ihrem verwinkelten, unübersichtlichen und oft improvisierten Klein-Klein. Jones, Sohn eines Londoner Zimmermanns und seit 1615 Hofbaumeister, griff dabei auf seine zahlreichen Studien von Bauwerken des Renaissancearchitekten Andrea Palladio zurück, die er auf Reisen durch Italien gefertigt hatte. Nach klassischem römischem Muster entwarf er einen Doppelkubus von knapp 34 Metern Länge. Zur Westseite hin unterteilen Pilaster und Säulen die Fassade in sieben Abschnitte, wobei die Ornamentierung allerdings etwas von den klassischen Vorbildern abweicht.

Als im Januar 1630 der Diplomat und Maler Peter Paul Rubens im Auftrag der spanischen Krone Charles I. den neuen Botschafter aus Madrid vorstellte, mag sich allerdings schon ein Ende der ausschweifenden Maskenspiele im Banqueting House angedeutet haben. Denn Rubens erhielt bald darauf den prestigeträchtigen Auftrag, die neun leeren Flächen auszumalen, in die Jones – inspiriert von venezianischen Kirchen wie San Sebastiano – die Decke unterteilt hatte. Zuvor hatte Rubens die Feindseligkeiten zwischen Philip IV. und Charles I. beigelegt und so die Gunst des britischen Monarchen gewonnen. Rubens schenkte aus diesem Anlass Charles auch das Gemälde „Minerva schützt den Frieden vor Mars“, das in der National Gallery zu sehen ist. Einmal installiert, durften und sollten die Gemälde nicht mehr vom Ruß der rund 840 Fackeln verschmutzt werden, mit denen die Maskenspiele beleuchtet wurden. So fand 1633 mit „Der Triumph des Friedens“ die letzte Aufführung statt. Die Leinwände konnten allerdings erst 1636 eingefügt werden.

Fahrbare Spiegeltische und große Kissen, in die sich die Besucher behaglich fläzen können, bewahren heute davor, bei der Betrachtung der barocken Meisterwerke einen steifen Nacken zu bekommen. „Das Programm sollte der Verherrlichung des Vaters des regierenden Königs dienen“, bemerkt dazu der Kunsthistoriker Martin Warnke in seiner Rubens-Monografie. Vom damals in Frankreich und anderen kontinentaleuropäischen Staaten vorherrschenden und favorisierten Absolutismus beeinflusst, glaubte Charles' Vater, nur Gott gegenüber Rechenschaft ablegen zu müssen. Querformatige Werke in der Mitte beschwören die daraus entspringende Utopie eines Goldenen Zeitalters, der Harmonie, des Friedens und des Wohlstandes, ein Land, in dem Kinder mit zahmen Tieren durch die Landschaft streifen und selbst der Löwe lächelt, wenn er einen Karren zieht.

Man muss sich vergegenwärtigen, dass diese Werke in einer der finstersten Epochen Europas entstanden, als der Kontinent im Dreißigjährigen Krieg versank, in dem fast die Hälfte der deutschen Bevölkerung umkam. Zugleich wütete der Achtzigjährige Unabhängigkeitskrieg der Niederlande. Die Sehnsucht nach Frieden und Wohlstand war damals besonders groß. James I. gelang es weitgehend, sein Reich aus diesen Auseinandersetzungen herauszuhalten. Obwohl Calvinist, habe er zur Toleranz geneigt und die katholische Kirche als Mutterkirche geschätzt, aus der alle hervorgegangen seien, legt Michael Maurer in seiner Geschichte Englands dar. „Er hatte es verstanden, sich unter rivalisierenden Adelsparteien und konfessionellen Zwistigkeiten zu behaupten. Er hatte jahrzehntelange Auseinandersetzungen mit rabiaten calvinistischen Geistlichen zu bestehen gehabt, die geneigt waren, die geistliche Macht der weltlichen überzuordnen. Gegen solche Theorien hatte Jakob seine Lehre von der Macht der Könige von Gottes Gnaden entwickelt." Seinem Sohn sollte sie schließlich zum Verhängnis werden, dachte er doch, er könne sich deshalb auch über das Parlament erheben.

„Brech auf, du Memme. Brech auf und zieh die Schurken an ihren Ohren hinaus oder du wirst mein Gesicht nie wiedersehen." So setzte Henrietta Maria ihren Mann Charles I. angeblich unter Druck, nachdem das Unterhaus gefordert hatte, das Parlament müsse die vom König vorgeschlagenen Minister billigen und diese könnten auch durch das Parlament ohne weitere Begründung wieder entlassen werden. Henrietta Maria entstammte dem französischen Königshaus und wurde als Katholikin vom Parlament recht kritisch gesehen, ja hatte vielleicht auch Angst ums eigene Leben. Ob er nun dem Drängen seiner Frau nachgab oder nicht: Charles I. ließ sich jedenfalls zu einem verhängnisvollen Gewaltakt hinreißen, den kein britischer Monarch vor ihm gewagt hatte, keiner nach ihm wieder wagen sollte und der bis heute das Selbstverständnis des Parlaments definiert. Am 4. Januar 1642 drang er mit einer bewaffneten Truppe in den Palace of Westminster ein, um fünf Abgeordnete wegen Hochverrats festnehmen zu lassen. Charles, gern blasiert mit damals modischem Schnurr- und Spitzbart dargestellt, fragte den Parlamentspräsidenten William Lenthall sogleich nach den Gesuchten. Lenthall kniete nieder und antwortete: „Ich habe hier weder Augen, um zu sehen, noch Ohren, um zu hören, da es diesem Hause, dessen Diener ich bin, beliebt, mich anzuweisen." Im Klartext hieß das: „Sie haben mir hier gar nichts zu sagen. Raus!"

Die betreffenden Parlamentarier waren gewarnt worden und auf einer Barke über die Themse in die City of London geflohen. Deren Common Council stellte sich am folgenden Tag gegen Charles' Ansinnen, die Männer auszuliefern. Als der Monarch die Guildhall verließ, bedrängte ein Pöbel seine Kutsche und skandierte: „Privilege of Parliament" – „Vorrecht dem Parlament". Seines Lebens nicht mehr sicher, verließ Charles I. die Hauptstadt, floh ins Schloss Hampton Court westlich von London und dann nach Oxford. Der Bürgerkrieg brach aus, den Oliver Cromwell mit seiner „New Model Army" gegen den König gewann und anschließend wie ein Militärdiktator herrschte, obwohl er eigentlich die Rechte des Parlaments verteidigt hatte – von daher ist es eigentlich unverständlich, warum eine Statue von ihm an der Längsseite der Westminster Hall nahe des Parliament Square steht.

Charles I. betrachtete Rubens' politisch-programmatische Werke, die seine absolutistisch geprägte Herrschaftsphilosophie darstellten, am 30. Januar 1649 ein letztes Mal, bevor er über ein Fenster des Banqueting House hinausgeführt wurde. Dort wartete in der Realität etwas ganz anderes auf ihn als ein Goldenes Zeitalter, nämlich der Tod. „Ein entsetztes Aufseufzen lief durch die Menge, als sein abgeschlagenes Haupt emporgehalten wurde. Während Karl zur Zeit seiner Herrschaft wenig Freunde gehabt hatte, wurde er durch seinen Tod zum Märtyrer", schreibt Michael Maurer weiter.

Bis heute wird am Tag der Hinrichtung im Banqueting House eine Messe für Charles I. gefeiert. Und vom kartografischen Mittelpunkt Londons am Südrand des Trafalgar Square blickt eine Reiterstatue von Charles I. in Richtung des Gebäudes. Nicht von ungefähr. Nach Cromwells Tod 1658 und der kurzen Herrschaft seines Sohnes Richard, dem die Unterstützung der Armee abhandenkam, sehnte sich ein neues und wieder frei gewähltes Parlament nach der Monarchie zurück. 1660 kehrte Charles II., zweiter Sohn von Charles I., aus Kontinentaleuropa nach England zurück und bestieg den Thron. Das Banqueting House ist seitdem allerdings ein wenig verändert worden. William Chambers ersetzte 1774 Jones' honigfarbenen Oxfordstein im Sockelgeschoss mit weißem Portlandstein. Und 1837 renovierte John Soane mit diesem Material die übrigen Wandteile, die ursprünglich aus pink-braunem Stein bestanden.

Etwas weiter nördlich des Banqueting House starren oftmals Kinder mit großen Augen auf zwei altertümlich gekleidete, mit blitzblanken, Pickelhauben ähnlichen Helmen behütete Soldaten. In stoischer Ruhe, ohne eine Miene zu verziehen, halten sie auf dunklen Pferden Wache. Davor recken Erwachsene aus dem Pulk ihre Handys und Kameras hektisch im Kampf um die beste Position für ein Foto empor. Die berittene Truppe ist die Leibgarde des Monarchen und „bewacht" den offiziellen Zugang zum Buckingham Palace und zum St James's Palace. Es sind die Horse Guards. Zu Fuß können die Besucher weiter durch das Tor des weitgehend nach Plänen von William Kent – und kurz nach dessen Tod – im palladianischen Stil errichteten Baus schreiten. Allerdings lassen sie nur Fahrzeuge durch, in denen Minister oder Mitglieder der königlichen Familie sitzen. Als die Leibgarde 1660 von Charles II. gegründet wurde, war ihre Funktion als solche noch leicht erkennbar, sie bewachte nämlich hier den Eingang zum Whitehall Palace – allerdings auf der anderen Seite des Tores.

Gegenüber der berittenen Wache strebt im Stil der Renaissance ein ebenfalls weißes Gebäude in die Höhe, das aber erst in der Zeit des Historismus vor gut einhundert Jahren errichtet wurde. Darin ist die Abteilung für Energie und Klimawandel des Wirtschaftsministeriums untergebracht. Wer an ihm entlang östlich ein paar Schritte in die Straße Whitehall Place einbiegt, sieht bald an der Nummer 3 eine blaue Plakette, die darauf hinweist, dass dort die erste Zentrale der „Metropolitan Police" stand, die bis heute bekannter unter ihrem Beinamen „Scotland Yard" ist. Das rührt daher, dass der Zugang zu dem Gebäude, das hier vormals stand und in dem das Polizeihauptquartier von 1829 bis 1889 untergebracht war, auf der anderen Seite lag, also eine Straße weiter nördlich. Und die heißt „Great Scotland Yard". Grund: Es soll hier ein Haus des Whitehall Palace gestanden haben, in dem die schottischen Könige bei Besuchen unterkamen. Die Metropolitan Police nennt sich seit einigen Jahrzehnten und infolge mehrerer Umzüge ihrer Zentrale „New Scotland Yard" und hat ihren Sitz nun am Victoria Embankment nahe dem Palace of Westminster. So ist sie seit nun bald zweihundert Jahren auch örtlich Parlament und Regierung nahe geblieben.

Grandezza nach Plan

Auf und neben The Mall

Rund 930 Meter, eine halbe nautische Meile lang, erstreckte sich am 6. Juni 2022 die Menschenmasse, die sich auf der schnurgeraden, 34 Meter breiten Fahrbahn zwischen dem Königin-Victoria-Denkmal vor dem Buckingham Palace und dem Admiralty Arch nahe Trafalgar Square drängte. Von dort quoll das Volk geradezu auf die Prachtstraße, um das 70. Thronjubiläum von Königin Elisabeth II. zu feiern. So lange hatte noch kein Monarch in England, Großbritannien oder dem Vereinigten Königreich geherrscht. Nicht ein Millimeter der in edel erscheinendem Rot gepflasterten Fahrbahn war zu sehen. Union Jacks flimmerten wedelnd aus dem Meer von Gratulanten, weitaus größere Flaggen des Vereinigten Königreichs von Großbritannien und Nordirland wehten bedächtig im seichten Wind an den Masten links und rechts der „Mall". Unerwartet zeigte sich die damals schon kränkelnde Königin ganz in Grün gekleidet der jubelnden Menge dann doch noch kurz auf dem Balkon des Buckingham Palace, dem Londoner Sitz der Windsors. An ihrer Seite erschienen ihr Sohn und Nachfolger Charles mit seiner Gattin Camilla sowie ihr Enkel William und dessen Familie. Gestützt auf einen Stock, kämpfte die Königin in der ihr eigenen Disziplin gegen ihre Gebrechlichkeit, hob das Haupt und mühte sich zu einem royalen Winken, das eher einem Drehen der offenen rechten Hand bei leicht erhobenem Arm entspricht. Dann erscholl zu Bläserklängen aus wohl rund einer Million Kehlen die Nationalhymne „God Save the Queen".

Eigentlich hätte Elisabeth II. vorher schon in der bis 1762 aus Holz gefertigten und vergoldeten Staatskutsche die Mall entlangfahren und kurz vor Erreichen des Admiralty Arch rechts abbiegen sollen, um dort auf dem größten öffentlichen Exerzierplatz Londons, dem Horse Guards Parade, die Militärparade „Trooping the Colour" abzunehmen – ein Spektakel, bei dem die in Rot und Schwarz gekleideten Soldaten der Household Divisions auch bei Sommerhitze unter Bärenfellmützen schwitzen und ächzen müssen. Eine auf Charles II. zurückgehende Zeremonie, die stets zur offiziellen Geburtstagsfeier der Königin am zweiten Samstag im Juni abgehalten und von Millionen Zuschauern in aller Welt im Fernsehen verfolgt wurde.

Doch dazu war Elisabeth II. 2022 schon zu schwach. Stattdessen leuchtete aus der reich verzierten Kutsche, deren Ikonografie mit Tritonen, Britannia, Kriegshelmen, Schild, Schwert und Lanze vor allem die militärische Stärke Britanniens symbolisieren soll, nur ein Hologramm der Königin. Und die Parade nahm stellvertretend für sie Prinz Charles ab, der unmittelbar nach ihrem Tod am 8. September König Charles III. wurde. In ihrer Regentschaft hat Elisabeth II. hier wohl auch bei Staatsbesuchen mit so vielen Oberhäuptern anderer Länder aus der Kutsche gegrüßt wie kein britischer Monarch vor ihr. Zu solchen Anlässen wehten zu beiden Seiten der Mall neben Union Jacks auch Flaggen des Gastlandes.

Das wird unter Charles nicht anders sein und zeigen: The Mall samt Buckingham Palace fügt sich als königliche Pracht- und Prozessionsstraße in ein Dreieck ein, das die Kräfte des ganzen Landes symbolisch ausdrückt. Es besteht ferner aus dem Trafalgar Square, dem Platz des Volkes, und dem Parliament Square samt Parliament Street und Whitehall als politischem Zentrum. Dreh- und Angelpunkt ist dabei freilich der Trafalgar Square, auf den die beiden anderen Achsen zulaufen – oder, andersherum geschaut, von dem sie ausgehen.

„Unsere einzigen Boulevards sind die Mall und der Uferdamm von Blackfriars nach Chelsea." Das meinte Victor Sawdon Pritchett in seinem 1962 erschienenen Essay „London Perceived" – auf Deutsch etwa „London wahrgenommen". Und weiter konstatiert der britische Journalist und Schriftsteller darin: „Wir sind fähig, schöne Plätze anzulegen, aber wir sind von unserer Verfasstheit her unfähig für einen *großartigen Ort.*" Gemeint ist ein Platz oder eine Straße von feierlicher Größe und respektgebietender Erhabenheit, von Grandezza. In der Tat ist The Mall einer der wenigen Orte dieser Art in London.

Ehrfurchtgebietend schwingt sich schon am Trafalgar Square der Admiralty Arch mit seinen drei Toren als Eingang zur Mall auf. In imperialer Größe entstand er bis 1910 nach Plänen Aston Webbs. Durch ihn hindurch ist das zentrale Portal des mehrfach umgebauten und erweiterten Buckingham Palace zu sehen, dessen Ostfassade Webb bis 1913 als architektonische Korrespondenz zum Admiralty Arch überarbeitete. An die Torbogen schließt sich zudem ein Ende des Regierungsviertels mit einstigen Gebäuden der Admiralität an. Entworfen und gebaut wurden sie allerdings schon im 18. Jahrhundert von den Neoklassizisten Thomas Ripley und Robert Adam. Damals war die im 17. Jahrhundert angelegte Mall noch wesentlich schmaler und ebenso wie die nördlich verlaufende Pall Mall dem Spiel Paille-Maille vorbehalten, das Softgolf und Croquet ähnelt. Das erklärt auch den schnurgeraden Verlauf dieser Straßen. Statt des Buckingham Palace stand damals an dessen Ort das deutlich kleinere Buckingham House, das längst noch keine königliche Residenz war, sondern John Sheffield, Duke of Buckingham and Normanby, gehörte.

Als „schwarzer Schwan“ wird ein Ereignis bezeichnet, das völlig unvorhergesehen eintritt, die Menschen also völlig unvorbereitet trifft. Im Nachhinein erscheint es aber folgerichtig und hat ungeheure, umwälzende Auswirkungen. Der Ausbruch der Finanzkrise 2008 wird beispielsweise als solch ein Ereignis angesehen sowie außerhalb der Wirtschaftswelt die Entdeckung Amerikas. Der Begriff geht auf den römischen Dichter Juvenal zurück. In einer seiner Satiren hielt er eine treue Ehefrau für so selten wie einen schwarzen Schwan. Mit anderen Worten, er hielt sie für unmöglich und unvorstellbar, denn schwarze Schwäne waren damals in Europa unbekannt. Bis solche Vögel Ende des 17. Jahrhunderts in Australien entdeckt wurden. Heute muss man nicht mehr nach „Down Under“ reisen, um diese wundersame Spezies zu bestaunen. Es reicht eine Reise nach London und ein Gang zum südlich an die Mall grenzenden St James's Park, wo sich unter anderem derartiges Federvieh tummelt. Ganz nebenbei wird damit auch Juvenals Ansicht widerlegt.

Berühmt ist dieser älteste und in den Augen vieler auch schönste Park Londons zudem für die dort umherstreifenden Pelikane. Die ersten schenkte der russische Botschafter im 17. Jahrhundert Charles II. Noch heute vermachen Botschaften dem Vereinigten Königreich solche Wasservögel für die Anlage. Insgesamt lenken in dem Idyll südlich der Mall mehr als dreißig Tierarten – darunter viele Enten, Gänse und Tauben, aber auch Kormorane und Flamingos – den Besucher davon ab, dass er sich inmitten einer der turbulentesten Weltmetropolen befindet. Von Osten aus schaut man auf ein verträumtes schweizerisches Chalet, in dem eine Vogelwarte untergebracht ist. Das einfache, bäuerliche und ländliche Alpenhaus wurde dort 1841 als Kontrapunkt zu den imposanten Regierungsgebäuden errichtet, die man dort im Rücken hat. Ein Klassiker ist die Aussicht von der Brücke über dem Teich in Richtung Whitehall. Bei Sonnenschein denkt man eher, in einer weit südlich von England gelegenen, Europäern geradezu exotisch, ja orientalisch anmutenden Stadt zu weilen.

Ursprünglich Jagdrevier Henrys VIII., erhielt der Park – vor allem sein Gewässer – seine heutige Form weitgehend Anfang des 19. Jahrhunderts durch John Nash, den Leibarchitekten Georges IV. „Hier hat die Kunst das schwere Problem völlig gelöst, in scheinbar frei wirkender Natur nicht mehr bemerkt zu werden", notierte der Gartenenthusiast Hermann Fürst von Pückler-Muskau im Oktober 1826. „Man glaubt, einen breiten Fluß weithin durch üppig bebuschte Ufer in die Ferne strömen und dort sich in mehrere Arme verteilen zu sehen, während man doch nur ein mühsam ausgegrabenes und beschränktes, aber klares Wasser vor sich hat." Pückler traf Nash damals mehrfach und lernte von ihm „viel Technisches" über die Gartenbaukunst. Dabei war er eigentlich nach England gekommen, um eine reiche Dame zu finden und zu heiraten, die ihm aus finanziellen Nöten half. Dies Unterfangen scheiterte allerdings.

Nördlich der Mall erstreckt sich parallel zu ihr die Carlton House Terrace. Benannt ist sie nach Carlton House, einem Palast, in dem George IV. bis zu seiner Thronbesteigung 1820 als Prinzregent residierte, danach aber abreißen ließ, weil für ihn der Buckingham Palace noch prächtiger ausgebaut wurde. Auf das frei gewordene Areal setzte John Nash zwei Zeilen palazzogleicher, wie Reihenhäuser nebeneinanderstehender, opulenter Stadtvillen, die ebenso wie die Mall eine gewisse Grandezza ausstrahlen. Viele führende Politiker lebten dort, etwa William Gladstone, viermal Premierminister, in den Häusern Nummer 4 und 11. Lord Palmerston, zweimaliger Regierungschef, wohnte in Nummer 5. Im Haus mit den Nummern 8 und 9 residierte bis 1939 die Deutsche Botschaft. Heute ist dort die Royal Society untergebracht, die seit 1660 die Wissenschaften fördert.

Am gegenüberliegenden Zeilenanfang – südlich an den breiten Fußgängerweg neben der Mall grenzend – ist mit dem Institute of Contemporary Arts, kurz ICA, seit 1968 eine Organisation samt Ausstellungshaus untergebracht, die sich der zeitgenössischen Avantgarde verschrieben hat. 1946 von einer Gruppe um den Kunstkritiker Herbert Read und den Künstler, Kunsthistoriker sowie Galeristen Roland Penrose gegründet, sollte das ICA zunächst so etwas wie Londons Pendant zu New Yorks Museum of Modern Art werden. Als solches kann heute die Tate Modern angesehen werden. Das ICA, das nur Wechselausstellungen zeigt, wendet sich demgegenüber ausschließlich brandaktueller Kunst zu. Das ICA verfügt zudem über zwei Kinos und ein Theater und bietet vorwiegend britischen Künstlern, Kulturschaffenden und Wissenschaftlern die Möglichkeit, ihre Ideen außerhalb der traditionellen Schranken der Royal Academy of Arts zu diskutieren. Es versteht sich als „Alternative zum Mainstream".

Wer neben dem Eingang zum ICA an der Mall die Treppe hinauf zur Carlton House Terrace beschreitet, wird den Kopf in der Regel weit in den Nacken legen. Denn geradewegs erhebt sich auf dem Waterloo Place die von Benjamin Wyatt geschaffene Duke of York Column 38 Meter in die Lüfte. Sie krönt eine Statue von Frederick, Duke of York, dem zweiten Sohn von König George III. Geschaffen von Richard Westmacott, blickt sie aus gutem Grund hinüber zum Verteidigungsministerium. Denn Frederick agierte als Oberbefehlshaber der Armee. Zudem wurde sie finanziert, indem die Truppen auf den Sold eines Tages verzichteten. Obgleich ein ziemlich erfolgloser Feldherr in den Napoleonischen Kriegen, gewann Frederick hohe Anerkennung, weil er die Armee reformierte. Er starb hochverschuldet 1827, und es geht das Gerücht, die Statue sei sieben Jahre später zu seinen Ehren errichtet worden, um Ansprüche der Gläubiger zu vermeiden.

Ein Stück weiter des Wegs in Richtung Buckingham Palace schimmert nördlich der Mall sanft eine cremefarbene Stuckfassade neben dem stumpfen Rot der Backsteine des St James's Palace. Das Clarence House, 1827 und damit rund dreihundert Jahre nach der königlichen Residenz fertiggestellt, ist ein weiteres Beispiel für den Regency-Stil Nashs. Den Namen hat es vom ersten Bewohner William, Duke of Clarence, der seinem Bruder George 1830 als William IV. auf den Thron folgte. Der eher bescheidene Monarch lebte dort bis zu seinem Tod 1837, auch weil der ebenfalls von Nash als Hauptresidenz konzipierte Buckingham Palace noch nicht bezugsfertig war. Mit der Südwestecke des St James's Palace, der für den Hofstaat zu klein war, wurde das Clarence House zunächst durch einen Gang verbunden und später, als dort Königin Victorias zweitältester Sohn Alfred wohnte, durch einen Anbau im Stile Nashs. Ebenfalls in den 1870er Jahren wurde es um ein drittes Obergeschoss erweitert und erhielt so sein heutiges Aussehen. Es diente bislang als Residenz der Thronfolger. König Charles III. und seine Frau Camilla wollen aber nun – Stand 2023 – nach Medienberichten dort wohnen bleiben und den Buckingham Palace nur als Büro und zu Repräsentationszwecken nutzen sowie in verstärktem Maße der Öffentlichkeit zugänglich machen.

Golden glänzt der Sieg. Jedenfalls allegorisch an der Spitze des pompösen, 1911 enthüllten Denkmals für Königin Victoria am südwestlichen Ende der Mall. Zu Füßen der Göttin, deren Namen der Königin gegeben wurde, finden sich Figuren des Mutes und der Beständigkeit. Und darunter erst thront die 1901 verstorbene Monarchin, überlebensgroße vier Meter hoch und matronenhaft nach Osten die Mall entlang zum Admiralty Arch blickend. Sie umgeben „Tonnen allegorischer Frauenfiguren in weißem Hochzeitstorten-Marmor mit dem ganzen Abfall ihrer schwachsinnigen Kinder". So urteilte der Schriftsteller Osbert Sitwell, vor rund hundert Jahren einer der wenigen Förderer von Avantgardekunst in

Großbritannien. Figuren der Barmherzigkeit, der Wahrheit und der Gerechtigkeit umgeben die anderen Seiten der Mittelsäule. Flankiert von bronzenen Darstellungen des Fortschritts und des Friedens, die beide von einem Löwen begleitet werden, führt von der Mall aus eine Treppe über ein rundes Wasserbecken hinweg auf das Podium des Denkmals. Auf der anderen Seite wachen Figuren der Landwirtschaft und der Handwerkskunst neben einem weiteren Zugang.

In den Blickpunkt gerät das Denkmal oft nicht als solches, sondern häufig als Beiwerk. Etwa wenn die Königsfamilie sich bei Großereignissen, beispielsweise der Heirat eines ihrer Mitglieder, auf dem zur Ikone royaler Präsentation gewordenen Balkon des Buckingham Palace zeigt. Dann drängelt sich das Volk bis zu den Gattern vor der königlichen Residenz. Das Denkmal bietet zudem eine gute Aussicht für jeden, der den Wachwechsel vor dem Gebäude sehen möchte.

Königin Victoria ist es zu verdanken, dass der Balkon so nahe am Denkmal ist. Denn einige Jahre nachdem sie 1837 als erste Monarchin in den Buckingham Palace gezogen war, zeigte sich, dass die Anlage zu wenig Räume für ihre immer größer werdende Familie bot. Daraufhin wurde nach Entwürfen von Edward Blore der Ostflügel bis 1850 vor den wenige Jahrzehnte zuvor von John Nash entworfenen Bau gesetzt und machte aus dessen Vorplatz einen Innenhof. Dafür musste der Triumphbogen Marble Arch, der bis dato als zeremonielles Tor am Zugang zum Vorplatz gestanden hatte und den Sieg über Napoleon glorifiziert, an seinen heutigen Platz nordöstlich des Hyde Park versetzt werden. Blore war damals eher für günstige Preise als für architektonisches Flair bekannt und sein Bau gefiel nicht wirklich. Aston Webb erneuerte ihn kurz vor dem Ersten Weltkrieg aus Portlandstein nicht nur, um damit seinem Admiralty Arch ein Gegenstück korrespondieren zu lassen, sondern auch, um einen passenden Hintergrund für das Denkmal von Königin Victoria zu schaffen.

Es war die bislang letzte von vielen umfangreicheren Um- und Neugestaltungen des Gebäudes. Als dort 1702 der Duke of Buckingham einzog, war es nur ein barockes Herrenhaus. Buckingham hatte eine kleine, gleichwohl bedeutende Fläche des Areals allerdings nur gepachtet. Schwierigkeiten bei der Verlängerung des Vertrages führten 1761 dazu, dass der gesamte Besitz an George III. fiel. Der gerade mit Charlotte von Mecklenburg-Strelitz verheiratete Monarch nutzte das dann von William Chambers in schlichtem, neoklassizistischem Stil umgestaltete Gebäude als Wohnung für seine Familie abseits der offiziellen Residenz im nahen St James's Palace. Als George IV. es von 1825 an zur Hauptresidenz ausbauen ließ, erhielt Nash den Kern dieses ehemaligen Buckingham House. Westlich gliederte er eine Gartenfront an mit Räumen für den Monarchen im Erdgeschoss und offiziellen State Rooms darüber. Zu beiden Seiten entstanden ostwärts Flügelbauten mit Diensträumen des Hofstaates und westwärts Gartenhäuser im Stil ionischer Tempel. Mit Ausnahme der Ostfassade erhielt der Buckingham Palace damit sein heutiges Aussehen.

Das ist aber noch die geringste Hinterlassenschaft des Tandems George IV. und John Nash. König und Architekt setzten vielmehr ab Mitte der 1820er Jahre erstmals in London eine übergreifende Stadtplanung um. Die Mall und der St James's Park bilden deren südliche Basis. Anders als Victor Sawdon Pritchett Anfang der 1960er Jahre noch wahrnahm, ist sie keineswegs der einzige Boulevard Londons neben dem Embankment bis Chelsea, das heute ohnehin vom Autoverkehr beherrscht wird. Mit der Regent Street schuf Nash den ersten eigentlichen Boulevard Londons, passenderweise einen Einkaufsboulevard. Sie ist die Achse von „Nash Land", das sich über die Carlton House Terrace, Piccadilly Circus und Portland Place bis zum Regent's Park im Norden erstreckt. Auch den von Nash konzipierten Trafalgar Square kann man noch dazurechnen. „Nash Land" ist bis heute der Gegenentwurf zur Selbstwahrnehmung der Briten durch Pritchett. Das macht auch die Darstellung Hermanns Fürst von Pückler-Muskau deutlich. Am 5. Oktober 1826 schrieb er: „Durch die neue Regent Straße, Portland Place und den Regent's Park hat die Stadt indes sehr gewonnen. Sie sieht nun erst in diesem Teile einer Residenz ähnlich, nicht mehr wie sonst einer bloßen unermeßlichen Hauptstadt für *shopkeepers*, nach weiland Napoleons Ausdruck. Obgleich der arme Herr Nash (ein einflußreicher Architekt des Königs, von dem diese Meliorationen hauptsächlich herrühren) so übel von manchen Kunstkennern mitgenommen wird, und auch nicht zu leugnen ist, daß in seinen Gebäuden alle Stile untereinandergeworfen worden, und das Gemengsel oft mehr barock als genial erscheint, so ist ihm doch meines Erachtens die Nation vielen Dank dafür schuldig, so riesenmäßige Pläne zur Verschönerung ihrer Hauptstadt gefaßt und durchgeführt zu haben." Nash-Land bedeutet aber nicht nur „Verschönerung". Seine großartigen Plätze und Straßen wie The Mall, seine Grandezza ist Ausdruck eines Staates, der nach den – zusammen mit Alliierten – gewonnenen Kriegen gegen Napoleon zur führenden europäischen Macht und zur weltweiten Seemacht aufgestiegen war.

Kriegsdenkmäler auf einstigem Friedhof

Durch den Green Park zur Hyde Park Corner

Blattgold blitzt auf nördlich des Denkmals für Königin Victoria mitten auf dem vielbefahrenen Kreisverkehr vor dem Buckingham Palace. Es liegt auf einem Großteil der ansonsten schwarzen Streben des Canada Gate. Die Tore zwischen den hellen Pfeilern, die auch hier aus dem in England wie ein Nationalsymbol betrachteten Baumaterial Portlandstein gefertigt wurden, zeigen das Wappen Kanadas in der Mitte und seitlich die von sechs seiner Provinzen, die 1911 bestanden. Denn damals wurde der prächtige Zugang von der „Bromsgrove Guild" geschmiedet, einem Unternehmen, dessen Künstler der Bewegung „Art and Crafts" verpflichtet waren und damit der Ende des 19. Jahrhunderts aufkommenden Moderne. Bezahlt wurde die Arbeit von Kanada. Die einstige Kolonie war damals noch ein „Dominion" des Vereinigten Königreichs, das als solches aber weitgehende Eigenständigkeit besaß. Die Gatter ähneln nicht zufällig den noch viel größeren vor dem Buckingham Palace, wurden diese doch ebenfalls von der „Bromsgrove Guild" entworfen. Sie geben bei allem Schutz vor ungebetenen Eindringlingen den königlichen Gefilden einen gediegenen und vornehmen Rahmen, der nicht pompös wirkt, aber doch freundlich Respekt gebietet.

Oft ist nur eines der fünf Tore des Canada Gate geöffnet, denn von hier aus ist der Besucherstrom in den sich dahinter erstreckenden, dreieckigen Green Park meist nicht so groß wie an den anderen Zugängen. Es sind nur einige Schritte geradeaus unter hohen, im Sommer willkommenen Schatten spendenden Bäumen, bis leise strömendes Wasser zum Innehalten anregt. Es fließt über zwei schräge rote Granitblöcke, die ein Viereck bilden würden, trennte sie nicht ein schmaler Gang voneinander. Gedanklich bleibt der Besucher dabei in Kanada, denn es handelt sich dabei um das Canada Memorial, das 1994 nach Entwürfen von Pierre Granche errichtet wurde. Deutlich wird dies an den bronzenen Ahornblättern, heutiges Symbol des Landes, die in die abfallende Fläche des Gesteins eingelassen sind. Das Mahnmal erinnert an die rund eine Million Soldaten des Commonwealth-Staates, die in den beiden Weltkriegen des 20. Jahrhunderts auf britischer Seite gedient haben. Der Durchgang befindet sich genau auf der Linie in Richtung der kanadischen Hafenstadt Halifax, von der viele von ihnen zu den Kampfhandlungen aufbrachen.

Angesichts vieler, eher imperialistisch und kriegerisch daherkommender Statuen und Denkmäler in der näheren Umgebung tut dieses Monument gut. Denn es regt wirklich zum Gedenken an und gemahnt der Opfer. Es ist zugleich Auftakt einer Reihe von Kriegsdenkmälern, die sich an der und vor der westlichen Ecke des Green Park ballen. Das passt auch zu der Grünfläche, die im Mittelalter wohl als Friedhof des Aussätzigenspitals St James diente. Anders als der benachbarte St James's Park mit seiner bunten Flora und seiner vielfältigen Vogelwelt erscheint der Green Park daher eher entsprechend seinem Namen grün in grün – wie ein großer Rasen mit Baumbestand und einigen Freiflächen mit Liegestühlen. Als Henry VIII. im 16. Jahrhundert nebenan den St James's Palace baute, umzäunte er das Areal. Charles II. gestaltete es dann mehr als hundert Jahre später in einen Park um, an dessen Nordflanke er auch einen Eiskeller zum Kühlen von Lebensmitteln bauen ließ.

Das Canada Memorial zeichnet sich ferner dadurch aus, dass darin keine zumindest heute umstrittene Persönlichkeit im Mittelpunkt steht, wie etwa Arthur Harris, der im Zweiten Weltkrieg die systematische Bombardierung der deutschen Zivilbevölkerung befehligte. Eine – auch im Vereinigten Königreich umstrittene und öfter schon mit Blut verschmierte – Statue von ihm steht an The Strand vor der Kirche St Clement Danes. Mit dem stillen Gedenken ist es im Green Park dann aber bald vorbei. Wie ein visuelles Echo der Harris-Statue erscheint das 2012 von Königin Elisabeth II. enthüllte Bomber Command Memorial an der westlichen Ecke der Grünfläche. Es wurde ausschließlich mit privaten Geldern und auf Initiative von Lord Ashcroft, früher Schatzmeister der Conservative Party, und dem Popsänger Robin Gibb, einst Mitglied der Gruppe Bee Gees, errichtet. Martialisch, tönern, in geradezu imperialistischem Pomp, der so gar nicht zu der beschaulichen Atmosphäre des Green Park passt, strotzt das von Liam O'Connor entworfene Monument den Beschauer mit dorischen Säulen und anderen klassizistischen Stilelementen an. Ein rückwärtsgewandter Stil, der allerdings mit dem westlich des angrenzenden Kreisverkehrs stehenden klassizistischen Portal zum Hyde Park von Decimus Burton korrespondiert. Im Gegensatz zu allen neueren Denkmälern ringsherum wurde damit jegliche Kunstentwicklung des 20. Jahrhunderts ignoriert.

Rückwärtsgewandt ist auch der Inhalt. In dem tempelähnlichen zentralen Teil zeigt eine Bronzeplastik von Philip Jackson sieben Soldaten einer Bombercrew überlebensgroß. Sie blicken in die Lüfte, aus denen viele ihrer so zu Heroen stilisierten Kameraden nicht zurückkehrten. So wird auch in einem Schriftzug daran erinnert, dass 55.573 Soldaten dieser Geschwader ihr Leben ließen. Nicht erinnert wird allerdings daran, dass sich ihrem sogenannten „moral bombing", mit dem eine bei der deutschen Zivilbevölkerung angenommene Durchhaltekraft gebrochen werden sollte, rund 500.000 Unbewaffnete umkamen. Heute bezeichnet man solche Attacken, die Russlands Bombardements der ukrainischen Zivilbevölkerung ähneln, als „Terrorangriffe".

Insbesondere die Bombardements Dresdens am 13. und 14. Februar 1945 sind als schreckliches Fanal in die Geschichte eingegangen. So wurde denn auch auf Proteste der damaligen Dresdner Bürgermeisterin Helma Orosz hin eine Inschrift an dem Denkmal angebracht, mit der Menschen „aller Nationen" gedacht wird, die durch Bombenangriffe zwischen 1939 und 1945 getötet wurden. Das schließt auch britische Zivilisten ein. Denn vor den Flächenbombardements der Alliierten hatte die deutsche Luftwaffe bewusst zivile Ziele im Vereinigten Königreich und insbesondere in London angegriffen und rund 50.000 Zivilisten getötet. Daran erinnern zwei Mahnmale an der St Paul's Cathedral – eines davon für die Feuerwehrmänner, die in der Nacht des „Blitz" vom 29. auf den 30. Dezember 1940 die Kathedrale unablässig löschten und so wohlmöglich vor dem Einsturz bewahrten.

Trotz dieses Zusatzes kennzeichnet das Bomber Command Memorial eine gewisse Geschichtsvergessenheit. Es ignoriert, dass sich Kriegspremier Winston Churchill von dem Oberkommandierenden der Bomberflotte, besagtem Arthur Harris, abwendete – allerdings erst nachdem Dresden in Schutt und Asche gelegt worden war. Zudem hatte Harris nach Churchills Anweisungen gehandelt. Harris wurde nach dem Krieg die seinesgleichen üblicherweise verliehene Peerage und damit ein Sitz im Oberhaus verwehrt. Und im Gegensatz zu allen anderen Soldaten der Alliierten erhielten seine Bomberbesatzungen nach dem Krieg keine Medaille zur Anerkennung ihres Kampfes. Dennoch prangt ein Zitat Churchills von 1940 an den Wänden des Denkmals, das die Bomber als einziges Mittel des Sieges preist.

Es findet sich zudem keine Erwähnung, dass die Strategie auch wegen Zweifeln an ihrem militärischen Nutzen stets sehr umstritten war. Statt wie jede große und bedeutende Kunst auch Widersprüchliches zu reflektieren und so tatsächlich zum Denken anzuregen, ist mit dem Bomber Command Memorial ein glorifizierendes, eindimensionales Machwerk kreiert worden, zu dem Jonathan Jones in der britischen Tageszeitung „The Guardian“ feststellte: „Wenn die Erinnerungen verblassen, werden die Denkmäler größer – und ebenso die Lügen.“

Für deutsche Augen ist London nur so gespickt mit Kriegsdenkmälern und Statuen von Feldherren. Sogar für die in allen britischen Kriegen getöteten Tiere der Armee ist ein Denkmal errichtet worden, und zwar wenige Schritte nördlich des Bomberdenkmals östlich des Hyde Park an der Park Lane. Das hat seine Ursache darin, dass das Vereinigte Königreich nicht nur zu den Siegern des Zweiten Weltkrieges zählt, sondern dabei trotz aller Kritik an der Kriegsführung moralisch auf der richtigen Seite stand und auch Deutschland von der Hitler-Diktatur befreite. Anders als in Deutschland hat das Militär stets großen Rückhalt in der britischen Bevölkerung genossen, schließlich bewahrte es das Vereinigte Königreich vor den Nazis. Zentralen Raum nimmt dabei das Narrativ vom „Jahr, als Britannien alleine (gegen Nazideutschland) stand“ ein. Gemeint ist die Zeit zwischen der Niederlage Frankreichs und dem Überfall auf die Sowjetunion. Es sah sich zudem einem zumindest übermächtig wirkenden Feind gegenüber, gab aber dennoch nicht klein bei. Dafür steht auch an der Rückseite des Verteidigungsministeriums am Victoria Embankment ein Denkmal für die Jagdgeschwader der Luftstreitkräfte, die 1940 die „Schlacht um England“ für sich entscheiden konnten. Anders als die Bombercrews wurden die Jagdflieger mit einer Medaille ausgezeichnet. Diese Haltung ist bis heute prägend für das Selbstbild der Briten. Das mag auch erklären, warum die Unterstützung der Ukraine in ihrem Widerstand gegen das übermächtige und sie überfallende Russland deutlich entschiedener erscheint als in Deutschland.

Dieses Narrativ ist gleichwohl irreführend. Denn Britannien war in jenen exakt zwölf Monaten nicht der alleinige Kriegsgegner Hitler-Deutschlands. Dem wurde der Krieg nämlich vom „British Empire“ erklärt, was beispielsweise auch Indien, damals noch Kolonie des Vereinigten Königreichs, zu den Waffen rief. Und allein schon das Denkmal für die gefallenen Kanadier macht deutlich, dass gleich mit Kriegsausbruch Soldaten weiterer Länder an der Seite der britischen Armee kämpften. Sie kamen unter anderem auch aus Australien und Neuseeland. An sie erinnern nur wenige Schritte vom Bomber Command Memorial entfernt auf einer großen Verkehrsinsel an der Hyde Park Corner ebenfalls beeindruckende Denkmäler. Ähnlich wie das für die Kanadier sind sie auffallend viele Jahre nach Ende des Zweiten Weltkrieges errichtet worden und eher Mahnmale zum stillen Innehalten.

So besteht das australische Monument, das 2003 enthüllt wurde, aus einer geschwungenen graugrünen Granitwand mit den Namen von rund 24.000 in beiden Weltkriegen Gefallenen aus dem fünften Kontinent. Es wurde von der Künstlerin Janet Laurence mitgestaltet. Seit 2006 ragen in der Nähe sechzehn Standarten in einem Winkel aus dem Boden, der einer Formation aus dem Haka entspricht. Das ist ein Tanz der Maori-Krieger, also der neuseeländischen Ureinwohner. Da die Standarten kreuzförmig sind, erinnern sie auch an Gräber. Geschaffen haben diese eindringliche Verknüpfung von Krieg und Tod der Architekt John Hardwich-Smith und der Bildhauer Paul Dibble. In der dunklen Patina der Standarten sind zudem Inschriften, Figuren und Muster aus der Maori-Kultur zu entdecken. So etwa eine Maneia-Figur, die aus einem Vogelkopf, einem menschlichen Leib und einer Fischflosse besteht.

Alte Denkmuster zeigen sich hingegen daneben beim Mahnmal für die im Ersten Weltkrieg Gefallenen des britischen Maschinengewehrcorps. Es zeigt einen entblößten Jüngling mit Schwert, der den biblischen David darstellt – ebenfalls überlebensgroß wie die Crew des Bomberdenkmals. Flankiert wird die Figur von zwei bekränzten Maschinengewehren. Die Inschrift kündet zudem von „ruhmreichen Helden", an diesen Waffen. Darunter steht noch in kleineren Lettern: „Saul hath slain his thousands, but David his tens of thousands" – „Saul hat Tausende getötet, David aber Zehntausende." Dieser Zusatz wurde schon bei der Enthüllung 1925 als Glorifizierung des Krieges und des Abschlachtens kritisiert.

Die Westseite der Verkehrsinsel dominiert das Royal Artillery Monument von Charles Jagger und Lionel Pearson. Eine gewaltige, übergroße Haubitze strebt gen Himmel. In Reliefs sind Kampfhandlungen dargestellt. Anklingend an expressionistische Darstellungen des Krieges, vermitteln sie einen Eindruck der Brutalität, der Erschöpfung und der Angst der Soldaten. Eine der Bronzefiguren, die um das steinerne Denkmal gruppiert sind, zeigt denn auch einen getöteten Armisten. Sein Leichnam wird bedeckt von seinem Mantel und seinem Helm.

Beherrscht wird die Verkehrsinsel von einem Triumphbogen, der ausnahmsweise nicht an die beiden Weltkriege des 20. Jahrhunderts erinnert, sondern an die Schlacht bei Waterloo 1815. Er ist einem der Sieger dieses Kampfes gegen Napoleon gewidmet, Arthur Wellesley, 1st Duke of Wellington, der lange im

Apsley House nördlich der Verkehrsinsel wohnte. Bis 1912 krönte den Triumphbogen noch das von Matthew Wyatt geschaffene Reiterstandbild des britischen Feldherrn. Heute steht es daneben, und auf dem Bogen findet sich eine Quadriga von Adrian Jones. Das Bauwerk selbst entwarf der Nash-Schüler Decimus Burton und platzierte es direkt gegenüber des ebenfalls von ihm gezeichneten Tores zum Hyde Park. Der Triumphbogen wirkte so wie ein Eingang zur Innenstadt Londons. Ende des 19. Jahrhunderts wurde er aufgrund von Straßenverbreiterungen an seinen heutigen Ort versetzt, wo er in etwa die gleiche Funktion am Beginn der Straße Constitution Hill erfüllt. Bis 1992 war in dem Triumphbogen Londons kleinste Polizeiwache untergebracht. Jetzt befindet sich darin eine kleine Galerie, die historische Ausstellungen zeigt. Außerdem können Besucher vom Dach aus einen Panoramablick über den Hyde Park und den Green Park genießen – und hören dabei kaum etwas von dem Verkehr, der in weitläufigem Kreisel, der immerhin aus sechs Straßen einfließt, drum herum tobt. Nach so vielen Kriegsdenkmälern macht das den Kopf frei.

ALBERT

Abglanz einer Weltmacht

Exhibition Road

Schaut er nach links unten, weil ihm die Skulpturengruppe, zu der unter anderem ein Elefant zählt, besonders gefällt? Vielleicht blickt er auch ein wenig daran vorbei auf die oft zahlreichen Besucher der Kensington Gardens, die sich auf den Stufen davor und daneben gesetzt haben. Oder ist sein Blick doch nach innen gerichtet, als schere es ihn wenig, was an der Basis geschieht, über die sich der von einem Kreuz gekrönte Baldachin, unter dem er sitzt, 55 Meter gen Himmel streckt? Sinniert er über eine Passage des Buches, das er in seiner rechten Hand hält, dabei ein wenig lässig auf einem Hocker sitzend? Erstaunlich auch, dass er nicht auf die Konzerthalle an der gegenüberliegenden Straßenseite schaut, die doch nach ihm benannt wurde. Nicht nur die Royal Albert Hall trägt seinen Namen, dem ganzen Viertel hat er zu dessen Spitznamen verholfen: Albertopolis. Es wird umschlossen von der Exhibition Road, der Cromwell Road, dem Queen's Gate und Kensington Gore. Aber die Exhibition Road ist seine Magistrale.

Prinz Franz Albrecht August Karl Emanuel von Sachsen-Coburg und Gotha hatte Königin Victoria 1840 geheiratet, knapp drei Jahre nach ihrer Thronbesteigung. Der Herzog zu Sachsen war sehr gebildet und fand nach anfänglichen Schwierigkeiten seine Rolle als „Prinzgemahl" in der Unterstützung von Wissenschaften und Künsten sowie wegweisenden neuen gesellschaftlichen Ideen. So konzipierte er beispielsweise auch ein Modellhaus für Arbeiter mit akzeptablen sanitären Einrichtungen, die damals keineswegs die Regel waren – und zwar für eine Schau, die bis heute, auch wegen des Denkmals, als geradezu epochal in Erinnerung geblieben ist. Zusammen mit seinem Freund und Ratgeber Henry Cole, einem kulturell sehr beschlagenen Staatsbeamten, organisierte er eine Industrieausstellung in London: Die „Great Exhibition of the Works of Industry of All Nations". Wie der Name schon sagt, sollte sie anders als eine vergleichbare Schau in Paris und entsprechend dem britischen Blick auf die gesamte Welt nicht nur heimischen Firmen vorbehalten sein. Gleichwohl sollte sie in diesem internationalen Vergleich die führende Rolle des Vereinigten Königreichs beim technischen Fortschritt deutlich machen und weiter befördern. Aber auch andere Länder machten dort besonders auf sich aufmerksam. So zählte der Deutsche Zollverein neben den USA und Frankreich zu den größten Ausstellern.

Die Schau fand schließlich 1851 statt und war ein gigantischer Erfolg. Aufgrund des regen internationalen Interesses gilt sie als erste Weltausstellung. Berühmt wurde sie auch durch den 564 Meter langen und 138 Meter breiten „Crystal Palace". Er stand gleich östlich des eingangs beschriebenen „Albert Memorial" am nördlichen Ende der Exhibition Road, deren Name sich aus der damaligen Funktion als Zufahrtsstraße zu der Ausstellung ableitet. Dank standardisierter Komponenten konnte der Kristallpalast in nur sieben Monaten errichtet werden. Ein Grund für seinen Bau war das englische Wetter: Auch wenn es regnete, waren die Exponate bei Tageslicht zu bestaunen. Joseph Paxton, der sich zuvor einen Namen als Architekt beheizbarer Gartenhäuser gemacht hatte, entwarf damit einen wegweisenden Vorläufer der modernen Glas- und Stahlarchitektur.

Als Theodor Fontane 1852 in London weilte, wurde der Palast, dessen Konstruktion wiederverwendbar war, noch abgebaut. Dem späteren Dichter der „Effi Briest" erschien sie „wie das Abbild Londons selbst: abschreckende Monotonie im einzelnen, aber vollste Harmonie im Ganzen". Bis 1854 wurde der Crystal Palace in Sydenham, heute ein südlicher Stadtteil Londons, in einem Vergnügungspark wiedererrichtet, brannte 1936 aber ab. Die Erinnerung an ihn lebt aber fort in dem Fußballclub „Crystal Palace", der 1905 in dem Gebäude gegründet wurde und sein Spielfeld gleich nebenan hatte.

Ein noch bedeutenderes Nachleben ermöglichten allerdings die enormen Einnahmen der Weltausstellung. Sie wurden zum Kauf von 35 Hektar Land an der Exhibition Road verwendet, an der ganz im Sinne Alberts in den folgenden Jahrzehnten mehrere große Museen und diverse Bildungseinrichtungen entstehen sollten – eben Albertopolis.

1861, zehn Jahre nach der Weltausstellung, starb Prinz Albert bereits im Alter von nur 42 Jahren. Der Tod stürzte Königin Victoria in eine tiefe seelische Krise. So war sie es auch, die das „Albert Memorial" in Auftrag gab, das 1872 vollendet wurde. Konzipiert wurde es von George Gilbert Scott, der eine wahre Architektendynastie begründete: Sein Enkel Giles Gilbert Scott entwarf unter anderem die rote britische Telefonzelle und das Kraftwerk, in dem heute die Tate Modern untergebracht ist. Und sein Urenkel Richard Gilbert Scott zeichnete beispielsweise den Westflügel der Guildhall.

John Henry Foley und Thomas Brock entwarfen für das Denkmal die vier Meter hohe Statue Alberts. Das Buch in seiner Rechten soll der Katalog der Weltausstellung sein. Allegorische Darstellungen der Landwirtschaft, für die sich Albert auch sehr engagierte, der Ingenieurkunst, der Industrie und des Handels flankieren den Baldachin. Des Weiteren leisten Albert 178 Dichter, Gelehrte, Künstler und Entdecker Gesellschaft, und zwar auf einem umlaufenden Sockelfries. Weiter außen sind an den Ecken Skulpturengruppen von vier Kontinenten dargestellt, die auch jeweils durch ein für sie charakteristisches Tier repräsentiert werden. Der erwähnte Elefant steht für Asien, der Bulle für Europa, der Bison für Amerika und das Kamel für Afrika. Das geht symbolisch noch einen Schritt weiter als die Ausrichtung der Weltausstellung: Das Vereinigte Königreich präsentiert sich als die führende Weltmacht – möglicherweise nicht von ungefähr ausgerechnet in jenem Jahr, als diese Stellung anfing zu bröckeln. Denn die USA strebten nach dem 1865 beendeten Sezessionskrieg kräftig nach oben, ebenso Deutschland nach der Reichsgründung 1871. Beide Länder sollten das Vereinigte Königreich schon bald wirtschaftlich überholen.

Kurz vor dem Denkmal war gegenüber mit der Royal Albert Hall ein wesentliches Bauwerk von Albertopolis fertiggestellt worden, dessen Bau der Prinzgemahl noch selbst angestoßen hatte. Gleich nach der Weltausstellung hatte er den Architekten des 1841 fertiggestellten Dresdner Opernhauses, Gottfried Semper, um Pläne für eine Veranstaltungshalle gebeten. Semper hatte sich an der schlussendlich gescheiterten Revolution von 1848 beteiligt und wollte eigentlich in die USA emigrieren. Er floh dann aber im letzten Moment nach London, weil er dort Stände für besagte Weltausstellung entwerfen sollte, sich somit wirtschaftlich gleich über Wasser halten konnte. Alberts Hallenbau verzögerte sich jedoch. Als die Arbeit nach seinem Tod wieder aufgenommen wurde, dienten Sempers Entwürfe dem irischen Ingenieur und Architekten Francis Fowke und nach dessen Tod 1865 Henry Scott als Anregungen für den Bau – Semper wirkte damals bereits im schweizerischen Zürich. Die Form des Baus ist an ein römisches Amphitheater angelehnt. Äußerlich zeichnen sie ein gusseisernes Dach und ein etwa 270 Meter langer umlaufender Fries aus, der antikisierend die Entwicklung von Kunst und Wissenschaft darstellt. Die Royal Albert Hall ist seit ihrer Fertigstellung eine der bedeutendsten Konzerthallen der Welt. Obwohl sie zunächst als Mehrzweckhalle genutzt wurde, in der sogar Radrennen stattfanden, und die sich bei Konzerten durch eine miserable Akustik mit langem Nachhall sowohl bei Komponisten und Musikern wie auch beim Publikum nicht eben beliebt machte. Dem wirken heute riesige pilzartige Gebilde entgegen, die von der Decke herabhängen.

Albertopolis ist dank des Karrees aus Exhibition Road, Cromwell Road, Queen's Gate fast so etwas wie eine Museumsinsel. Nur dass sie nicht von einem Fluss umspült wird, wie jene in Berlin, sondern von Verkehrsmassen. Das gilt insbesondere für die Cromwell Road im Süden von Albertopolis und Kensington Gore im Norden des Viertels. Obwohl sie aus zwei breiten Fahrbahnen besteht, geht es auf Queen's Gate an der Westgrenze des Viertels etwas ruhiger zu.

Die weitaus wenigsten Autos stören aber an der Exhibition Road, die in vollem Umfang zum Flanieren nicht nur einlädt, sondern auffordert. Das ist zentraler Aspekt eines Konzepts, nach dem die Straße bis 2012 umgebaut wurde. Die Exhibition Road ist nämlich in voller Breite für alle da – für Fußgänger, Radfahrer, Rollerfahrer und Autofahrer. Alle bewegen sich auf einem Rautenmuster aus hellem und dunklem Granit, das der Straße eine gewisse Grandezza verleiht, sie breiter, ruhiger und ehrwürdiger erscheinen lässt als die anderen drei Straßen. Auch das eben macht sie zur Magistrale und einem weiteren, recht besonderen der wenigen Boulevards Londons. Es gibt keine Bürgersteige im eigentlichen Sinn. Lediglich Rillen, wie man sie häufig an Bahnsteigen findet, sind in das Pflaster etwa dort eingelassen worden, wo sonst Kantsteine wären. So können sich auch Sehbehinderte zurechtfinden, die sich mit Rollstäben orientieren.

Das Architektenbüro Dixon and Jones setzte damit ein Konzept um, das der niederländische Verkehrsingenieur Hans Mondermann entwickelte. Der bereits 2008 verstorbene Mondermann beliebte es, rückwärts in eine dichtbefahrene Straße zu gehen, um zu zeigen, dass die Autofahrer hinreichend menschlich sind, ihn nicht zu überfahren. Daraus ergab sich die Idee des „Shared Space", der eigentlich kein geteilter, sondern ein gemeinsamer Raum für alle Verkehrsteilnehmer ist. Dabei wird davon ausgegangen, dass Stärkere Rücksicht auf Schwächere nehmen – also die Autofahrer auf Fußgänger und Radfahrer und die Radfahrer auch auf Fußgänger. Dankenswerterweise sind die Radfahrer in London deutlich rücksichtsvoller als gemeinhin etwa in Deutschland und zischen nicht in einer Geschwindigkeit umher, dass Passanten – überspitzt gesagt – fast vom Fahrtwind umgeblasen werden. So hektisch und anstrengend das Leben in London sonst ist, im Verkehr herrscht deutlich mehr britische Höflichkeit.

Der Charakter als großzügige Flaniermeile, die aber nur etwa eine halbe Meile oder achthundert Meter lang ist, wird den verschiedenartigen Gebäuden an der Exhibition Road gerecht. Auf der Westseite und an der Kreuzung zur südlich gelegenen Cromwell Road, die zeitgleich mit der Exhibition Road angelegt wurde, sollten Museen, Hochschulen und andere Bildungsinstitutionen entstehen. Auf der Ostseite hingegen wurden gleich nach der Weltausstellung eine Reihe repräsentativer Häuser im „Italianate style" errichtet, einer im England des ausgehenden 19. Jahrhunderts modischen Art von Neorenaissance – dadurch war die Exhibition Road noch lange nach ihrem Bau auch eine Wohnstraße. Dies mag dazu geführt haben, dass die Haupteingänge der im Zuge des ausgehenden 19. und beginnenden 20. Jahrhunderts auf der Westseite angesiedelten Institutionen meist in den Nebenstraßen zu finden sind.

Für eine Ausnahme hat aber der britische Stararchitekt Norman Foster gesorgt. Er entwarf nämlich die filigran wirkende Glas- und Stahlfassade der Imperial Business School, die 2004 von Königin Elisabeth II. eröffnet wurde. Sie gehört zum Imperial College, das als eine der weltweit führenden technischen und medizinischen Hochschulen gilt, deren Campus nun endlich von der Flaniermeile aus betreten werden kann. Der Kern des Imperial College entstand 1907 aus der Zusammenlegung mehrerer Hochschulen – und aus der Furcht heraus, in der wissenschaftlichen Ausbildung hinter Deutschland zurückzufallen. Sein ehemaliger Eingang in der Prince Consort Street strotzt geradezu mit einem gewaltigen Eingangsportal, das einer Apsis ähnelt. Der klotzige Bau, in dem die Royal School of Mines Geowissenschaftler ausbildet, hat Aston Webb im Stil des Klassizismus entworfen. Da tut es gut, dass Foster für die rund 20.000 Studenten der Hochschule nun einen deutlich weniger erdrückenden Haupteingang zu ihrem Campus verwirklichte.

Südlich der Imperial Business School erhebt sich an der Exhibition Road die klassizistische Fassade des Science Museum. Der Bau, dessen erste Halle etwas von einer dreischiffigen Basilika hat, stammt von Richard Allison und wurde 1913 fertiggestellt. Vor allem wird der Einfluss der Technik auf unser Alltagsleben in dem Museum veranschaulicht. So ist beispielsweise George und Robert Stephensons Lokomotive „The Rocket" zu sehen oder eine Lockheed Electra 10 von 1935, durch die das Design von Passagierflugzeugen bis heute mit geprägt wird. Auch Klassiker der Automobilgeschichte werden präsentiert, darunter die „Ente", also der Citroen 2CV, und der „Käfer", ein VW Standard.

Bis 1950 war das Haus ein Ableger des Victoria & Albert Museum, das sich östlich an der Kreuzung von Exhibition Road und Cromwell Road erhebt. Königin Victoria hatte 1899 bei ihrem letzten großen öffentlichen Auftritt den Grundstein für das ebenfalls von Aston Webb entworfene Museum gelegt und auch seinen Namen bestimmt. Weitere zehn Jahre dauerte es, bis ihr Nachfolger Edward VII. das kurz „V&A“ genannte Ausstellungshaus eröffnen konnte. Der Haupteingang ist freilich an der Cromwell Road, die östlich in die Brompton Road übergeht und damit nach Knightsbridge in das nach Mayfair edelste Shoppingviertel Londons mit Warenhäusern wie Harrods oder Harvey Nichols führt. Anders als am Buckingham Palace oder dem Imperial College verband Webb dabei klassizistische Elemente mit gotischen und romanischen Formen. Am merkwürdigsten ist in dieser Hinsicht wohl der Turm, der sich über dem reich ornamentierten Eingang und der Fassade aus Ziegeln und Portlandstein bis in eine Höhe von 56 Metern wie eine Krone erhebt. Eigentlich ist das ein gotisches Stilelement. Ein vager Eindruck seiner Säulen, den man vom Bürgersteig bekommen kann, entlarvt ihn aufgrund ihrer ionischen Kapitelle aber als klassizistisch.

Nach den Worten Henry Coles, der erster Direktor des V&A wurde, bestand der Zweck des Museums darin, „eine prächtige Sammlung von Objekten zusammenzutragen, die den Einfluss bildender Kunst auf das Handwerk darstellt“. Tendenziell sollte es also ein Kunstgewerbemuseum sein, das Kunstwerke wie Gemälde und Skulpturen nur insofern zeigt, als sie das Aussehen von Gebrauchsgegenständen beeinflussen. Der zweite Punkt wurde allerdings nicht besonders strikt verfolgt, und so zeigt das V&A neben vielen Textilien, Möbeln, Keramiken und anderen Designobjekten auch viele Kunstwerke, etwa Plastiken von Auguste Rodin und Gemälde der Schule von Barbizon. Laut Cole sollte das V&A auch ein „Klassenzimmer für alle“ sein – ein damaliger Trend, der sich auch in der Gründung der Whitechapel Gallery ausdrückt. Von dieser Bildungsfunktion kündet heute wohl noch am deutlichsten der „Cast Court“. Die mehrere Stockwerke hohe Halle ist mit teils gewaltigen Repliken berühmter Skulpturen und Monumente gefüllt, so etwa Kopien der römischen Trajanssäule oder von Michelangelos „David“, dessen Original in Florenz steht. Viele Menschen konnten es sich vor gut hundert Jahren nicht leisten, zu den Originalen auf dem europäischen Kontinent zu reisen. Um ihnen diese Werke und deren Ästhetik dennoch nahezubringen, wurden Kopien gefertigt.

Im Gebäude kann zudem in stilechter, leicht pompöser viktorianischer Atmosphäre in den „Gamble, Poynter and Morris Rooms“ gespeist werden. Diese Raumflucht diente schon als Restaurant, als der Bau noch „South Kensington Museum“ hieß. Damals war es eine bahnbrechende Neuerung, ein Museum mit einem Speiselokal auszustatten. Heute ist das gang und gäbe – allerdings nicht, dass die Restauration auch als Teil der Ausstellung aufgefasst werden kann.

An der gegenüberliegenden Ecke von Exhibition Road und Cromwell Road glaubt man, in eine Kathedrale zu schreiten. Wie bei einem Gotteshaus krönen zwei Türme aus Terrakotta das Eingangsportal des Natural History Museum. Alfred Waterhouse entwarf den Bau in den 1860er Jahren und kombinierte dabei romanische und byzantinische Stilelemente. Beim Eingang standen tatsächlich deutsche Gotteshäuser aus der Romanik Pate. Der 1881 fertiggestellte Bau enthält nach Museumsangaben rund 80 Millionen Exponate. Besonders beliebt ist die Dinosaurier-Abteilung.

Das V&A und das Natural History Museum bilden gewissermaßen ein südliches Tor zur Exhibition Road respektive Albertopolis. Formell erstreckt sich die Exhibition Road allerdings noch einen kleinen Teil weiter südlich. Wie ein Wurmfortsatz führt ihr granitenes Rautenmuster am Ismaili-Centre, einem orientalisch anmutenden Bau der schiitischen Glaubensgemeinschaft der Nizariten, und diversen Cafés, Restaurants und Läden vorbei fast bis zur U-Bahn-Station „South Kensington“. 1868 eröffnet, ist sie eine der ältesten Londons und damit der Welt. Sie verbindet ein langer Fußgängertunnel mit den beiden Museen. Es kann schon ein wenig unheimlich sein, durch die teils rechteckige Ziegelröhre zu gehen, die offenbar wie die ersten U-Bahn-Tunnel eher ein überbauter Schacht ist. Aber man erspart es sich, lange an der Kreuzung von Exhibition Road und der vielbefahrenen Cromwell Road an der Ampel zu stehen – und kann dann gleich entspannt bis zum Albert Memorial sowie dem Hyde Park und den Kensington Gardens flanieren.

Arm und reich Tür an Tür

An der Portobello Road durch Notting Hill

Es ist Samstag. In Massen strömen vorwiegend Teens und Twens aus den Zugängen der U-Bahn-Station „Notting Hill Gate“ am nordwestlichen Ende der Kensington Gardens in die Pembridge Road. Sie übervölkern die Bürgersteige, sodass einige Fußgänger auf die Fahrbahn ausweichen müssen. Noch ist der Grund für den unbedarften Passanten nicht ersichtlich. Gut, es gibt ein paar Läden mit Retro-Mode zwischen Cafés und kleinen Lebensmittelgeschäften in den recht schlichten viktorianischen Reihenhäusern, von denen zumindest einige durch ungewöhnlich farbige Fassadenanstriche auffallen. Bald schon taucht die gelbe Front eines dreistöckigen Baus mit Pub im Erdgeschoss auf und es wird schlagartig deutlich, warum die Menschenmassen hier abbiegen. Denn hier beginnt die Portobello Road, die für ihren Straßenmarkt weltbekannt geworden ist. Und es ist Markttag. Die Fahrbahn ist für den Autoverkehr gesperrt, sodass sich die Fußgänger darauf nun entzerrt und entspannt weiter auf den Weg in nördlicher Richtung machen.

Kaum beachtet wird die blaue Plakette am Haus Nummer 22, die besagt, dass der Schriftsteller George Orwell in dem zweistöckigen Haus gewohnt hat, vor dem sich eine Birke in die Höhe reckt. Orwell lebte dort nur in den Jahren 1927 und 1928 als Mieter des Ehepaars Craig. Überliefert ist aus der Zeit, dass sich die drei einmal unfreiwillig ausgeschlossen haben. Mrs Craig lehnte es ab, von ihren Nachbarn eine Leiter zu borgen, um durch ein Fenster im ersten Stock wieder in das Haus zu gelangen. Stattdessen wurde eine Leiter von Verwandten ausgeliehen, die eine Meile entfernt wohnten. Mrs Craig wollte mit den Nachbarn nicht näher bekannt werden, da könne man in Notting Hill nicht vorsichtig genug sein.

Die Bezeichnung „Notting Hill“ hat sich mittlerweile eingebürgert für diesen Stadtteil, der eigentlich North Kensington heißt. Der Name leitet sich wohl von einer Gruppe von Sachsen ab, den „Söhnen Cnottas“, die sich dort im Mittelalter ansiedelten. Etwas östlich der U-Bahn-Station „Notting Hill Gate“ wurden mindestens seit dem 17. Jahrhundert Kiesgruben ausgehoben. Von dort führten Feldwege in Richtung Norden. Einer bog bei den Pembridge Villas, wie die Fortsetzung der Pembridge Road genannt wird, links ab zu einem Bauernhof namens Porto Bello. Damit sollte an den Sieg des britischen Admirals Edward Vernon erinnert werden, der 1739 im Krieg gegen Spanien Portobelo im heutigen Panama eroberte und damit dem Gegner einen wichtigen Stützpunkt im Silberhandel entzog. Landwirtschaft und Kiesgruben verschwanden von etwa 1830 an, denn im stetig wachsenden London wurde Wohnraum benötigt. Ein Bauboom setzte ein, bei dem sich viele Bauherren allerdings verspekulierten.

Heute verbindet kaum jemand mehr den Straßennamen mit der Schlacht von Portobelo. Stattdessen wird er jetzt vor allem mit dem Straßenmarkt und dabei besonders mit dem Antiquitätenhandel assoziiert. Ein paar Schritte nördlich von George Orwells einstigem Domizil drängeln sich jenseits der Kreuzung mit den Chepstow Villas dann auch freitags und samstags Passanten vor den Auslagen der Geschäfte und den Ständen am Straßenrand. Freilich fallen zunächst vor allem Hüte, flippige Mode, allerlei Accessoires, billiger Schmuck und Tinnef ins Auge. Ganz so, wie es Cat Stevens, der sich jetzt Yussuf nennt, 1967 in dem Song „Portobello Road" auf seiner ersten Langspielplatte beschrieben hat. Von gelben Krawatten und alten braunen Anzügen ist da die Rede, nichts würde seltsam wirken, nicht einmal aus Federn bestehende Stiefel. „Growing old is my only danger" – „älter zu werden ist meine einzige Gefahr", sang Stevens, damals neunzehn Jahre jung, im Refrain des Songs. Der britische Schriftsteller Peter Ackroyd meint in seiner London-Biografie, die schmutzigen Balkone und der abfallende Putz der Häuser erzeugten in Kombination mit dem Straßenmarkt „eine Atmosphäre fröhlichen Verfalls". Heute wirken die bunten Klamotten freilich längst nicht mehr so ausgefallen wie damals in den „Roaring Sixties". Auch ist der Straßenmarkt wohl viel kommerzieller. Große, weltweite Label haben sich unter die Anbieter gemischt. Die Mehrheit der Käufer aber mag auch heute noch so manchen, der auf die dreißig zuschreitet, alt aussehen lassen – nicht zu reden von jenen, die schon mehr als dreißig Jahre jung sind. Aber es gibt sie auch hier. Man erkennt sie vielleicht erst auf den zweiten Blick und mit ihnen auch die Antiquitätengeschäfte entlang der Portobello Road, die sie augenscheinlich vermehrt aufsuchen. Fazit bleibt dennoch: Aus dem flippigen Straßenmarkt für junge Hippies ist tendenziell eher ein bunter Trubel für Wohlhabende und ihre Sprösslinge geworden.

Das ändert sich allerdings sukzessive, je weiter man die Portobello Road nach Norden geht. Hinter der Unterführung unter die mehrspurige Fernstraße A 40, die dort „Westway“ heißt, stößt man auf einen weiteren Markt, der täglich vor allem Früchte und Gemüse bietet. Spätestens hier fällt auf, wie sich die Sozialstruktur von Notting Hill respektive North Kensington schrittweise geändert hat. Die Fassaden der viktorianischen Reihenhäuser lassen mehr und mehr an Farbigkeit vermissen, oft sind sie unverputzt. In einem Zwischenstück sind überhaupt keine Reihenhäuser mehr zu sehen. Läden, Cafés und Restaurants werden preiswerter und bieten vor allem mehr Güter des täglichen Bedarfs an. Es ist im Schnitt gleichwohl eine der unterprivilegiertesten Gegenden im Vereinigten Königreich. In Richtung Süden hingegen nimmt der Wohlstand stetig zu, bis man in South Kensington in einigen der privilegiertesten Viertel des Landes ankommt. Wie reich manche Bewohner sind, ist dabei von außen nicht immer abzuschätzen. Denn einige Wohngebäude sind sogenannte „Iceberg Homes“ – „Eisberg-Häuser“. Das sind nach unten ausgebaute Reihenhäuser, da ihre schwerreichen Besitzer nicht weiter in die Höhe bauen durften. Bis zu fünf Etagen haben sie in den Untergrund getrieben für Wohnungen ihrer Hausbediensteten, teilweise auch für Kinos oder eine Badlandschaft.

Schon als dort der Wohnungsbau im 19. Jahrhundert begann, war Notting Hill eine Gegend sozialer Extreme. Gepflegte Häuser hätten in unmittelbarer Nachbarschaft zu ungesunden Slums gestanden, heißt es sogar in der „London Encyclopedia“. Der wohlhabende Mittelstand, der im 19. Jahrhundert noch vielfach in North Kensington lebte, konnte sich bald aber keine Bediensteten mehr leisten und zog weg. Die Häuser wurden verkauft, in mehrere Wohnungen aufgeteilt und verfielen in der Folge. Die Slums weiteten sich aus. Selbst noch 1960 hatten einige Unterkünfte weder fließendes Wasser noch Elektrizität. Sie wurden oft zu völlig überhöhten Preisen an Einwanderer aus der Karibik vermietet, die damals nicht den gleichen rechtlichen Schutz wie ihre Vormieter genossen. Zugleich gewannen dort rechtsextreme Bewegungen viele Anhänger unter weißen Bewohnern, vor allem unter Jugendlichen. Es ging um Jobs, Wohnraum und auch um Frauen. Die Spannungen entluden sich 1958 in rassistischen Angriffen auf farbige Bewohner.

Als Reaktion darauf organisierte die aus Trinidad stammende Polit-Aktivistin Claudia Jones eine Karnevalsveranstaltung, mit der die farbigen Einwohner ihre kulturelle Identität ausdrückten und somit ihr Selbstbewusstsein und Zusammengehörigkeitsgefühl hoben: Die Geburtsstunde des Notting Hill Carnival übertrug sogar der Fernsehsender BBC am 30. Januar 1959 aus der St Pancras

Town Hall. Nach einer zweijährigen Unterbrechung nach Jones' Tod wird der Karneval seit 1966 auf den Straßen rund um das nördliche Ende der Portobello Road gefeiert. Zunächst wenig beachtet, ist er heute eines der größten Straßenfestivals Europas, bei dem vielerorts der Duft von „Jerk Chicken" in die Nase steigt – das sind Hähnchenkeulen, die an Imbissständen mit Thymian, Peperoni, Piment und Zwiebeln gegrillt werden.

Der Notting Hill Carnival beginnt mit einem Wettbewerb von Steelbands am letzten Samstag im August. Am folgenden Sonntag folgt der Umzug der Kinder. Höhepunkt ist die Parade am darauffolgenden Montag, der im Vereinigten Königreich stets ein „Bank Holiday", also ein Feiertag ist. Mehr als eine Million Besucher drängen sich dann, um die fantasievollen und farbenprächtigen Kostüme zu bewundern, von denen viele an den Karneval in Rio de Janeiro erinnern. Hier wie dort ist auch viel Haut zu sehen.

Sowohl nördlich als auch südlich des Westway kommt der knapp sechs Kilometer lange Karnevalsumzug durch Straßenzüge, die nicht nur für die fortschreitende soziale Spaltung des Stadtteils, sondern ganz Londons stehen. Nun hat jede größere Stadt ärmere und reichere Stadtteile. In Metropolen fallen diese Unterschiede in der Regel deutlicher aus. Bemerkenswert und auch erschreckend ist allerdings, dass so drastische Gegensätze in einem Bezirk, ja sogar in Vierteln seiner Stadtteile aufeinanderprallen. North Kensington ist dafür nur ein Beispiel in London. Ähnliches kann in Islington und jetzt auch in Bermondsey und weiteren Stadtteilen südlich der Themse, etwa in Peckham, beobachtet werden. Grund dafür ist die Gentrifizierung, die sowohl in Notting Hill als auch in Islington in den 1960er Jahren einsetzte – der Begriff „Gentrification" wurde am Beispiel Islingtons erstmals von der Soziologin Ruth Glass verwendet. Zwei ihrer vielfältigen Ursachen sind der Wegzug von Industrie aus zentrumsnahen Gebieten und die gleichzeitige Elektrifizierung der Eisenbahn. Die Luft in Londons Innenstadt wurde besser, der Smog, der die Stadt noch in den 1950er Jahren regelrecht vernebelte, verschwand allmählich. Damit wurden diese Viertel für den Mittelstand wieder attraktiv, zumal die Bewohner von dort kürzere Wege zu ihren Arbeitsstätten hatten. Überdies konnten sie sich die Preise für die Häuser leisten, die aufgrund ihrer älteren Architekturstile einen besonderen Charme hatten. Meist wurden sie in Eigenarbeit renoviert. In Notting Hill kam hinzu, dass große Gebiete baulich geschützt waren, um die Straßenzüge aus den 1840er und 1850er Jahren zu erhalten, die somit auch für sehr Wohlhabende interessant wurden. Zugleich wurden in anderen Vierteln, in denen dieser Bestandschutz nicht galt, Slums abgerissen und Sozialwohnungen gebaut. Die Folge: Arm und Reich wohnen oft in unmittelbarer Nachbarschaft.

Auf den Bürgersteigen begegnen einem zeitgleich herausgeputzte junge Mütter, die Taschen mit Logos von Designerläden an den Kinderwagen baumeln lassen, und alte Einwohner, die in Lumpen herumlaufen und auch deshalb kaum lächeln, weil sonst immense Zahnlücken in ihrem Gebiss sichtbar würden. Notting Hill ist keineswegs die jugendfrische und romantische Idylle, als die es in dem 1999 erschienenen gleichnamigen Film präsentiert wird – der wurde übrigens teils im „Notting Hill Bookshop" gedreht, der sich nahe der Kreuzung von Portobello Road und Blenheim Crescent befindet. Dieser Sozial-Clash schürt natürlich Konflikte. Als ich selbst ein paar Wochen zwecks Recherche in North Kensington wohnte, sah ich Banden von Jugendlichen, die im Schutze der Dunkelheit beispielsweise rund um die Ladbroke Gardens streiften. Gern wurden dann auch mal sauber lackierte Haustüren mit Dreck oder anderem von ihnen beworfen, das sich schnell in einigen herumliegenden Mülltüten fand, an denen sich sonst nur die zahlreichen dort herumstreunenden Füchse verbissen. Das ging glücklicherweise längst nicht so weit wie in dem Film „Shopping" von 1994. Er handelt von einer Jugendbande in Notting Hill, die mit schnellen Autos in die Auslagen von Geschäften rast, um diese dann auszurauben. In das Bild fügt sich ein Artikel von 2012 in der Zeitung „Daily Mirror", in dem von einem Überfall einer Jugendbande auf ein Edelrestaurant in North Kensington berichtet wird. Den Gästen wurden Geld und Juwelen abgenommen, einer Frau sogar der Hochzeitsring vom Finger gezogen.

„Shopping" wurde im Trellick Tower im Nordwesten von Notting Hill gedreht. Er ist eines der Bauwerke mit Sozialwohnungen, die auf einem einstigen Slum hochgezogen wurden. Seit 1972 steht er an der Goldborne Road und damit direkt an der Paraderoute des Karnevals. Genau genommen besteht er aus zwei Türmen: einem schlanken, in dem der Aufzug untergebracht ist, und einem blockartigen mit Wohnungen. Der Trellick Tower ist ein Monument des Brutalismus. Architektonisch Unbewanderte mögen meinen, dieser Stil heißt so, weil die in ihm errichteten Gebäude besonders brutal aus der Stadtlandschaft ragen. In Wirklichkeit aber leitet sich der Begriff von „béton brut" ab, dem französischen Wort für „Sichtbeton" und ist vor allem verbunden mit dem Architekten Le Corbusier.

Ein Anhänger dieses Stils war auch der aus Budapest stammende Architekt und bekennende Marxist Ernö Goldfinger, der mit dem Trellick Tower zumindest aus heutiger Sicht eine Ikone North Kensingtons schuf, die schon in so manchem Musikvideo und auch Kinofilm eine Kulisse abgab. Ein lokales Filmfestival zeigt ihn in seinem Logo und nennt seine Preise „Golden Trellick Awards". Seinem Architekten zu Ehren hat sich eine Tischlerwerkstatt, die in einer Ladenzeile vor dem Trellick Tower untergebracht ist, „Goldfinger" genannt. Und ein Möbelladen an der Portobello Road 328 nennt sich – wohl aus ähnlichem Grund – „Erno Deco" nach dem Vornamen des Baumeisters, der selbst in einer nach seinen Plänen entworfenen Bauhaus-Wohnung im luftigen und vornehmen Stadtteil Hampstead lebte. Ernö Goldfinger fand es übrigens gar nicht lustig, dass Ian Fleming seinen Nachnamen einem der Bösewichte in den James-Bond-Romanen gab, weil er diesen so interessant fand. Goldfinger schaltete Anwälte ein. Schließlich musste in den Büchern vermerkt werden, dass die Charaktere nichts mit lebenden Personen gemein haben.

Der Trellick Tower bietet auf seinen 31 Stockwerken 219 Wohnungen und war bei seiner Fertigstellung mit knapp hundert Metern das höchste Wohngebäude Londons. Der Stadtbezirk Kensington and Chelsea, der für den Doppelturm zuständig war, wollte aber zunächst kein Geld etwa für einen Pförtner ausgeben, den Goldfinger gefordert hatte. So verfiel das Bauwerk in den 1970er Jahren recht rasch, wurde ein Hort der Kriminalität und des Vandalismus. Als es rund ein Jahrzehnt nach Fertigstellung des Trellick Tower unter der Premierministerin Margaret Thatcher erlaubt wurde, dass Bewohner von Sozialwohnungen diese auch zu sehr günstigen Konditionen kaufen können, änderte sich die Situation. Auch, weil sich bald darauf die Bewohner zu einer „Residents Association" zusammenschlossen und beispielsweise einen Pförtner und eine Gegensprechanlage finanzierten. Allerdings verkauften auch einige Bewohner ihre Wohnungen, zumal sie dafür auf dem freien Markt wesentlich höhere Preise erzielen konnten, als sie selbst – begünstigt durch Zuwendungen aus Steuermitteln – bezahlt hatten. Die Folge: Arme und relativ Wohlhabende wohnen nun sogar Tür an Tür. Die Gentrifizierung machte sich jetzt auch in den Fluren vor den einstigen Sozialwohnungen breit. Heute ist der einstige „Tower of Terror" begehrtes Wohnobjekt – und steht zudem unter Denkmalschutz.

Von den oberen Etagen des Trellick Tower ist in Richtung Südwesten ein weiterer Turm zu sehen, der ebenfalls zu einer Ikone geworden ist – genauer: zu einem Symbol sozialer Ungerechtigkeit. Die Paraderoute des Notting Hill Carnival führt gemeinhin zwar nicht direkt am Grenfell Tower vorbei, aber das, was von ihm bislang noch übriggeblieben ist, fällt in den Blick, kurz nachdem der Umzug in den Ladbroke Grove nach Norden eingebogen ist. In der Nacht vom 13. auf den 14. Juni 2017 brannte das 24 Stockwerke zählende Hochhaus, in dem sich ausschließlich Sozialwohnungen befanden, wie eine Fackel über der Stadt. In der vierten Etage war ein Kühlschrank in Brand geraten. Die Flammen breiteten sich rasend schnell über die Fassadenverkleidung aus, die erst ein Jahr zuvor erneuert worden war. Zweiundsiebzig Menschen kamen dabei ums Leben. Noch lange nachdem das Feuer gelöscht war, ragte der Turm als verkohlte Ruine in den Londoner Himmel. Später wurde er dann in Plastikbahnen gehüllt. An der Spitze wurde ein Banner mit einem grünen Herzen angebracht und dem Schriftzug „Forever in our Hearts“ – „Für immer in unseren Herzen“. Am Fuße des Turms gibt es eine Gedenkwand für die Opfer, an der oft Blumen abgelegt werden. Sie ist übersät mit Graffiti, mit denen einzelner Opfer gedacht wird.

Geändert hat sich seit dem Brand freilich wenig – sowohl was die sozialen Kontraste in North Kensington als auch was bauliche Konsequenzen aus dem Desaster anbelangt. Immerhin haben rund neunhundert Opfer und Hinterbliebene der Bewohner nach jahrelangem Kampf eine Entschädigung erhalten. Aber nebenan auf der Portobello Road wird immer noch gerne viel Geld ausgegeben für Dinge, die sich viele Anwohner der Straßen ringsherum, nicht leisten können.

SHEPHERD STREET W1
SHEPHERD MARKET W1
L'ARTISTE MUSCLE

Von der Weltstadtidylle nach Little America

Shepherd Market und Grosvenor Square

Besonders an lauen Sommerabenden füllen sich am Shepherd Market die Restaurants, Bistros und Pubs sowie die Bürgersteige vor ihren ziegelsteinernen Fassaden mit überwiegend jüngeren Herren und Damen. Viele sind in schicke Kostüme und Anzüge gekleidet, die an die Arbeitskleidung der Banker in der City erinnern. Nicht von ungefähr. Denn nördlich begrenzt wird dieses ein wenig mediterran anmutende Kleinod von der „Hedge Fund Alley" wie die Curzon Street auch genannt wird. Zwar haben viele Hedgefonds nach 2010 dem hiesigen Stadtteil Mayfair den Rücken gekehrt, aber zumindest vor Ausbruch der Corona-Pandemie waren dort schätzungsweise noch rund dreihundert von ihnen beheimatet.

An Wochenenden werden die verwinkelten und schmalen Straßenzüge allerdings von einem vielfältigeren Publikum bevölkert – dann bleiben Investmentbanker oft in ihren Villen in Hampstead oder Chelsea oder vergnügen sich in Monaco und anderen teuren Orten. Und die übrigen Flaneure kennen London schon ein bisschen besser und streben deshalb gezielt zu diesem Karree. Einige mögen sich auch aus purer Neugier nördlich der Einfallstraße Piccadilly durch die enge und zunächst wenig einladende White Horse Street hierher verirrt haben. Nach einem leichten Linksbogen der Gasse dürften sie dann umso erstaunter über das bunt leuchtende Viertel sein, das sich vor ihren Augen wie ein traumartiges, idyllisches Dorfzentrum auftut, in dem französische, persische, libanesische, polnische, moderne britische oder gar panasiatische Küche aufgetischt wird. Es ist ein bisschen wie ein Stück des weiter östlich liegenden Vergnügungsviertels Soho, nur – passend zum wohlhabenden Mayfair – gediegener und nicht so frivol, zumindest heute.

Shepherd Market gilt als Herzstück Mayfairs, hatte aber lange den Ruf als Zentrum des Lasters. Hier traf der konservative Politiker und Bestsellerautor Jeffrey Archer in den 1980er Jahren das Callgirl Monica Coghlan, stritt diese Begegnung allerdings später in einem Verleumdungsprozess gegen eine Zeitung ab. Der Meineid brachte ihm schließlich 2001 rund zwei Jahre Gefängnis ein.

Das zwielichtige Image reicht bis zur ersten urbanen Nutzung des Areals zurück. Von 1686 an wurde der Viehmarkt vom Haymarket nahe dem heutigen Trafalgar Square sukzessive in dieses Gebiet verlegt. Er war eine Art Messe, die stets vom 1. bis 14. Mai stattfand und als „May Fair" dem Stadtteil den heutigen Namen verlieh. Allerdings weitete sich die Veranstaltung zu einer berüchtigten Kirmes mit Faustkämpfen, Damenrennen und Pudding-Wettessen aus. Zum Unmut der aristokratischen Anrainer. Edward Shepherd, Architekt und Baulöwe, versuchte, mit der Errichtung des nach ihm benannten Shepherd Market von 1735 dem entgegenzuwirken. Sein Gebäude, in dessen Erdgeschoss Schlachter ihr Fleisch anboten, ist mehrfach umgebaut worden, trägt aber nach wie vor seinen ursprünglichen Namen. Viel nützte Shepherds Bau nicht und so wurde die Kirmes 1764 abgeschafft. Das mag wesentlich dazu beigetragen haben, dass Mayfair bis heute eine der teuersten Wohngegenden Londons geblieben ist. Es hat nur wenig von seinem georgianischen Charme eingebüßt, auch wenn gerade nach dem Zweiten Weltkrieg dort mehr und mehr Neubauten errichtet wurden, in denen nicht nur Hedgefonds Quartier bezogen.

Wer die Straßen nördlich des Shepherd Market bis zur Oxford Street durchstreift, kommt an so manchem Nobelrestaurant und Luxushotel vorbei – rund einen Kilometer entfernt am Grosvenor Square auch an jenem, in dem der Spion und Putin-Kritiker Alexander Litwinenko 2006 mutmaßlich von russischen Landsleuten mit Polonium vergiftet wurde. Und auch noch an so mancher Botschaft. Sie gruppierten sich gerne rund um diesen zweitgrößten, bis 1725 angelegten Garden Square Londons herum – nur der Russell Square in Bloomsbury, wo solche Wohn- und Parkanlagen ein noch prägnanteres Ensemble formen, ist größer. Der Grosvenor Square korrespondiert dabei mit dem rund einhundert Jahre später entstandenen Belgrave Square im südwestlich an Mayfair grenzenden, nicht minder gediegenen Stadtteil Belgravia. Dort befindet sich auch die Deutsche Botschaft. Beide Grünanlagen liegen auf einem Territorium, das seit mehr als dreihundert Jahren der Familie Grosvenor gehört.

Von der nach ihr benannten Anlage haben allerdings mehrere Staaten in den vergangenen Jahren ihre Vertretungen abgezogen. Geradezu symbolträchtig und am einschneidendsten war der Abzug der US-Botschaft 2018 – fünfzig Jahre nachdem vor ihrem Eingang noch eine teils in Gewalt ausartende Demonstration gegen den Vietnamkrieg London erschütterte und Rolling Stones-Frontmann Mick Jagger, der damals in der Nähe war, zu dem Song „Street Fighting Man" inspiriert hatte. Das von dem finnisch-amerikanischen Architekten Eero Saarinen entworfene, 1960 fertiggestellte Gebäude, dessen Fassade allenfalls subtil mit den georgianischen Gebäuden ringsherum harmoniert, steht samt des mehr als zehn Meter Spannweite messenden Adlers hoch über seinem Portal unter Denkmalschutz. Heute gehört es der staatseigenen Investmentgesellschaft von Katar, Qatari Diar, für die es der britische Architekt David Chipperfield in ein Hotel mit Ladenzeile umgestalten soll.

Der Abzug der US-Amerikaner, die ihre Vertretung nun südlich der Themse in Nine Elms haben, erscheint deshalb so schmerzhaft wie symbolträchtig, weil der Grosvenor Square, gern auch „Little America" genannt, als Zeichen der von britischer Seite immer noch gern beschworenen „special relationship" zwischen den USA und dem Vereinigten Königreich gesehen werden kann. Gemeint ist damit eine „besondere Beziehung", die nicht nur die gemeinsame Sprache betrifft, sondern auch soziale, wirtschaftliche, kulturelle und politische Konzepte. In dem an der nordöstlichen Ecke stehenden Haus Nummer 9 lebte von 1785 bis 1788 der spätere US-Präsident John Adams als erster Botschafter der USA in London. Das mag allerdings auch daran gemahnen, dass die USA im 18. und 19. Jahrhundert als Kolonialmacht eher Gegner als Freunde des Vereinigten Königreichs waren. Das wandelte sich vor allem im 20. Jahrhundert durch die beiden Weltkriege, die jeweils durch den Eintritt der USA maßgeblich entschieden wurden. Zur geläufigen Redewendung wurde „special relationship" aber erst im März 1946 durch eine Rede des Kriegspremiers Winston Churchill, dessen Mutter Jennie Jerome Amerikanerin war.

In der Tat bekam während des Zweiten Weltkrieges und Churchills erster Amtszeit als Premier der Grosvenor Square den Spitznamen „Eisenhower Platz" – und zwar auf Deutsch. Denn 1942 errichtete Dwight D. Eisenhower als Oberbefehlshaber der alliierten Streitkräfte in Europa sein Hauptquartier im Haus Nummer 20. 1989 enthüllte die damalige Premierministerin Margaret Thatcher vor der seinerzeit noch dort ansässigen Botschaft eine von Robert Dean geschaffene Statue Eisenhowers, der zudem von 1953 bis 1961 Präsident der USA war. Thatcher hatte überdies ein politisch enges Verhältnis zu Ronald Reagan, der von 1981 bis 1989 US-Präsident war und von dem ebenfalls eine Statue vor der Botschaft stand.

In der Mitte der Grünfläche ragt seit 1985 ein Obelisk in die Höhe, auf dem ein in Bronze gegossener, zum Abflug ansetzender Weißkopfseeadler thront, den die britische Künstlerin Elisabeth Frink entworfen hat. Er fliegt gewissermaßen dem US-Wappentier auf dem ehemaligen Botschaftsgebäude entgegen. Das von dem US-Medienmagnaten Randolph Hearst in Auftrag gegebene Denkmal gilt den „Eagle Squadrons". Das waren drei Einheiten der britischen Luftstreitkräfte, in denen schon vor der Kriegserklärung Deutschlands an die USA im Dezember 1941 amerikanische Piloten eingesetzt waren. Als Ausdruck einer besonderen Verbundenheit zwischen beiden Ländern mag auch noch die respektgebietende Statue von Franklin D. Roosevelt gesehen werden, die 1946 am nördlichen Rand des Grosvenor Square aufgestellt wurde. Vornehm, ehrerbietend, auf einen Stock gestützt und mit einem wärmenden Umhang, der über seine Schultern geworfen ist, blickt der Präsident, der die USA durch den Zweiten Weltkrieg führte, gen Süden. Im Osten des Areals ist zudem vor einem kleinen klassizistischen und tempelartigen Gebäude, das zu den Seiten von Pergolen gerahmt ist, ein kleiner Gedenkgarten für die 67 britischen Opfer der Terrorattacken auf das World Trade Center im Jahr 2001 angelegt worden.

In den Kriegen gegen den Irak und Afghanistan zeigte sich das Vereinigte Königreich zuletzt als treuerster Verbündeter der USA – als seien die durchaus verschiedenen Auffassungen etwa in der Sueskrise in den 1950er Jahren, als die USA die Streitkräfte des UK und Frankreichs gewissermaßen zurückpfiffen, vergessen. Man könnte den Eindruck gewinnen, die einstige Kolonialmacht wolle sich damit auch die Unterstützung der nunmehr militärisch, wirtschaftlich und politisch weit überlegenen USA für einen weiteren Ernstfall sichern. Andererseits wissen auch die USA, dass sie in einer multipolaren Welt nun immer stärker auf Verbündete angewiesen sein werden. Mag sein, dass die „special relationship" zur Weltmacht auf der anderen Seite des Atlantiks, die der Grosvenor Square geradezu feiert, damit auch immer mehr zu einer beidseitigen Angelegenheit wird. Entwürfe für eine Umgestaltung des Parks sind bereits genehmigt worden. Aber die Denk- und Mahnmäler sollen dort erhalten bleiben.

Vom Maßanzug zur Stangenware

Über die Savile Row zur Oxford Street

Als man früher – also sagen wir: bis in die 1970er oder 1980er Jahre hinein – nach Paris, London oder New York reiste, war man in der Regel immer auch gespannt darauf, was es dort anderes als in der Heimat zu kaufen gab. Insbesondere galt dies für Kleidung. Paris und Mailand mögen das immer noch für sich beanspruchen, was bestimmte hochpreisige Mode anbelangt. Das ändert aber nichts daran: Die Vorfreude darauf ist heute dahin, jedenfalls weitgehend. Wer in Buxtehude, einer schönen Stadt mit rund 40.000 Einwohnern, etwa ein Kleidungsstück, auch ein extravagantes, erwerben will, findet es entweder vor Ort oder schon im nahen Hamburg. Vor allem aber: Nahezu allerorten dominieren wenige internationale Marken mit ihren Filialen die Shoppingmalls. In London haben sich aber gleichwohl ein paar Nischen gehalten. Auch weil sie dort sozusagen unter Denkmalschutz gestellt worden sind. Jedenfalls gilt dies für die Maßschneider in der Savile Row, die britische Herrenanzüge zu so etwas wie einem weltweit anerkannten Kulturgut gemacht haben. Denn nachdem Anfang dieses Jahrtausends einige der angesprochenen internationalen Markenketten ein Geschäft an der Savile Row aufmachen wollten, hat die Regierung des Bezirks Westminster die Straße zu einer „Special Policy Area" erklärt – ebenso wie beispielsweise die nahe Jermyn Street südlich von Piccadilly mit ihren Hemdenmachern und dem wohl exquisitesten Käseladen im Vereinigten Königreich „Paxton & Whitfield". Wer an der Savile Row heute einen Laden aufmachen will, darf keinen Maßschneider verdrängen. Zudem müssen neue Mieter nicht nur, aber auch „maßgeschneiderte, einzigartige Produkte in limitierter Auflage oder Unikate verkaufen", heißt es in dem Beschluss weiter. Und: Sie müssen „dem Charakter und der Funktion des Gebiets entsprechen".

Wer die Savile Row entlanggeht, kann somit weiter in „charmant gestriger Gediegenheit" schwelgen, wie es Alexander Menden in der „Süddeutschen Zeitung" einmal formulierte. Breite Holzrahmen halten vor allem auf der Ostseite der Straße gewaltige Schaufensterscheiben, auf denen nicht selten noch in goldenen Lettern der Name des Geschäfts geschrieben steht. Dahinter stehen Puppen oder Torsos mit eleganten Jacketts, die bald in dunklem Blau, bald in gedämpften Pastelltönen daherkommen – ähnlich vielen Bediensteten in den Läden. Natürlich tauchen auch schwarze, blaue und graue Nadelstreifenanzüge auf, die so schlicht geschnitten sind, dass sie selbst wohl dem Londoner Dandy George Bryan Brummell gefallen hätten, der Anfang des 19. Jahrhunderts den Herrenanzug mit langer Hose und die Krawatte populär machte. Dazu werden nicht nur Schlipse mit klassischen Mustern gezeigt, sondern auch Accessoires wie beispielsweise alte sperrige Koffer ohne Rollen, die einst Bedienstete der vornehmen Gesellschaft auf Reisen schweißtreibend ihren Arbeitgebern hinterherschleppen mussten. Vor den Auslagen kann man überdies straßenseitig oft in einen geländerbewehrten Schacht hinunter in das Untergeschoss der Läden schauen und zugucken, wie Schneider – und auch Schneiderinnen – sorgsam mit Kreide die Schnitte auf die wertvollen Stoffe zeichnen und dann die Schere an sie ansetzen.

Als die Corona-Pandemie 2020 auch über das Vereinigte Königreich hereinbrach, hatte sich dieser „nostalgische Verkaufsanreiz" allerdings als „krisenanfällig" erwiesen, wie Alexander Menden weiter berichtet. Denn beim Maßnehmen wird der Körper berührt, was sich nun so gar nicht mit dem „social distancing" vereinbaren ließ, zu dem die Seuche nötigte. Tatsächlich mussten aufgrund der Pandemie ein paar alteingesessene Läden schließen. Allerdings war das Geschäft mit Maßanzügen schon in den Jahren vorher immer schwieriger geworden. Und auch das mit Krawatten. Denn der Schlips verschwand selbst im Berufsleben der Banker nahezu und der perfekt sitzende Nadelstreifen kam in der übrigen Geschäftswelt immer mehr aus der Mode. 2022 wurde aufgrund zu geringer Verkäufe der Herrenanzug erstmals aus dem repräsentativen Einkaufskorb genommen, mit dem das Office for National Statistics die Inflation im Vereinigten Königreich misst. Ist es also doch bald vorbei mit den Blicken hinter die geputzten Schaufenster und auf die holzgetäfelten Stuben, denen die Geschäfte eher ähneln als einem Laden?

Fest steht: Die Maßschneider haben schon so manche Krise überstanden, seit sie Mitte des 19. Jahrhunderts das einstige Wohngebiet an der Savile Row in Beschlag genommen haben. Damals begrüßten sie unter anderem noch den Schriftsteller Charles Dickens, Frankreichs Kaiser Napoleon III. und auch seinen deutschen Gegenspieler Otto von Bismarck als Kunden. Später ließ Kriegspremier Winston Churchill dort maßfertigen und bald auch einige Hollywoodstars wie Clarke Gable. Es wechselten nicht nur die Moden, es kamen auch Kriege und forcierten das Geschäft mit Uniformen – und es gingen die Kriege und ließen dieses Geschäft wieder abflauen. Und es kamen die 1960er Jahre mit schrillen Farben, die die Teddy-Boys und Mods aus der Carnaby Street im benachbarten Soho so liebten.

Was das bedeutete, veranschaulichten unter anderem die Beatles, die seinerzeit das Hauptquartier ihrer Plattenfirma „Apple" an der Savile Row Nummer 3 eingerichtet hatten. Eine blaue Plakette erinnert heute an dem Gebäude an das letzte Konzert der um Keyboarder Billy Preston ergänzten „Fabulous Four", das sie am 30. Januar 1969 auf dem Dach des Hauses gaben. Tickets und eine Promotion gab es nicht. Kurz nachdem sie in die Saiten griffen und zu trommeln anfingen, bildeten zufällige Passanten einen Flashmob, der die gemeinhin recht ruhige Savile Row verstopfte. Die weitaus meisten Zuschauer waren allerdings nur Zuhörer, konnten die Hippie-Outfits von drei Bandmitgliedern ob des steilen Blickwinkels nicht mehr erhaschen. Aber das Konzert wurde von umliegenden Dächern aus gefilmt. Die Aufnahmen zeigen Schlagzeuger Ringo Starr in einem knallroten Plastikmantel, den er sich wegen der frischen Temperaturen und des eisigen Windes von seiner Frau ausgeliehen hatte. John Lennon schützte sich dagegen mit einer dicken Felljacke, die ihm Yoko Ono gegeben hatte. Und George Harrison hüpfte in einer plüschigen schwarzen Jacke herum, die auch eher wie eine Damenbekleidung daherkam. Nur Paul McCartney trug einen dunklen Anzug, fiel ansonsten vor allem durch seinen Vollbart auf. Drum herum drängelten sich auf dem Dach ein paar geladene Gäste, Kameraleute und Polizisten, die angeblich von Nachbarn alarmiert wurden. Sie brachen das Konzert freilich nicht ab, sondern ermahnten die Beatles nur, nicht zu laut zu spielen. Wichtig ist vor allem: Die Schneider der Savile Row überstanden die Attacke der „Roaring Sixties".

Findig stellen sie sich nun auch den neuen gesellschaftlichen Veränderungen. Nach Ausbruch der Pandemie fing ein Schneider gleich an, Mund-Nasen-Schutzmasken und Krankenhauskittel an den Tischen hinter den Verkaufsräumen zu nähen. Auch Maßnehmen per Video wurde zumindest recht früh angeboten. Nun, wo Corona abgeebbt ist und den Schrecken verloren hat, fliegt oder fährt wieder so mancher an die Themse, um sich an der Savile Row einen Anzug und auch Hemden maßfertigen zu lassen. Das geht nicht von jetzt auf gleich, es braucht dazu mehrere „Fittings", die manch Schneider auch andernorts vornehmen darf, und die bis zu einem Vierteljahr auseinanderliegen. Jedenfalls wenn es sich um eine reine Maßanfertigung handelt. Zu unterscheiden ist zwischen „bespoke", also einer durch und durch individuellen Anfertigung, und

„made to measure“, was im Deutschen der „Maßkonfektion“ entspricht. Das ist so etwas wie eine preiswertere und industriellere Methode, bei der vorgefertigte Schnittmuster den Kundenmaßen angepasst werden. Im Übrigen gibt es in der Savile Row längst nicht mehr nur Herrenkleidung. Kurz vor der Pandemie eröffnete Daisy Knatchbull mit „The Deck“ sogar ein Geschäft, das nur Anzüge, Jacketts und Hosen für Damen anbietet.

Eine Dame war es auch, die der Straße ihren Namen gab: Lady Dorothy Savile. Sie war die Gattin von Richard Boyle, 3rd Earl of Burlington, dem im 18. Jahrhundert dieses Gebiet nördlich der Ausfallstraße Piccadilly gehörte. Darauf ließ er bis 1720 von Colen Campbell nach dem Vorbild des Palazzo Porto in Vicenza einen kleinen Palast, das Burlington House, im palladianischen Stil errichten. Vom südlichen Ende der Savile Row aus erblickt man die Rückseite des Baus an den Burlington Gardens, an der ihn Fahnen und Plakate als Heimat der Royal Academy of Arts, also der Kunsthochschule, ausgeben. Die Akademie ist zugleich eines der bedeutendsten Museen Londons. Epochemachend war etwa 1981 die Schau „A New Spirit in Painting“, die der damalige Kurator Norman Rosenthal zusammen mit Christos Joachimides und Nicholas Serota konzipierte, der später Direktor der Tate Gallery wurde. Sie initiierte eine Rückbesinnung auf die Malerei und verhalf insbesondere deutschen Künstlern wie Georg Baselitz und Anselm Kiefer zu Weltruhm.

Nördlich der Burlington Gardens und damit der Kunstakademie befindet sich – „naturgemäß“ möchte man mit Thomas Bernhard meinen – das traditionelle Galerienviertel Londons. Zwar sind in den vergangenen Jahrzehnten eine Reihe von Galerien in ehemalige Arbeiter- und Slumgebiete des East End gezogen und haben dort die Gentrifizierung vorangetrieben. Doch allein schon ein Blick in die Schaufenster an den Straßen rund um die Akademie gibt immer noch einen – wenn auch flüchtigen – Eindruck aktueller Kunstströmungen. Unweit befindet sich zudem in der New Bond Street Nummer 34/35 die Londoner Filiale des in den USA beheimateten Auktionshauses Sotheby's. In der Nachbarschaft gewähren Nobelläden, von denen viele allerdings Filialen internationaler Ketten sind, Blicke in ihre Auslagen. Auch das Blumengeschäft, in das Virginia Woolf die Protagonistin aus der Upperclass in ihrem Roman „Mrs. Dalloway“ in die Bond Street schickt, wird man dort nun vergebens suchen.

In Mayfair kann man nicht nur in der Savile Row oder der New Bond Street wie auch der Old Bond Street ungewöhnlich viel Geld für Kunst, Kleidung und

Accessoires ausgeben. Das ist auch an der Westseite der Royal Academy of Arts möglich, an der sich die Burlington Arcade schnurgerade über 180 Meter erstreckt. Diese wohl edelste Einkaufspassage Londons verströmt nahe der Dekadenz den aristokratischen Charme des 19. Jahrhunderts. Durch ein Glasdach flutet Tageslicht auf die oft holzvertäfelten Ladenfronten, die gediegene Behaglichkeit vermitteln und zu Blicken auf Juwelen, Uhren, Kaschmirpullover, Lederhandtaschen und mehr einladen. Flaneure sollten dort allerdings kein großes Paket tragen, keinen Regenschirm aufspannen oder gar ein Musikinstrument spielen. Sie würden dann nämlich von den „Beadles", wie die Zylinder tragenden „Büttel" der Wachmannschaft in der Einkaufspassage genannt werden, des Ortes verwiesen. Die Aufpasser wurden früher aus ehemaligen Soldaten eines Husarenregiments rekrutiert, aber auch heute werden zuverlässige Ex-Militärs gerne in diese Schutztruppe aufgenommen.

Anders als man meinen könnte, entwarf Samuel Ware die 1819 fertiggestellte Passage nicht, um die wohlhabenden Kunden vor Londoner Schmuddelwetter zu schützen, sondern vielmehr, weil Lord George Cavendish, der 1815 das Burlington House erwarb, Passanten daran hindern wollte, Austernschalen und anderen Abfall über die Mauer in seinen Garten zu werfen. Austern waren damals in England ein Armeleuteessen, ja gar ein Tierfraß. Cavendish verkaufte das Burlington House 1854 an die Regierung, die dort dann die Kunsthochschule sowie sechs weitere königliche Gesellschaften unterbringen wollte. Dafür musste weiterer Platz geschaffen werden mit dem Resultat, dass dieses Schmuckstück an Architektur durch „Verbesserungen in viktorianischer Zeit ruiniert" wurde, wie Roy Porter in seiner Sozialgesichte Londons meint. Campbells prächtiges Eingangstor am Piccadilly sowie dahinterliegende Säulengänge, die von James Gibbs entworfen worden waren, mussten dem schweren, renaissanceartigen historistischen Block weichen, der noch heute die Straßenfront bildet und unter anderem von der Hand Edward Middleton Barrys stammt. Heftiger noch verunstaltete Sydney Smirke 1872 die Villa durch ein zusätzliches Stockwerk, das die palladianischen Proportionen zerstörte.

Cavendishs Ärger mit den Passanten der Burlington Arcade war symptomatisch für den damaligen Wandel Mayfairs zum Nobeleinkaufsviertel Londons. Genauso symptomatisch wie der Wandel der Savile Row von der Wohn- in eine Einkaufsstraße. Maßgebliche „Schuld" daran tragen König George IV. und sein Leibarchitekt John Nash. Nash ließ mit der Regent Street am Waterloo Place eine

Magistrale beginnen, mit der er das königliche Viertel St James mit einer seinerzeit noch anzulegenden, weitläufigen Grünanlage im Norden, dem Regent's Park, verband.

Allerdings gab Nash den Ladenbesitzern damit neuen Raum. Mehr und mehr Geschäfte aus der City und von The Strand zogen nach Mayfair. Nördlich von Piccadilly, wo die Regent Street in einem charakteristischen Bogen nur knapp an der Savile Row vorbeiläuft, gestaltete Nash damals Kolonnaden mit Luxusgeschäften. Schlachter, Gemüsehändler und ähnliche Gewerbe durften sich dort nicht ansiedeln. Die Regent Street wurde bald zum vornehmsten Zentrum des Modegeschäfts – und zu einer sozialen Grenze zu Soho auf der östlichen Seite. Das ist sie auch heute noch. Und auch noch eine Einkaufsmeile. Neubauten ohne Kolonnaden aus den 1920er Jahren haben allerdings Nashs damals brüchig gewordene Häuser ersetzt.

„Zu viele Schnäppchen, zu viele Schlussverkäufe, zu viele Preissenkungen … zu marktschreierisch, zu lärmend." So empfand Virginia Woolf, die Londons Innenstadt leidenschaftlich gerne zu Fuß erkundete, bereits 1932 die Oxford Street, die weiter nördlich die Regent Street kreuzt. Daran hat sich bis heute nichts geändert. Menschenmassen drängen und quetschen sich auf den Bürgersteigen, selbst nachdem diese verbreitert wurden. Mit der Gediegenheit und Exklusivität der Burlington Arcade, der Savile Row und der beiden Bond Streets ist es hier vorbei – und auch mit Mayfair, dessen nördliche Grenze die Oxford Street bildet.

Schon jenseits dieser Demarkationslinie – und damit im Stadtteil Marylebone – flankiert ein rechteckiger Klotz mit mächtigen ionischen Säulen die Oxford Street. Gestaltet wurde er von dem aus Chicago stammenden Architekten Daniel Burnham für einen Landsmann, der eine neue Kaufhaus-Ära einleiten sollte: Harry Gordon Selfridge. Er präsentierte die Waren an gut beleuchteten Tischen mit deutlicher Kennzeichnung der Preise. In luxuriös anmutender Atmosphäre sollte Einkaufen in seinem Warenhaus zum besonderen Erlebnis werden. Insbesondere hatte Selfridge dabei die weibliche Klientel im Blick und platzierte dazu gleich hinter dem Eingang im Erdgeschoss eine großzügige Kosmetikabteilung. Das Konzept wird bis heute kopiert. Das Kaufhaus Selfridges & Co entsprach trotz der aufwendigen Gestaltung vom Angebot durchaus den mittel- und niedrigpreisigen Geschäften, die an der Oxford Street dominieren. Spätere Miteigentümer ließen es mehr auf das Luxussegment trimmen. Aber es bleibt trotzdem die Frage, ob man sich dafür dort ins Getümmel stürzen sollte, wenn man Artikel bekannter Luxusmarken auch in Buxtehude oder zumindest in Hamburg erwerben kann.

Coca-Cola
SAMSUNG
SAMSUNG
LUXURY 3 BEDROOM AND
PENTHOUSE APARTMENTS FOR SALE
IN THE HEART OF VICTORIA
Create your character at LittlePicca.com
HARRY POTTER
INSPECTOR
BARNABY
Boots
beauty

Das vergnügte Herz Londons

Piccadilly Circus

Es sind nicht ganz so viele Straßen wie über der U-Bahn-Station „Bank“, die am Piccadilly Circus zusammenkommen. „Nur“ sechs. Aber die Energie, die „Vibrancy“ ist ähnlich intensiv. Rote Doppeldeckerbusse, Black Cabs, die keinesfalls immer schwarz sind, einige Lieferwagen und sehr wenige Privatwagen strömen aus der Regent Street, von der Einfallsstraße Piccadilly, der Shaftesbury Avenue und der Coventry Street herbei und davon. Und ein unablässiger Strom von Menschen, der zusätzlich noch aus der Glasshouse Street gespeist wird, umflutet die Passanten im flirrenden Licht ikonisch gewordener Leuchtreklamen, den „Piccadilly Lights“ im Norden des Platzes. Nur ein paar verweilen, die meisten scheinen magisch angezogen und dann sogleich wieder weiter in die Umgegend mit ihren vielen Theatern, Clubs, Restaurants oder auch Läden ausgespült zu werden. Soho lockt im Norden und östlich des Leicester Square und des Covent Garden. So ist der Platz auch ein beliebter Treffpunkt, an dem man sich für abendliche Unternehmungen verabredet. Piccadilly Circus ist das zweite Herz, das in Londons Brust pulsiert. Die Leidenschaft, von der es angetrieben wird, ist hier aber nicht, wie bei Bank, das Geld, sondern das Vergnügen, für das das erarbeitete Geld ausgegeben wird. Nicht Nadelstreifen und adrette Kostüme wandeln durch das Straßenbild, sondern Jeans, karierte Hemden, kurze Kleider, Stilettos, aber auch Sneakers. Hier strömen Touristen und Londoner zusammen, und zwar auch noch spät abends und nachts, wenn in der City längst die Bürgersteige hochgeklappt sind. Hier herrscht keine angespannte Geschäftigkeit, sondern Partystimmung.

Dazu passt Eros. So wird im Volksmund die kleine Figur auf dem doppelstöckigen, aus zwei achteckigen Bassins bestehenden Brunnen genannt, der sich im Süden des Platzes inmitten eines Fußgängern vorbehaltenen Halbrunds emporhebt. Als sie 1893 enthüllt wurde, war sie die erste aus Aluminium gefertigte Plastik. Sie stellt einen geflügelten Jüngling dar, der mit seinem Bogen einen Pfeil auf die Passanten südlich des Brunnens abgeschossen hat. Das erscheint fast zynisch, war doch der Haymarket, der südwestlich des Piccadilly Circus verläuft, einst berüchtigt für käuflichen Sex. Ebenfalls Soho, wo in den vergangenen

Jahren im Zuge von Polizeirazzien viele Zimmer, in denen dem angeblich ältesten Gewerbe der Welt nachgegangen wurde, geräumt wurden. Piccadilly Circus galt zumindest für viele Jahrzehnte als „Zentrum der Prostitution“ und war stets der Teil Londons, der am ehesten mit „Gelegenheitssex“ in Verbindung gebracht wurde, wie Peter Ackroyd schreibt.

Offiziell heißt der Brunnen allerdings gar nicht „Eros“, sondern „Shaftesbury Memorial Fountain“. Mit ihm sollte dem 1885 gestorbenen konservativen Politiker und Philanthropen Anthony Ashley Cooper, 7th Earl of Shaftesbury, ein Denkmal gesetzt werden. Der Earl hatte sich vehement gegen den von Liberalismus und Sozialdarwinismus geprägten Zeitgeist des 19. Jahrhunderts stark gemacht, setzte sich insbesondere für bessere Arbeitsbedingungen und Bildung ein. Entsprechend wollte der Schöpfer der Statue, der Brite Alfred Gilbert, auch einen „Engel christlicher Barmherzigkeit“ auf dem Brunnen darstellen. Dieser Intention korrespondiert zumindest teilweise, dass Gilbert gegenüber seinem Biografen Joseph Hatton sagte, die Figur stelle Anteros dar. Das ist der Bruder von Eros und gilt als Gott der Gegenliebe. Erst durch seine Nähe begann der griechischen Sage nach Eros zu wachsen. Anteros ist also die notwendige Ergänzung zu Eros, lässt diesen erst richtig aufblühen. Allgemein wird die Figur bis heute aber auch als ein Rebus, ein Bildrätsel, für Shaftesbury angesehen. Denn sie spannt keinen Pfeil – auf Englisch „shaft“ – in ihrem Bogen. Dieser muss also schon abgeschossen worden sein und ist nun im Boden begraben – auf Englisch: „buried“, die Vergangenheitsform von „to bury“.

An dem Brunnen konnten Passanten ursprünglich einen Schluck Wasser zu sich nehmen. Dazu standen bei der Eröffnung noch acht Tassen bereit, die mit Ketten an dem Bronzewerk befestigt waren, das die Statue trägt. Tags darauf waren davon nur noch zwei übrig, eine weitere lag zerschellt am Boden des Brunnens. Außerdem war das Fassungsvermögen der Bassins entgegen Gilberts Entwürfen und auf Anweisung des Komitees, das den Bau des mit Spendengeldern finanzierten Denkmals zu genehmigen hatte, verkleinert worden. Dadurch schwappte das Wasser über auf Bürgersteige und Fahrbahnen. Und bei kräftigem Wind bekamen Passanten eine unfreiwillige Dusche. Gilbert war so wütend über die Veränderungen, dass er der feierlichen Enthüllung fernblieb. Überdies ruinierte ihn das Werk finanziell. Er erhielt ein Honorar von dreitausend Pfund, hatte aber wohl Aufwendungen von siebentausend Pfund. Von diesem Schlag sollte er sich nicht mehr richtig erholen. Er musste 1901 sein Atelier im Londoner Stadtteil Maida Vale aufgeben und zog ins belgische Brügge. Gilbert kehrte erst 1926 nach England zurück, starb im Alter von achtzig Jahren 1934 in London. Da war bereits die U-Bahn-Station „Piccadilly Circus" unter dem Brunnen angelegt worden, der dafür zeitweise eingemottet werden musste. Mehrfach wurde die Verkehrsführung an dem Platz geändert. Lange umspülte ein Kreisverkehr den Brunnen, ehe er an seinen heutigen Ort versetzt wurde.

Der Piccadilly Circus ist samt seinem Brunnen ein Erkennungsmerkmal Londons. Wie Bank entstand der Platz eher beiläufig, als Nebenprodukt, und zwar 1819 aus dem Zusammentreffen der Straße Piccadilly im Westen und der von John Nash im Rahmen einer umfassenderen Stadtplanung konzipierten Nord-Süd-Achse Regent Street. Die Ein- und Ausfallstraße Piccadilly war bereits im 17. Jahrhundert entstanden. Den Namen gab ihr Robert Baker, der damals Land nördlich des heutigen Piccadilly Circus erworben hatte. Zuvor hatte er ein Vermögen durch den Verkauf von „piccadills" gemacht – das sind große und breite Kragen aus Spitzen, die damals sehr in Mode waren und von einer Art Stehkragen gehalten wurden. Er baute 1612 nahe der heutigen Windmill Street ein Landhaus, das schnell den Beinamen „Piccadilly Hall" bekam. Ein Zeichen war gesetzt, und so bauten in den folgenden Jahrzehnten mehrere Adlige Häuser am Piccadilly. Das bedeutendste war sicherlich das Burlington House, in dem, nach mehreren Umbauten, heute die Royal Academy of Arts untergebracht ist. Im 19. Jahrhundert wurde Piccadilly zu einem Prachtboulevard, an dem viele Berühmtheiten ihrer Zeit wohnten – so etwa der Dichter Lord Byron, John Scott, 1st Earl of Eldon, und – schon im 20. Jahrhundert – der Duke of York, bis er 1936 als George VI. den Thron bestieg. Der zunehmende Autoverkehr vertrieb die wohlhabende Klientel allerdings im Laufe des 20. Jahrhunderts ebenso wie einige Clubs, die dort ihre Räumlichkeiten hatten. An ihre Stelle traten mehr und mehr Hotels. Das berühmteste ist wohl das Ritz.

Ende des 19. Jahrhunderts wurde nördlich des Piccadilly Circus noch die Shaftesbury Avenue angedockt, wodurch der Platz noch größer wurde. Das geschah nicht nur aufgrund des zunehmenden Straßenverkehrs, vielmehr zogen die Stadtplaner damit entlang mehrerer kleiner Straßen eine breite Schneise durch einen Slum, zu dem das Gebiet damals verkommen war. Viele Behausungen armer Handwerker und Ladenbetreiber wurden dafür abgerissen, was nicht gerade im Sinne des 7th Earl of Shaftesbury gewesen sein dürfte, nach dem die Straße ebenso wie der Brunnen benannt ist. Unbeabsichtigt führte der Bau der

Shaftesbury Avenue zu einem weiteren Erkennungsmerkmal des Piccadilly Circus und damit Londons: nämlich zu den Leuchtreklamen. Als die Verträge für die Neubauten an der Shaftesbury Avenue aufgesetzt wurden, war es wohl auch nicht absehbar, dass diese Form der Werbung um sich greifen und den Hausbesitzern überaus einträgliche Mieten einbringen würde. Auf jeden Fall waren die Kontrakte im Gegensatz zu denen für Nachbarbauten aus Nashs Zeit zu lasch formuliert, und so flimmern bunte Logos und Produktversprechen seit 1910 über den Platz.

Schon kurz nach Fertigstellung mauserte sich die Shaftesbury Avenue im weiteren Verlauf zur Theaterstraße. Um 1900 herum eröffneten bis hinauf zur Kreuzung mit der Charing Cross Road allein sieben Theater an ihrer Nordseite. Heute sind es immerhin noch fünf, darunter auch das älteste an dieser Straße, das 1888 gegründete Lyric. Die Shaftesbury Avenue steht exemplarisch für einen Boom an Bühnen im gesamten West End, das sich auch östlich und südlich des Piccadilly Circus erstreckt. Er führte dazu, dass sich nicht mehr nur Wohlhabende den Theaterbesuch leisten können, sondern nahezu jeder. Bis heute wird die nördliche und östliche Umgegend von Piccadilly Circus, die sich über Covent Garden hinaus erstreckt, daher auch „Theatreland" genannt. Aber der Begriff deckt die Vielfalt an Vergnügungen, die hier geboten werden, längst nicht ab.

Immigranten und Sexshops

Soho Square und Umgebung

Es schaut aus, als sei es wundersam über Jahrhunderte hinübergerettet worden. Das Fachwerk erscheint ein bisschen windschief, die Stockwerke und Fenster niedrig und klein. Aber zu Tudor-Zeiten, also im 16. Jahrhundert, in deren Stil das Bauwerk errichtet worden ist, waren die Menschen ja auch nicht so groß wie heute. Das Häuschen in der Mitte des Soho Square steigert die Romantik dieses Garden Square, auf dessen Rasenflächen sich insbesondere an warmen Sommertagen viele lässig gekleidete Bedienstete der umliegenden Werbefirmen zum Lunch hinfläzen. Die Idylle hat etwas Märchenhaftes. Es ist nämlich ein Märchen, dass das Häuschen schon vor rund fünfhundert Jahren errichtet wurde. In Wirklichkeit entstand es Ende des 19. Jahrhunderts. Und es ist auch kein Haus im eigentlichen Sinne, sondern ein Geräteschuppen. Aber es ergibt auch unter historischen Gesichtspunkten Sinn.

„So-ho", schallte es hier unter dem zweiten Tudor-Herrscher Henry VIII., in dessen Hände Ländereien nördlich des Whitehall Palace im Zuge der Enteignung der katholischen Kirche 1536 fielen. Wo einst Mönche des Konvents von Abingdon Felder bewirtschafteten, wurde dann Pirsch auf Hasen gemacht und dabei jener Ruf der Jäger gebrüllt, der dem Stadtteil, der später hier entstehen sollte, seinen Namen gab. Es dauerte jedoch noch rund 150 Jahre, bis nach dem Vorbild des Covent Garden der Soho Square angelegt werden konnte. Möglich gemacht hatte dies Charles II., weshalb die Anlage zunächst auch „King Square" hieß. Ursprünglich stand anstatt des Schuppens auch eine von dem dänischen Bildhauer Caius Gabriel Cibber gefertigte Statue dieses Stuart-Königs im Zentrum der Grünfläche. Nach einem Irrweg fand sie aber 1938 dorthin zurück und ziert nun – stark verwittert – ein paar Schritte nördlich des Häuschens den zentralen Gehweg des Parks. Der Monarch hatte Ende des 17. Jahrhunderts das Areal dem Earl of St Albans übereignet. Der verpachtete einen Teil davon an einen Brauer, der eine königliche Baulizenz erwarb und diese samt Pacht an den Bauunternehmer Richard Frith verkaufte. 1691 standen bereits 41 Häuser der Anlage, die bei der Nobilität schwer in Mode kam und um 1720 herum – ein Vierteljahrhundert nach dem Tod Charles II. – ihren heutigen Namen erhielt.

„In vielen Teilen dieses Sprengels ist es so überaus französisch, dass ein Fremder sich leicht vormachen kann, in Frankreich zu sein", bemerkte der nach London übergesiedelte schottische Landvermesser William Maitland nur rund zwanzig Jahre später. Es waren Hugenotten aus Frankreich, durch die Soho fortan zu einem internationalen und daher auch später von vielen Immigranten aufgesuchten Viertel wurde. 1685 hatte der französische König Louis XIV. mit seinem Edikt von Fontainebleau die Verfolgung der Protestanten auf einen Höhepunkt getrieben. Das löste eine weitere Flüchtlingswelle nach England aus, wo sie schon ab 1550 ihre Gottesdienste abhalten durften. Viele der Hugenotten fanden Quartier in der Neubausiedlung am und rund um den Soho Square. Vierzehn Kirchengemeinden gründeten die Hugenotten allein im West End, dazu noch mehrere in Spitalfields östlich der City, das somit auch ein Einwandererviertel Londons wurde und bis heute – insbesondere an der Brick Lane – noch ist. Aber erst 1893 konnten sie am Soho Square ihre erste große Kirche eröffnen, die „French Protestant Church". Kein Geringerer als Aston Webb, der auch den Admiralty Arch und die Fassade des Buckingham Palace entworfen hat, gestaltete die Räume und die in flämischer Gotik gehaltene Fassade des Gebäudes an der Nordseite des Platzes. Ein kleines Relief über dem Eingang erinnert an die Flucht der Protestanten über den Kanal.

Als die Hugenotten kamen, gingen die Aristokraten und suchten sich neue Bleiben im gediegeneren Stadtteil Mayfair nebenan. Der Soho Square und mit ihm die umliegenden Straßen, vor allem die vom Soho Square ausgehenden Greek Street und Frith Street, aber auch die westlich parallel verlaufende Dean Street, wurden bald auch Ziel von Einwanderern aus anderen Ländern. 1746 zog beispielsweise der italienische Veduten- und Landschaftsmaler Giovanni Antonio Canal, genannt Canaletto, ein paar hundert Meter südwestlich des Soho Square in ein Haus an der heutigen Beak Street 41. 1763 flüchtete mit Giacomo Casanova ein weiterer Italiener nach Soho. Er war aus Paris getürmt, wo er des Betrugs an seiner Gönnerin, der Marquise d'Urfé, beschuldigt worden war, und schlüpfte einstweilen in der Greek Street 47 unter.

Der venezianische Schriftsteller und Abenteurer rühmte sich unter anderem, die Wiener Opernsängerin und Kurtisane Teresa Cornelys geschwängert zu haben. Sie hieß eigentlich Imer und hatte 1760 an der Ostseite des Soho Square, etwa dort wo heute die katholische Kirche St Patrick's steht, das berüchtigte Etablissement „Carlisle House" eröffnet. Neben Musik und Tanz wurden dort gegen gesalzenen Eintritt auch aufwendige Maskeraden veranstaltet. Bald machte Cornelys allerdings die Konkurrenz zu schaffen. Aber es waren auch Strafen für „unlizenzierte dramatische Aufführungen", wie es in der „London Encyclopedia" heißt, die sie in den finanziellen Ruin trieben. Durch Cornelys und ihresgleichen wurde der Ruf Sohos als ein Viertel der Vielfalt und der Freiheit auch „mit Freizügigkeiten anderer Art" in Verbindung gebracht, schreibt Peter Ackroyd in seiner London-Biografie. Dieses Image Sohos hat sich bis heute weiter ausgeprägt. In kaum einem Stadtteil tritt die Internationalität und Diversität Londons so deutlich hervor wie in Soho. Anders als etwa rund um die Brick Lane und andere Viertel Londons herrscht hier aber nicht mehr eine einzige Ethnie vor. Soho ist überdies ein Tummelplatz der Bohème, der Lesben, Schwulen und schrillen Heteros, durchsetzt mit entsprechend ausgefallenen Modeboutiquen sowie Sexshops, Stripclubs und schmuddeligen Absteigen des Rotlichtmilieus. Letztere florierten hier insbesondere ab den 1960er Jahren, werden seit 1990 aber immer weiter zurückgedrängt.

Viertel wie Soho haben stets zur Diskriminierung von Großstädten und Metropolen als Orte der Sünde und der Dekadenz geführt. Als gäbe es diese nicht auf dem Land. „London war das wiedergeborene Babylon", schreibt Ben Wilson in seinem Buch „Metropolis" über die Zeit der britischen Hauptstadt zu Beginn des 19. Jahrhunderts. Ob man es nun bedauert oder verabscheut: Rotlichtviertel wie Soho gehören zu einer wahrhaften Metropole genauso wie Internationalität. Beides wird mit dem vielsprachigen Babylon assoziiert. Aber gerade aufgrund seiner Internationalität war Babylon nach Wilsons Ansicht im 6. vorchristlichen Jahrhundert auch eine intellektuelle und künstlerische Hauptstadt ohnegleichen. Babylon habe nur „das Unglück, durch eine ihrer vielen gefangenen Bevölkerungsgruppen unsterblich gemacht worden zu sein". In der Tat prägt die biblische Überlieferung aus dem Alten Testament bis heute das Bild der Metropole als Stadt der Sünde und gottloser Hybris, die damit abgestraft wird, dass sich ihre Bewohner aufgrund der Vielsprachigkeit nicht mehr untereinander verständigen können. Tatsächlich wurde Babylon so nicht abgestraft, sondern blieb noch lange eine internationale Metropole.

Trotz ähnlicher Anfeindungen blieb dieses Trugbild Babylons an London nicht haften. Eher wird die Hauptstadt des Vereinigten Königreiches mit den Vorteilen gerade der Internationalität verbunden. Sie kennzeichnet die Themsemetropole in besonderem Maße, und zwar seit ihrer Gründung 43 nach Christi durch die Römer. Sie ist wesentlicher Bestandteil ihrer DNA und einer der bedeutendsten Gründe, warum London seit vielen Jahrhunderten und bis heute wirtschaftlich, wissenschaftlich und kulturell zur absoluten Weltspitze zählt. „Große Metropolen sind aufgebaut aus Lagen von Geschichte und Myriaden interner Widersprüche. Sie werden genauso angetrieben durch unsere Lüste, Laster und Eigennützigkeit wie durch unsere Ratio und gute Absichten. Sicher, wir wollen gute Abwasserkanäle und weniger Prostitution; aber eine gesäuberte Stadt ist eine, die ihren elektrischen Funken verliert", schreibt Wilson weiter. Das macht Soho für London deutlich.

Im 19. Jahrhundert flohen auch viele Deutsche, die an der gescheiterten Revolution von 1848 beteiligt waren, nach London. Darunter der Philosoph und Ökonom Karl Marx. Eine Unterkunft im damals für bürgerliche Verhältnisse noch relativ preiswerten und bei Intellektuellen in Mode gekommenen Chelsea konnte sich Marx sehr bald nach seiner Ankunft 1849 nicht mehr leisten und zog deshalb nach Soho in die Dean Street. Als Staatenlose wohnten er und seine Familie zunächst in Nummer 64, wenig später in Nummer 28, in deren Erdgeschoss seit 1926 das Restaurant „Quo Vadis" einlädt. Marx, seine Frau Jenny von Westphalen, ihre anfangs drei Kinder sowie das Hausmädchen Helene Demuth, das der Hausherr später schwängerte, pferchten sich in einer Zweizimmerwohnung bis 1856 unter erbärmlichen Umständen zusammen. Soho war zu dieser Zeit zu einem der am dichtesten besiedelten Stadtteile Londons geworden – und begann zu einem Slum zu verkommen. 1854 brach auch noch die Cholera aus, deren Ursache der Mediziner John Snow dabei in Soho auf die Spur kam. Wer es sich leisten konnte, zog weg; wer blieb, war dafür zu arm.

Das begann sich erst wieder zu ändern, als Ende des 19. Jahrhunderts die Shaftesbury Avenue durch den Stadtteil geschlagen wurde und dort viele Theater aufmachten. Vor und nach den Bühnenstücken gönnten sich die Besucher gerne einen Drink und auch ein Essen, weshalb bald viele Restaurants in Soho eröffneten. Zudem kam es besonders nach dem Ersten Weltkrieg in Mode, auch Empfänge außerhalb der eigenen vier Wände abzuhalten, da sich immer weniger Haushalte eigene Angestellte leisten konnten.

Aber in Soho lag auch schon früh Musik in der Luft. Im Haus Nummer 21 an der Dean Street, das einem Korsettmacher gehörte, gab der erst siebenjährige Wolfang Amadeus Mozart 1764 ein Cembalokonzert. Nach dem Zweiten Weltkrieg wurde Soho dann ein Zentrum einer ganz anderen Art von Musik. Daran erinnert eine grüne Plakette am Haus Nummer 59 der Old Compton Street, die das ehemalige Kaffeehaus „2i's", das hier von 1956 bis 1970 bestand, als „Geburtsstätte des britischen Rock'n'Roll und der Popmusikindustrie" ausweist. Im Keller begann damals unter anderem die Karriere von Cliff Richard.

Die Saxophonisten Ronnie Scott und Pete King hatten 1959 den Jazzclub „Ronnie Scott's" an der Gerard Street gegründet und zogen mit ihm 1965 an die Frith Street. Die Liste der Größen, die dort auftraten, ist so imposant wie lang: Stan Getz und Count Basie sind darunter ebenso wie Ella Fitzgerald und The Who. Jimi Hendrix, der zeitweilig im nahen Mayfair neben dem ehemaligen Wohnhaus von Georg Friedrich Händel wohnte, gesellte sich dort in der Nacht des 16. September 1970 zu Eric Burdon, der mit seiner Gruppe „War" den Saal rockte. Es sollte der letzte Auftritt von Hendrix sein. Zwei Tage später starb er an seinem Erbrochenen im Hotelzimmer seiner Freundin Monika Dannemann. Ronnie Scott, dessen Nachname eigentlich Schatt war, starb 1996. 2005 übernahmen der US-Schauspieler Kevin Spacey und der Theaterimpresario Sally Green den Club. Pete King war bis zu seinem Tod 2009 ihr Berater.

Nur ein wenig weiter westlich markiert die Regent Street die Grenze Sohos. Mit der Anfang des 19. Jahrhunderts angelegten Einkaufsstraße trennte der Lieblingsarchitekt von George IV., John Nash, das seinerzeit verwahrlosende Soho von dem vornehmen Mayfair ab. Heute markiert die Regent Street eher die Grenze zwischen Bohème und gediegener Bourgeoisie. Selbst die Filmindustrie, die von den 1940er Jahren an rund um die Wardour Street zu florieren begann, überschritt diese Demarkationslinie nicht. Als sie größere Räumlichkeiten benötigte und dazu das nötige Kleingeld hatte, dehnte sie sich hingegen nördlich über die Oxford Street nach Fitzrovia aus – und eben zum Soho Square. Der wird von der Filmbranche aber nun auch mehr und mehr verlassen. Noch ist dort in Nummer 3 das British Board of Film Classification beheimatet, das über die Altersbeschränkungen der Filme befindet. Eine Erinnerung an glorreiche Zeiten ist das Twentieth Century House an der Ecke zur Frith Street. Von 1937 bis 2019 hatte die Londoner Niederlassung des Hollywoodstudios 20th Century Fox dort ihren Sitz. Als der neue Besitzer, ein Immobilienentwickler, 2020 seine Pläne vorlegte, die einen Abriss des Gebäudes vorsehen, regte sich prompt Protest, unter anderem von Ex-Beatle Paul McCartney, von der James-Bond-Produzentin Barbara Broccoli, dem britischen Regisseur Mike Leigh und der Schauspielerin Rosamunde Pike. Die Abrisspläne wurden Anfang 2023 von der

Bezirksregierung der City of Westminster zurückgezogen. Das gibt Hoffnung, dass Soho seinen eigentümlichen Charme bewahrt und weiter ein „elektrischer Funken“ Londons bleiben kann.

RETRO
STABLE
RETRO
WORLD
sale

Wo London am meisten rockt

Camden High Street und Chalk Farm Road

Wer aus den schummerigen Gängen der U-Bahn-Station „Mornington Crescent“ emporsteigt, kann beinahe geblendet werden, selbst wenn die Sonne nicht von einem wolkenlosen Himmel scheint. Denn zur Rechten sticht das grelle Weiß einer halb barocken, halb renaissanceartigen Fassade geradezu ins Auge. Über ihr wölbte sich bis 2022, noch zum historistischen Stilmischmasch passend, eine schmucklos-moderne Kuppel. Der Rest des Baus erschreckte mit noch krasseren Stilbrüchen: Das Untergeschoss war nicht nur schwarz gestrichen, über den drei Eingängen des Theaterbaus spannten sich auch noch knallrote Schirme und in Höhe des zweiten Stockwerks prangte in schnörkellos linearer Leuchtschrift der Name „Koko“. Das tut er noch immer. Doch die Fassade ist nun vollkommen in Weiß gehalten, die Kuppel aus Kupfer und sogar wieder von einer Laterne gekrönt.

Als der Bau im Jahr 1900 eröffnet wurde, hieß er „Camden Theatre“. Es begann eine wechselvolle Geschichte – ein Varieté zog ein, dann ein Kino, später nutzte ihn die BBC als Studio, bis er schließlich in den 1970er Jahren erstmals als Konzerthalle diente. Erst hieß sie „The Music Machine“, dann „Camden Palace“ und seit 2004 eben „Koko“. Für einen Stilbruch steht das Koko aber immer noch: Denn Heavy Metal, Rock oder auch Indie mögen so gar nicht zu dem ebenfalls renovierten neobarocken Saal und seinen geschwungenen Balkonen passen. Aber die Gäste scheint so etwas nicht zu stören und auch die Kritik nicht: Das „Koko“ wurde – zumindest 2016 – von Londons Szenemagazin „Time Out“ zu einem der besten zwanzig „Music Venues“ der Hauptstadt gezählt.

Das will etwas heißen. Denn London ist – wenigstens in Europa – auch die Hauptstadt des Rock und Pop. Hier wuchsen die Beatles, die Rolling Stones und Jimi Hendrix, der aus den USA über den Großen Teich kam, und viele andere zu wahren Weltstars heran. Hier fanden sie die dafür notwendige Infrastruktur, sprich zahlreiche Musikpubs, Clubs und kleinere Konzerthallen, die auch Newcomern eine Chance geben, sowie Musiklabels mit ihren Scouts. Und überdies Studios wie das legendäre an der Abbey Road. Bei allen Wandlungen im Musikgeschäft: Das gilt nach wie vor. Und vor allem passen die Genres zur „Vibrancy“ der Stadt. London rockt eben auch in diesem Sinne.

Am „Koko“ beginnt von Süden her gesehen die Magistrale durch das wohl bedeutendste Pop- und Rockviertel Londons. Klar, auch in Islington, Hammersmith, Soho und einigen anderen Stadtteilen gibt es renommierte Auftrittsorte. Aber nirgendwo in der britischen Kapitale ist die Dichte an Musikclubs, Musikpubs und größeren Konzerthallen so hoch wie entlang der Camden High Street – einschließlich einiger ihrer Nebenstraßen sind es nach grober Schätzung mehr als dreißig. Seit 2019 wird deshalb an der Camden High Street Londons „Music Walk of Fame“ angelegt, auf dem in den Boden eingelassene Tafeln an Bands wie The Who, Madness und Künstler wie David Bowie erinnern. Hier ist die heißeste Brut- und auch Wirkungsstätte von Superstars, von Coldplay, Blur, Adele, Oasis, Ed Sheeran und vielen anderen. Im – inzwischen leider geschlossenen – Pub „The Wheelbarrow“, das die Nummer 55 an der Camden High Street trug, hörte ein Musikagent 2010 die betörende Stimme von Hannah Reid, Sängerin der Gruppe London Grammar, und öffnete der Band den Weg zu einer Weltkarriere. Zugleich treten auch immer mal wieder schon berühmte Stars auf. Madonna war beispielsweise im „Koko“ zu sehen, Lana del Rey im „Jazz Cafe“ am Parkway, einer Seitenstraße der Camden High Street. Aber ein Name verbindet sich noch vor allen anderen mit Camden und wird es wohl auch immer tun: Amy Winehouse – an sie erinnert natürlich auch eine Gedenktafel auf dem „Music Walk of Fame“.

Darüber hinaus ist sie seit 2014 lebensgroß – besser gesagt: lebensklein – immer noch gegenwärtig, und zwar in ihrer typischen Bühnenhaltung mit Highheels, leicht verdrehtem linken Bein und Beehive-Frisur. Scott Eaton hat das Bildnis in Bronze gegossen, das nun in den Stable Markets steht. Sie erstrecken sich nördlich der Kreuzung von Regent's Canal und Camden High Street, deren Fahrbahn kurz darauf hinter einer Eisenbahnbrücke in die der Chalk Farm Road übergeht. Immer wieder werden dort Blumen zu Füßen der Soul- und Jazzsängerin gelegt. Die „Queen of Camden“, wie Winehouse gern genannt wird, wuchs allerdings im Stadtteil Enfield auf und zog erst 2003 nach Camden. In den Stable Markets soll sie zeitweilig Kerzen verkauft haben. Später wohnte sie, schon berühmt, am Camden Square 30, mittlerweile auch eine teure Adresse. Von da aus war es nicht weit zu ihren Lieblingspubs „The Hawley Arms“ in der Castlehaven Road, „The Good Mixer“ an der Inverness Street und „The Dublin Castle“ am Parkway – beide Straßen zweigen etwas südlich des Marktes von der Camden High Street ab.

Vor kleinem Publikum gab sie im „Hawley Arms“ und im „Dublin Castle“ Songs zum Besten und zapfte auch mal Bier hinter dem Tresen – und schüttete sich mit Spirituosen voll, gerne etwa mit dem Cocktail „Rickstasy“, der aus drei Teilen Wodka und jeweils einem Teil Bananensaft, Whiskey und Baileys besteht. „They tried to make me go to rehab / I said no, no, no“ – „Sie wollten mich auf Entzug setzen / ich sagte nein, nein, nein.“ So lautet der Refrain von „Rehab“, einem ihrer bekanntesten Songs. Es waren Drogen und Alkohol, die sie einerseits zu ergreifenden Songs wie diesem inspiriert haben mögen, die andererseits aber ihre Gesundheit ruinierten.

Die Stable Markets sind Teil des Camden Market, der das Herzstück des Stadtteils darstellt. Die Massen vorwiegend junger Leute, die in die ehemaligen Lager- und Industriebauten drängen, scheinen noch gewaltiger als jene, die von der Station „Notting Hill Gate“ in Richtung Portobello Road strömen. Mehr noch als in Notting Hill wird in Camden auch ausgefallene Kleidung angeboten: bunte Hemden, schrille Röcke, schräge Hüte, bizarrer Schmuck. Es ist viel Tand dabei und billiger Schnickschnack, aber auch Dinge von Wert. Nicht nur Mode, sondern auch Vinylschallplatten und alte Möbel können dort erstanden werden. Und natürlich gibt es eine Reihe von Restaurants und Cafés, die gleichfalls ein Dorado für die jungen, modischen „would-be wilds“, „Möchtegernwilden“ sind, wie die „London Encyclopedia“ das Publikum der Märkte in Camden treffend beschreibt.

Das Angebot setzt sich entsprechend außerhalb des Camden Market fort. Bunt bemalt sind auch hier wie in Notting Hill einige Fassaden. Hinter manchen tun sich auch Tattoostudios auf. Am Wochenende ist der Andrang nahezu unerträglich. Es ist schon vorgekommen, dass dann aufgrund der Massen an der nahegelegenen U-Bahn-Station „Camden Town“ sonntags nur noch ausgestiegen werden durfte – und konnte. Das ist stets ein Zeichen überbordender Kommerzialisierung. Sie ging von den Märkten aus, die sich aus bescheidenen Anfängen in den 1970er Jahren entwickelten, nachdem die Transportschifffahrt auf dem Regent's Canal eingestellt worden war und die Gebäude zunächst leer standen. Einst waren sie Ausdruck einer Gegenkultur von Punks und Hippies, die dort Secondhandkleidung kauften und sich an exotischer Streetfood begeisterten. 2014 kaufte der Milliardär Teddy Sagi drei der insgesamt sechs Marktplätze sowie einige Wohnhäuser und Co-Working-Räume für rund 500 Millionen Pfund Sterling. Bald verdrängten große Modeketten mehr und mehr die unabhängigen Anbieter.

Umwälzungen sind nicht neu in Camden. Wie viele zentrumsnahe Stadtteile Londons war auch Camden noch bis Anfang des 19. Jahrhunderts eine eher ländliche Gegend mit einem gehobenen Wohngebiet, zu dem rund 1.400 Häuser zählten. Das änderte sich mit dem Regent's Canal, der 1816 Camden erreichte und dann bis 1820 weiter östlich ausgebaut wurde. Die künstliche Wasserstraße fließt in Limehouse etwas östlich der Docklands, also dem damaligen Hafengebiet Londons, in die Themse. Entsprechend industrialisierte sich der Stadtteil. Musikinstrumente wurden dort ebenso gefertigt wie Teleskope und Kleidung. In den Gebäuden an der Schleuse des Regent's Canal, in denen nun die Märkte sind, wurde bis in die 1960er Jahre Gin destilliert – und wird es heute wieder in einer „Micro Destillerie".

Hinzu kam nach etwa 1830 der Bau der Eisenbahn, deren Gleise und Tunnel insbesondere irische Einwanderer mühselig legten und gruben. Sie wollten sich natürlich auch vergnügen. Ein Treffpunkt war, wie der Name schon sagt, das Pub „The Dublin Castle". Dort wird aber erst seit 1979 gerockt. Den Anfang machte die Band Madness, die später auch das Video zu ihrem Titel „My Girl" in der Taverne drehte. Ein weiteres Vermächtnis der Iren ist der „Electric Ballroom", heute gleichfalls einer der bedeutendsten „Music Venues" in London, der Platz für bis zu 1.500 Besucher bietet. Darauf deutet das schlichte, in tiefdunklem Pink bemalte Reihenhaus an der Camden High Street 184 nicht hin. Als das Etablissement als „Buffalo Club" 1938 öffnete, waren die Räumlichkeiten, in denen sich irische Immigranten trafen, auch wesentlich bescheidener. Bombardements der deutschen Luftwaffe legten im Zweiten Weltkrieg dann die Nachbarhäuser in Schutt und Asche. Unfreiwillig war so Raum für die Erweiterung geschaffen worden, ein Konzertsaal entstand. Nach dem Krieg nannte er sich „The Carousel" und gab einen Probenraum unter anderem für Led Zeppelin, Paul McCartneys Wings und The Clash ab. Seit 1978 firmiert der Veranstaltungsort unter seinem jetzigen Namen.

Der noch weitgehend im Entstehen begriffene „Music Walk of Fame" soll seinen nördlichen Abschluss an der Chalk Farm Road nahe der gleichnamigen U-Bahn-Station finden. Eine gute Wahl, denn das „Roundhouse" gibt in der Reihe der „Music Venues" dort einen prägnanten Schlussakkord ab. Seine Architektur wurde unter anderem von Robert Stephenson, Sohn des Eisenbahnkonstrukteurs George Stephenson, entworfen und bis 1847 fertiggestellt. Im Inneren war eine drehbare Plattform für Lokomotiven untergebracht. Die anschließenden Gleise gehörten zu einem Endbahnhof am Regent's Canal und führten zunächst bis nach Birmingham. Doch schon 1869 wurde der Bau dafür nicht mehr gebraucht und als Warendepot sowie Fabrikhalle genutzt. In den 1960er Jahren folgte dann der Wandel in ein Kulturzentrum. Seit 1964 steht das Gebäude unter Denkmalschutz. Schon seine Form, die ihm den Namen gab, macht es zu einer Royal Albert Hall im Kleinformat. Es bietet nicht nur einen Aufführungsraum mit rund 1.700 Plätzen, sondern auch Studios und Übungsräume für viele Formen darstellender Künste. Denn es versteht sich als ein Kreativzentrum für junge Menschen, die normalerweise wenig oder gar keinen Zugang zu Bildung haben. Aber vor allem ist es mit der Musik verbunden. Auch wegen Amy Winehouse: Überraschend tauchte sie dort am 20. Juli 2011 auf, um ihr Patenkind Dionne Bromfield zu unterstützen, die an jenem Abend dort auftrat. Als sie „Mama Said", geschrieben von Luther Dixon und Willi Denson, zum Abschluss sang, trat Amy Winehouse zu ihr auf die Bühne und tanzte ein wenig unkoordiniert zu dem Rhythmus. Zum Refrain hielt ihr Bromfield das Mikrofon hin, doch schien Winehouse kaum noch in der Lage, wirklich mitzusingen. Es war das letzte Mal, dass sie auf einer Bühne zu sehen war. Drei Tage später starb die „Queen of Camden" an einer Alkoholvergiftung mit nur 27 Jahren – im gleichen Alter wie vor ihr die Rocklegenden Jimi Hendrix, Janis Joplin, Jim Morrison, Brian Jones und Kurt Cobain.

Epilog: Ausblick aus London

Richmond Hill

In einer Szene des Films „The Hours“ sinniert Virginia Woolf, dargestellt von Nicole Kidman, auf einer Bank über den Fortgang ihres gerade begonnen Romans „Mrs. Dalloway“. Die Bank steht auf einer Terrasse an der Straße Richmond Hill direkt vor drei hüfthohen weißen Pfeilern, die von Hecken flankiert werden. Zwischen ihnen führt eine Treppe hinab. Woolf blickt kaum auf und Regisseur Stephen Daldry zeigt auch nicht die Aussicht, die sich Woolf auftun würde, wenn sie es denn täte. Gleichwohl: Es ist davon auszugehen, dass die Schriftstellerin sie kannte, wenn nicht gar genoss. Denn sie lebte zusammen mit ihrem Mann Leonard unweit der Bank in Richmond. Der Stadtteil im Westen der Metropole war damals, Anfang der 1920er Jahre, noch nicht zu London eingemeindet. Etwas weiter als Hampstead mit seiner Heath und dem Parliament Hill vom Stadtzentrum entfernt, war Richmond durch und durch ländlich geprägt. Die später berühmte Schriftstellerin sollte nach mehreren Selbstmordversuchen und psychischen Problemen dort abseits der Großstadthektik zur Ruhe kommen. Und das tat sie auch. Ihr Zustand besserte sich merklich.

Wie Hampstead, so war auch Richmond damals ein Naherholungsgebiet für die Londoner, die hier die frische Luft genießen können, so wie es einst auch Theodor Fontane dort Mitte des 19. Jahrhunderts tat. Das gilt auch heute noch für beide Orte, die überdies stets Künstler angezogen haben. Auch wegen eben dieser Aussicht. Vielleicht zeigte sie Daldry nicht, weil sie schon so oft dargestellt worden ist. Berühmt wurde sie auch, weil sie die Einzige ist, die durch ein vom Parlament beschlossenes Gesetz geschützt ist – seit 1902 darf sie nicht verbaut werden.

In Richtung Westen gleitet der Blick entlang der Stufen und des sich anschließenden Pfades über die Wiese eines sanft abfallenden Hügels auf eine Baumreihe zu. Dahinter erstreckt sich eine Weide, auf der in den wärmeren Monaten Kühe grasen. Rechts davon mäandert die Themse zwischen hohen Bäumen, deren Kronen die Häuser der Stadtteile Twickenham, Petersham und Ham verdecken. Keck erhebt sich mitten im Fluss die kleine Insel Glover's Island und rechts lugt das Twickenham Stadium hervor, das nationale Rugbystadion Englands. Und dann blickt man über die heutigen Stadtgrenzen Londons hinaus in Richtung Heathrow Airport, von dem bei gutem Wetter ein Kontrollturm zu erkennen ist – und der schmerzlich bewusst macht, warum die Ruhe hier so oft durch Fluglärm gestört wird. Etwa in der gleichen Blickrichtung darf auch Windsor Castle vermutet werden.

Schon im 18. Jahrhundert gerieten Künstler bei dieser Aussicht ins Schwärmen: „Himmel! Was für ein tolles Panorama tut sich ringsum auf, mit Hügeln und Tälern und Wäldern und Weiden und Türmen und glitzernden Orten und goldenen Strömen", dichtete 1727 James Thomson. 1782 war der deutsche Sturm-und-Drang-Dichter Karl Philipp Moritz von ihr selbst bei trübem Wetter so begeistert, dass er sie als „eine der schönsten" bezeichnete, „die ich in meinem Leben gehabt habe".

Damals lebte Joshua Reynolds, der zu den ersten international bedeutenden Malern Englands zählte und erster Präsident der Royal Academy of Arts war, im Wick House nahe der Terrasse. Natürlich hat Reynolds den Blick über die Themse festgehalten. Ebenso Joseph Mallord William Turner. Am bekanntesten ist in dieser Hinsicht wohl sein 1819 vollendetes Gemälde „England: Richmond Hill, on the Prince Regent's Birthday", das heute in der Tate Britain hängt. Im Vordergrund ist eine Gesellschaft zu sehen, die an die „fêtes champêtres" des französischen Rokokomalers Antoine Watteau erinnert. Den Hintergrund rechts der Themse bildet ein Gebiet, auf dem Turner für sich und seinen Vater ein Wochenendhaus hatte bauen lassen. „Richmond scheint für ihn ein heiliger Ort geworden zu sein, Teil der Landschaft seiner Vorstellungswelt", schreibt Peter Ackroyd in seiner Turner-Monografie. Im Mittelpunkt steht aber eigentlich die Themse als „potenzielles Symbol nationaler Identität", wie es in einer Beschreibung der Tate Britain heißt, in der das Gemälde heute zu sehen ist.

Im 20. Jahrhundert zog es dann auch einige der berühmtesten Rockmusiker hierher. Die Villa „The Wick", die gleich neben dem Wick House steht, gehörte unter anderem Pete Townsend, dem Gitarristen der Band The Who, und Ron Wood, Gitarrist und Bassist der Rolling Stones. Und der Frontmann der Rolling Stones, Mick Jagger, lebte zusammen mit seiner damaligen Partnerin, dem US-Model Jerry Hall, viele Jahre schräg gegenüber im Downe House. Nach ihrer Trennung lebte Hall in dem etwa 1780 errichteten Backsteinbau weiter, der sich genau hinter der Terrasse erhebt.

„Wenn ich sagen müsste, entweder Richmond oder der Tod, sagte ich der Tod." Selbst in einem Kino in Richmond brach ironisches Gelächter aus, als Virginia Woolf in dem Film „The Hours" ihren Mann Leonard mit diesem Satz überredet, wieder nach London zu ziehen. Woolf sehnte sich seinerzeit nach dem Gesellschaftsleben in London zurück, nach dem bohèmehaften, anregenden und inspirierenden Intellektuellenzirkel der Bloomsbury Group. Es dürfte aber bezweifelt werden, ob Woolf Richmond heute noch als eine Vorstadt mit „erstickender Betäubung" beschreiben würde, wie es die Filmsequenz weiter suggeriert. Denn auch in dem einst ländlichen Vorort quellen mittlerweile die Bürgersteige vor Passanten über – wenigstens in den Geschäftsstraßen rund um das Hogarth House in der Paradise Road, wo die Woolfs von 1915 an ihren Verlag „Hogarth Press" betrieben. Richmond ist auch in dieser Hinsicht ein Teil Londons geworden. An trockenen Tagen ist überdies auch der Richmond Park mit seinen frei laufenden Damwildherden sehr bevölkert – und zwar nicht nur von Joggern und Radfahrern, sondern auch von Spaziergängern, die insbesondere nahe der Pembroke Lodge weitere Ausblicke in Richtung Westen nach Windsor und Rückblicke nach Osten zum Zentrum Londons erhaschen können.

Besonders an lauen Sommerabenden wird die „Richmond Riverside", die sich einen guten Kilometer nördlich von der Terrasse am Richmond Hill am Themseufer erstreckt, zu einem Open-Air-Pub. Tagsüber genießen insbesondere Mütter mit Kindern dort von Bänken aus, die auf von Rasenflächen begrünten Terrassen stehen, den Blick auf den Fluss. Auf einer Bank sitzt seit November 2022 nun auch Virginia Woolf – in Bronze gegossen von Laury Dizengremel. Die Schriftstellerin schaut flussabwärts nach Norden – immer noch so, als sehne sie sich zurück ins Zentrum Londons.

Auswahlliteratur

Peter Ackroyd: London. The Biography, London 2000.

Peter Ackroyd: Turner, London 2006.

Monica Ali: Brick Lane, Stuttgart 2022.

Anonymus: Alfred Gilbert - Gifted Gallery, in Lilium's Compendium, *https://www.liliums-compendium.co.uk/post/alfred-gilbert-gifted-gallery* [Stand: 17.12.2023].

James Boswell: The Life of Samuel Johnson. ed. by Christopher Hibbert, London 1986.

Melvyn Bragg: The Adventure of English, London 2003.

Rose-Maria Gropp: Wo der Punk der Siebziger noch nachwirkt, in Frankfurter Allgemeine Zeitung, 27.2.2019.

Theodor Fontane: Ein Sommer in London, Frankfurt am Main/Berlin 1995.

Matthew Green: London. A Travel Guide Through History, London 2015.

Susanne Groom mit David Souden, Jane Spooner und Sally Dixon-Smith: Bankqueting House, London 2011.

Caroline Jebens, Nach Maß, in Frankfurter Allgemeine Zeitung, 18.10.2022

Jonathan Jones: „The artistic jingoism of the Bomber Command memorial", in: The Guardian, 29.6.2012.

Ben Judah: This is London. Live and Death in the World City, London 2016.

Charles Lamb: „The Old Benchers of the Inner Temple", in: Selected Writings, Edited with an introduction by J. E. Morpurgo, New York 2003.

Erika Langmuir: A Short History of The National Gallery, in: The National Gallery, London 2016.

David Long: A History of London in 50 Lives, London 2015.

Andrew Marr: My Trade. A Short History of British Journalism, London 2004.

Michael Maurer: Geschichte Englands, Stuttgart 2000.

Ian McEwan: Saturday, London 2005.

Justin McGuirk: „A farewell to pavements", in: The Guardian, 11.11.2011.

Alexander Menden, Wenn der Faden reißt, in: Süddeutsche Zeitung, 30.5.2020,

George Mikes: How to be an Alien, London 1966.

Karl Philipp Moritz: Reisen eines Deutschen in England im Jahre 1782, Projekt Gutenberg: https://www.projekt-gutenberg.org/moritz/england/england.html [Stand: 14.12.2023].

Frances Morris: From Sugar Cube to White Cube and Beyond, in: Matthew Gale (ed.), Tate Modern. The Handbook, London 2016.

Helmuth Nürnberger: Fontanes Welt, Berlin 1997.

Tessa Peters and Janice West (ed.): The House of Words, London 2009.

Hermann Fürst von Pückler-Muskau: Briefe eines Verstorbenen, Projekt Gutenberg: https://www.projekt-gutenberg.org/pueckler/verstorb/vers03.html [Stand: 14.12.2023].

Roy Porter: London. A Social History, London 2000.

Peter Wynne Rees: „London needs homes, not towers of ‚safe-deposit boxes'", in: The Guardian, 25.1.2015.
Cathy Ross & John Clark (ed.): London. The Illustrated History, London 2008.
Simon Schama: A History of Britain. At the Edge of the World? 3000 BC–AD 1603, London 2001.
Max Schlesinger: Wanderungen durch London, Berlin 1851.
Will Self: The Book of Dave, London 2006.
F. H. W. Sheppard (ed.): „The Shaftesbury Memorial Fountain", in: Survey of London, Volumes 31 und 32, St James Westminster, Part 2, London 1963.
David Souden: The Royal Palaces of London, London 2008.
Frances Spalding: Virginia Woolf – Leben, Kunst und Visionen, München 2016.
Shanti Sumartojo: „Britishness in Trafalgar Square. Urban Place and Construction of National Identity", in: Studies in Ethnicity and Nationalism, 2009.
Richard Tames: The East End, Whitstable 2013.
Tony Trowles: Treasures of Westminster Abbey, London 2016.
Martin Warnke: Peter Paul Rubens, Leben und Werk, Köln 1977.
Ben Weinreb, Christopher Hibbert, Julia Keay, John Keay: The London Encyclopedia, Third Edition, London 2008.
Russ Willey: London Gazetteer, Edinburgh 2006
Ben Wilson: Metropolis. A History of the City, Humankind's Greatest Invention, New York 2020.
Virginia Woolf: The Diary of Virginia Woolf, Vol. II, 1920–1924, ed. by Anne Olivier Bell assisted by Andrew McNeillie, London, 1978.
Virginia Woolf: „London Revisited", in: The Essays of Virginia Woolf, Vol. II, 1912–1918, ed. by Andrew McNeillie, London 1987.
Barbara Yorke: The Anglo-Saxons, Guernsey 1999.

Dank

Für die professionelle Zusammenarbeit möchte ich mich bei dem Künstler Matthias Dettmann und dem Lektor Thomas Löschner bedanken. Ebenso bei Roman Pliske, Geschäftsführer des Mitteldeutschen Verlags, der meine Idee aufgriff, das Buch zu illustrieren, und den Kontakt zwischen Matthias Dettmann und mir herstellte. Für Unterstützung gerade am Anfang des Projekts möchte ich insbesondere Dr. Roland Krischke, Direktor des Lindenau-Museums Altenburg, Dr. Beate Borowka-Clausberg, Leiterin des Heine Hauses in Hamburg, sowie dem Journalisten und Reisebuchautor Peter Sahla danken, der den Anstoß gab, ein Buch über London zu schreiben.

Matthias Schatz, geb. 1959 in Hamburg, arbeitete viele Jahre als Finanz- und Kulturjournalist in der City, Londons Finanzdistrikt. Die bald wohl zehn Millionen Einwohner zählende Weltmetropole intensivierte in dem promovierten Kulturhistoriker, der zuvor bei führenden deutschen Medien sowie einem Konsumgüterkonzern tätig war, das Interesse am Stadtorganismus. Heute lebt Schatz als Autor in Hamburg, sucht aber häufig Inspiration in London.

Matthias Dettmann, geb. 1980, arbeitet als Grafiker in Rostock. Er ist Mitglied des Kunstvereins zu Rostock und doziert an der Kunst.Schule.Rostock. Seine Arbeiten sind in den Sammlungen der Staatlichen Museen Schwerin, der Kunststiftung Rügen und des Kunstvereins zu Rostock zu sehen. Im Morio Verlag erschien sein Bild-Text-Band „… oder bist Du das Reisen satt?“ (2021).

Bibliografische Information der Deutschen Nationalbibliothek
Die Deutsche Nationalbibliothek registriert diese Publikation in der Deutschen Nationalbibliografie; detaillierte bibliografische Daten im Internet unter https://dnb.de.

1. Auflage

Morio Verlag, ein Imprint der mdv Mitteldeutscher Verlag GmbH
www.morio-verlag.de

Gesamtherstellung: Mitteldeutscher Verlag, Halle (Saale)

ISBN 978-3-949749-11-7
Printed in the EU

Parlia

Camden High Str

Tavistock Square

Portobello Road

Soho Square

Tra

Savile Row

Piccadilly Circus

Shepherd Market

Green Park

The Mall

Parliament Street / White Hall

Exhibition Road

Richmond Hill